PLANET BANKSY

UNAUTHORIZED

Planet Banksy

Midas Collection
Ein Imprint der Midas Verlag AG
ISBN 978-3-03876-238-6

2. Auflage

Übersetzung: Claudia Koch
Lektorat: Gregory C. Zäch
Korrektorat: Petra Heubach-Erdmann
Layout: Ulrich Borstelmann

Midas Verlag AG
Dunantstrasse 3, CH-8044 Zürich
E-Mail: kontakt@midas.ch
www.midas.ch

Die englische Originalausgabe ist 2021 unter dem Titel »Planet Banksy« erschienen bei LOM Art, einem Imprint von Michael O'Mara Books Limited.

Printed in Europe

Die deutsche Nationalbibliothek verzeichnet diese Publikation in der Deutschen Nationalbibliografie; detaillierte bibliografische Daten sind im Internet unter www.dnb.de abrufbar.

PLANET BANKSY UNAUTHORIZED

DER KÜNSTLER, SEIN WERK UND SEINE WIRKUNG

Herausgegeben von KET

MIDAS

In Erinnerung an P183 (Pavel 183).

You are gone but will not be forgotten.

Vorwort

Auf der ganzen Welt wird der berühmte Street Artist und Provokateur Banksy für seinen Humor, seine Kreativität und die Botschaften seiner Kunst und Aktionen verehrt. Er ist ein Beispiel für einen Künstler außerhalb des Gesetzes. Die von ihm verbreiteten Ideen sind einerseits radikal, andererseits aber offensichtlich und beschämend wahr. Er entstammt einer Tradition, die zum einen aus Graffiti-Writern – mit einer Vorliebe für die Übernahme von öffentlichen Flächen – und zum anderen aus Aktivisten besteht, die erkannt haben, dass die Probleme der Welt angepackt, diskutiert und manchmal auch lächerlich gemacht werden müssen. Seine Bilder richten sich unter anderem gegen Regierungen und die Polizei wegen ihres kriminellen und skandalösen Verhaltens, gegen den Krieg und seinen Wahnsinn, gegen Armut, den Promi-Kult und sogar gegen Erwachsene, die ihre Kindheitsträume vergessen haben.

Banksy und viele der anderen hier vorgestellten Künstler begannen ihre Kunst als Graffiti-Writer. Anfangs bissen sie sich auf der Straße die Zähne aus und erlernten die Grundlagen der Tarnung, des Sprayens und des Umgangs mit der Öffentlichkeit bei Nacht. Banksys Abkehr von der Welt der stilisierten Buchstaben hin zu seiner Kunst, wo er seinen Witz für kunstvolle Schablonen (wie vor ihm seine Kollegen Nick Walker, Blek Le Rat und Jef Aerosol) und zum Konstruieren cleverer Streiche zu nutzen lernte, während er dies gleichzeitig zum Verkauf von Kunst nutzte, war für ihn ein Coup in der Kunstwelt. Sein Erfolg beim Verkauf von Drucken der gleichen Art von Bildern, die er auf der Straße malt, verschafft ihm die wirtschaftlichen Mittel, um seine Ideen weiter voranzutreiben. Er hat einen so starken Markt für seine Werke, dass seine Bilder auf Merchandise-Artikeln nachgeahmt und auf der ganzen Welt kopiert wurden.

Seine Reisen führten ihn um die ganze Welt, wo er an Orten wie dem palästinensischen Westjordanland und New Orleans in den Vereinigten Staaten nach dem Hurrikan Katrina provokante Botschaften hinterließ, die einen Dialog auslösten und eine Auseinandersetzung mit der Situation der Menschen ermöglichten. Diese Reisen haben Banksy auch zu einer führenden Figur in der internationalen Gemeinschaft der Street Artists gemacht. Seine Gemälde, seine Bücher, sein Film und seine unermüdlichen Aktionen haben eine künstlerische Berühmtheit geschaffen, die sowohl etablierte als auch neue Künstler auf der ganzen Welt inspiriert hat.

Die auf diesen Seiten vorgestellten Künstler sind, wie Banksy, talentiert und diszipliniert in ihrer Herangehensweise, Kunst zu schaffen und diese dann nach draußen zu tragen und mit ihren Städten zu teilen. Die Bilder sind das Ergebnis ihres künstlerischen Schaffens; Kunst, die in ihren Häusern und Ateliers entsteht und für die sie unzählige Stunden brauchen, um sie sich auszudenken und sie schließlich umzusetzen. Die meisten suchen nach dem richtigen Ort für ihre Werke und investieren weitere Stunden. Sobald die Kunstwerke fertig sind, dürfen sie für eine begrenzte Zeit auf der Straße sein. Die Lebenszeit der in diesem Buch vorgestellten Bilder ist in der Regel kurz. Viele werden innerhalb weniger Tage entfernt, ausradiert, abgedeckt und zerstört. Einige glückliche Werke, vielleicht die genehmigten (von denen es nur wenige gibt), überdauern viel länger, aber ich würde behaupten, dass ihre Wirkung nicht so stark ist wie die der illegalen Kunst, der wir spontan begegnen können. Natürlich hat jeder Künstler einen Weg gefunden, sich in den Straßen seiner Stadt zurechtzufinden, um seine Kunst zu verbreiten. Die Umstände sind von Stadt zu Stadt unterschiedlich, denn was in Buenos Aires und Athen funktioniert, geht vielleicht nicht in London oder Genf.

Alle in diesem Buch vorgestellten Künstler sind Aktivisten, die in den öffentlichen Raum eingreifen, um ihre Botschaften zu verbreiten – auch auf die Gefahr hin, verhaftet zu werden. Sie haben den gemeinsamen Wunsch, Ideen zu teilen, um der Welt das Glück, das Bewusstsein und die Aufmerksamkeit für das, was sie in sich spüren, zu bringen. Der Künstler namens Ender erklärt: »Die Stadt gehört uns. Ich möchte die Passanten überraschen; sie wachen eines Morgens auf und entdecken ein Werk an den Wänden. Ich möchte, dass sie

nachdenken, aber vor allem lächeln, staunen, überrascht sind, und zwar auf eine freundliche Art und Weise; ich gehe nicht gegen die Stadt vor, sondern für sie und mit ihr.« Nazeer aus Kairo fügt hinzu: »Ich habe angefangen, auf der Straße zu malen, als ich merkte, dass es ein anderes Medium gibt, um meine Meinungsfreiheit auszuüben und gegen die Umstände anzukämpfen. Das alles geschah, weil die Polizei plötzlich nicht mehr so stark war wie immer. Kunst war nie meine Absicht – alles geschah im Namen des Aktivismus.«

Die hier gezeigten Werke konzentrieren sich auf allgemeine Themen, die von Banksy und anderen aufgegriffen wurden. Es ist keine Überraschung, dass Polizei, Regierung und Gesetz ein Thema für viele Künstler sind, darunter Dede (Israel), Keizer (Ägypten), Hogre (Italien) und Mogul (Schweden). Unruhen, Krieg und Frieden sind ein weiteres beliebtes Thema für Künstler aus aller Welt, darunter Camo (Australien), Soon (Deutschland) und Icy and Sot (Iran). #codefc (England) hat dieses Thema zu einem seiner Hauptprojekte gemacht. Andere wie Wild Drawing (Griechenland) setzen sich mit den Problemen von Armut und Arbeitslosigkeit auseinander, die in seiner Heimatstadt Athen nur allzu real sind. Doch bei aller Ernsthaftigkeit, die sie auf die Straße bringen, gibt es auch eine Reihe von Künstlern, die Spaß und Humor in ihre Kunst einfließen lassen, darunter Ender (Frankreich), Ozi (Brasilien) und die Zuk Club Art Group (Russland), deren Zwergenserie sehr clever ist. Ein weiteres beliebtes Thema verleiht dem Großstadtdschungel einen Hauch von Verspieltheit. Fantastische Tiere werden zum Leben erweckt und von Kindern geritten, wie in der Kunst von Run Dont Walk (Argentinien), gigantische Tiere lassen Fußgänger in der Kunst von Toxicómano Callejero (Kolumbien) zu Zwergen werden, und Be Free (Australien) malt ein kleines Mädchen, das auf unbeschwerte Art an die Wand kritzelt. Berühmtheiten, Helden, Märtyrer, Engel, der Tod etc. faszinieren die Aktivisten und haben für große Kunst gesorgt.

Ich hoffe, Sie genießen die Kunst in den Straßen, die die Künstler mit uns allen teilen. Ich finde es erstaunlich, Zeuge davon zu sein, und es ist mir eine große Ehre, Ihnen ihre Werke zu präsentieren.

Fangen wir also an.

KET

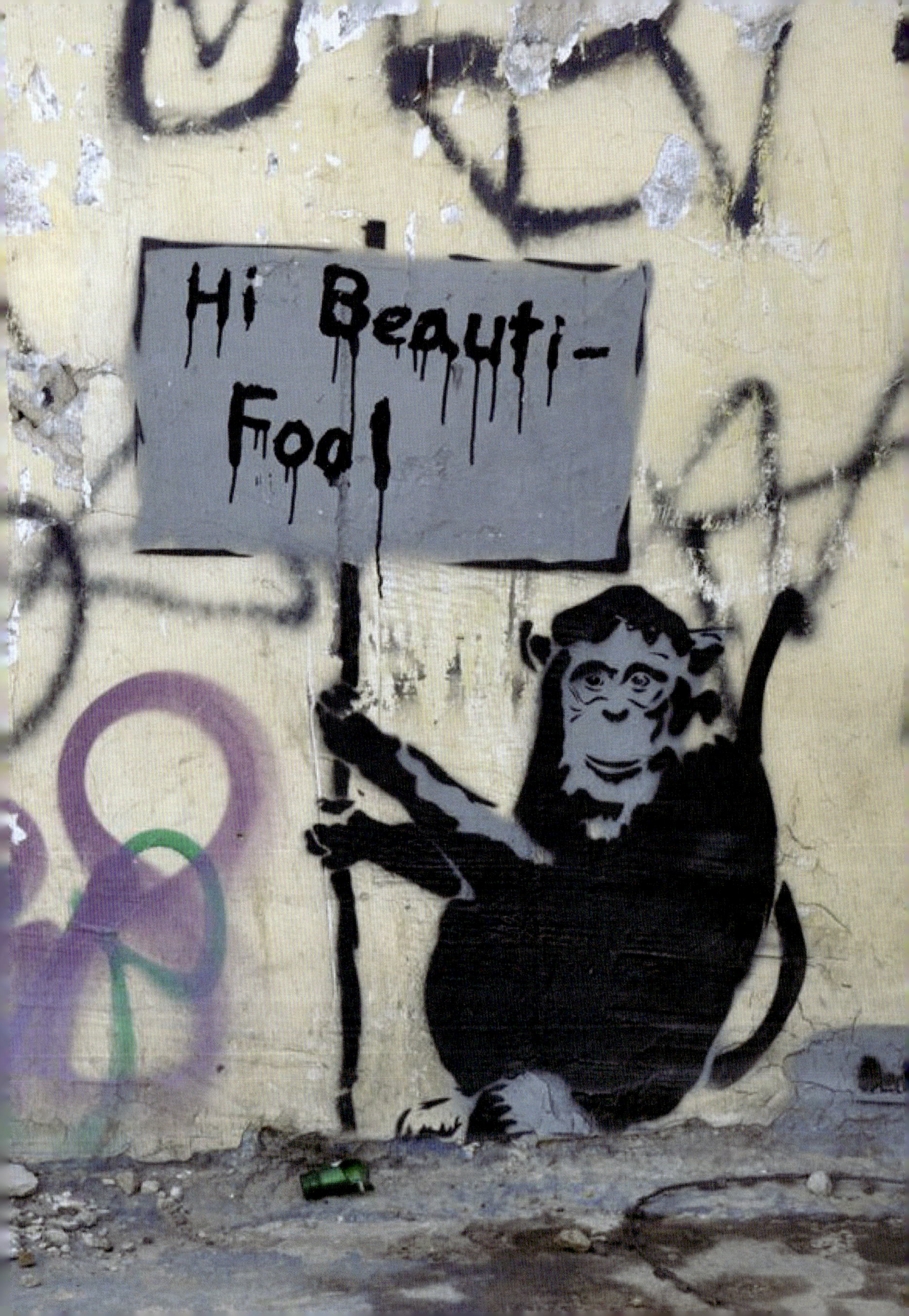
Hi Beauti-
Fool

inhalt

Links: Dede, Tel Aviv, Israel, 2011.
Foto: Milli Katz

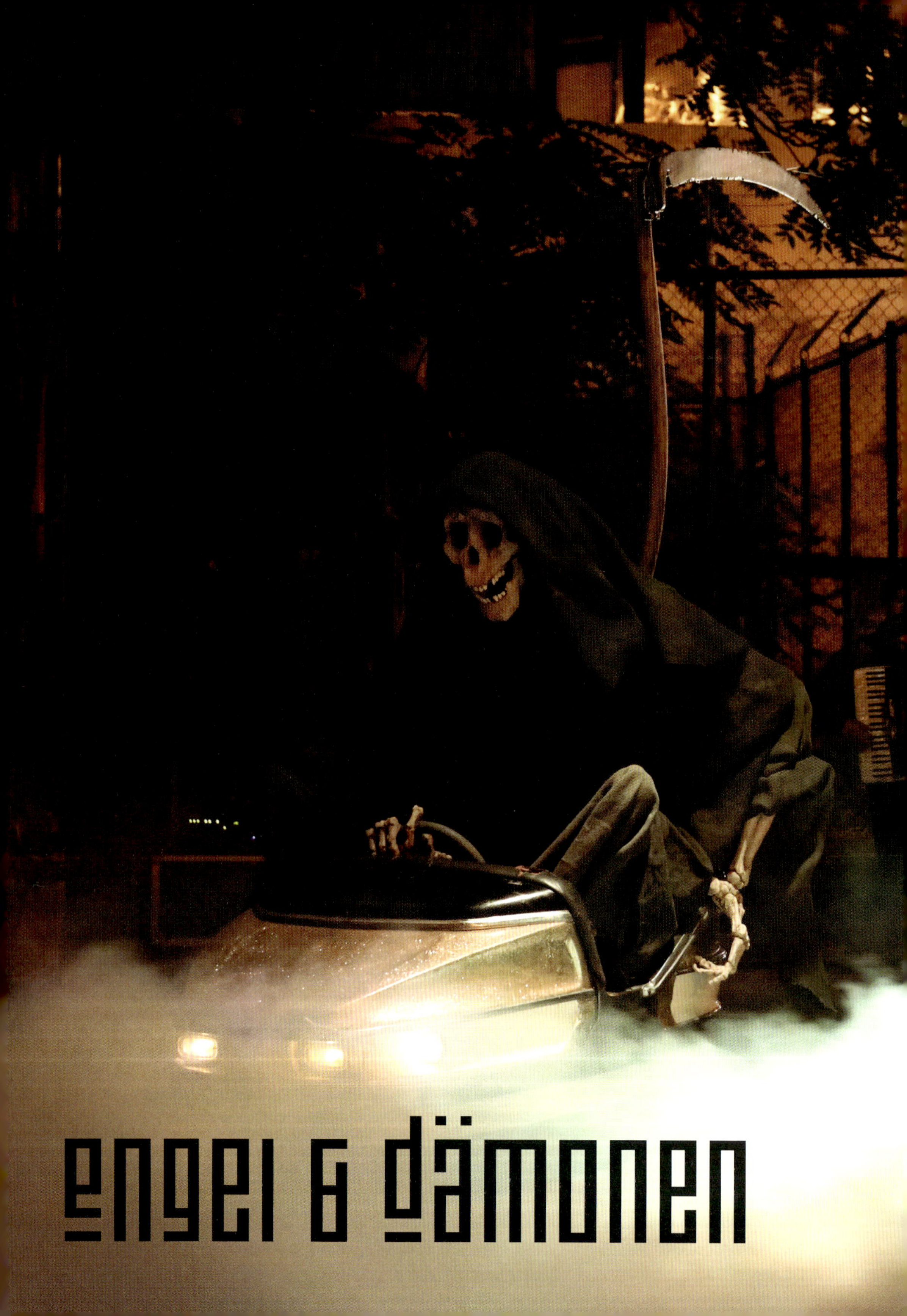
engel & dämonen

Die Faszination für Engel, Dämonen, den Tod und deren Verwendung in der Kunst ist nicht neu – unsere eigene Sterblichkeit scheint danach zu verlangen. Darüber hinaus ist die Macht der Religion in der Gesellschaft in der Kunst der Straße präsent, sei es, um einen Aspekt der Mythologie zu feiern, wie in den zahlreichen Engelsbildern, die von vielen Künstlern verwendet werden, oder um die Geschichten für eine Kritik an der Religion und dem Leben zu nutzen.

Die Verwendung von Dämonen sowie Bildern von Schädeln und Tod ist ein weiteres Symbol unserer Zeit und spricht für die kollektive Faszination für den Tod und für Künstler, die beängstigende und furchterregende Bilder schaffen. Auf der Straße lenken solche Darstellungen die Aufmerksamkeit sofort auf die Kunst, was für die Künstler, die Aufsehen erregen wollen, von Nutzen ist.

Links: Banksy, Videostandbild, New York City, New York, USA, 2013. Foto: Ray Mock

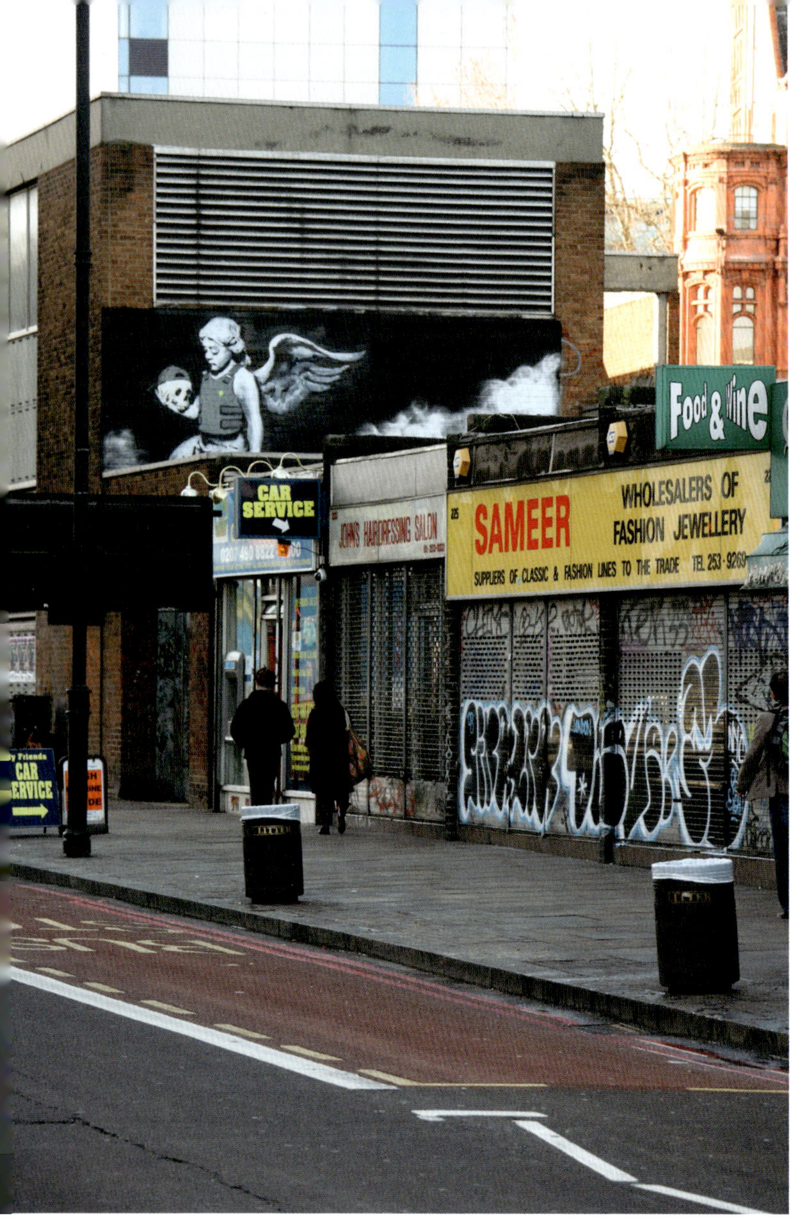

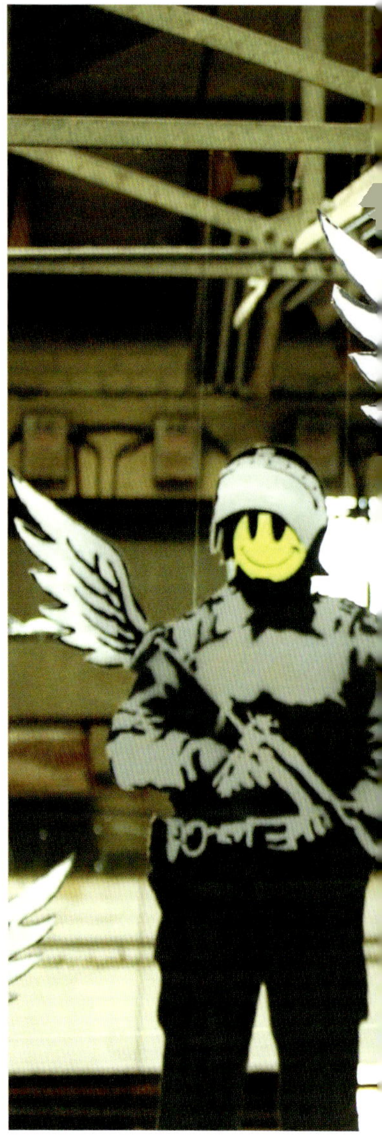

Oben links: Banksy, Ozone's Angel, Old Street, London, England, 2008. ©*ArtAngel / Alamy*
Oben rechts: Banksy, London, England, 2003. © *REX*

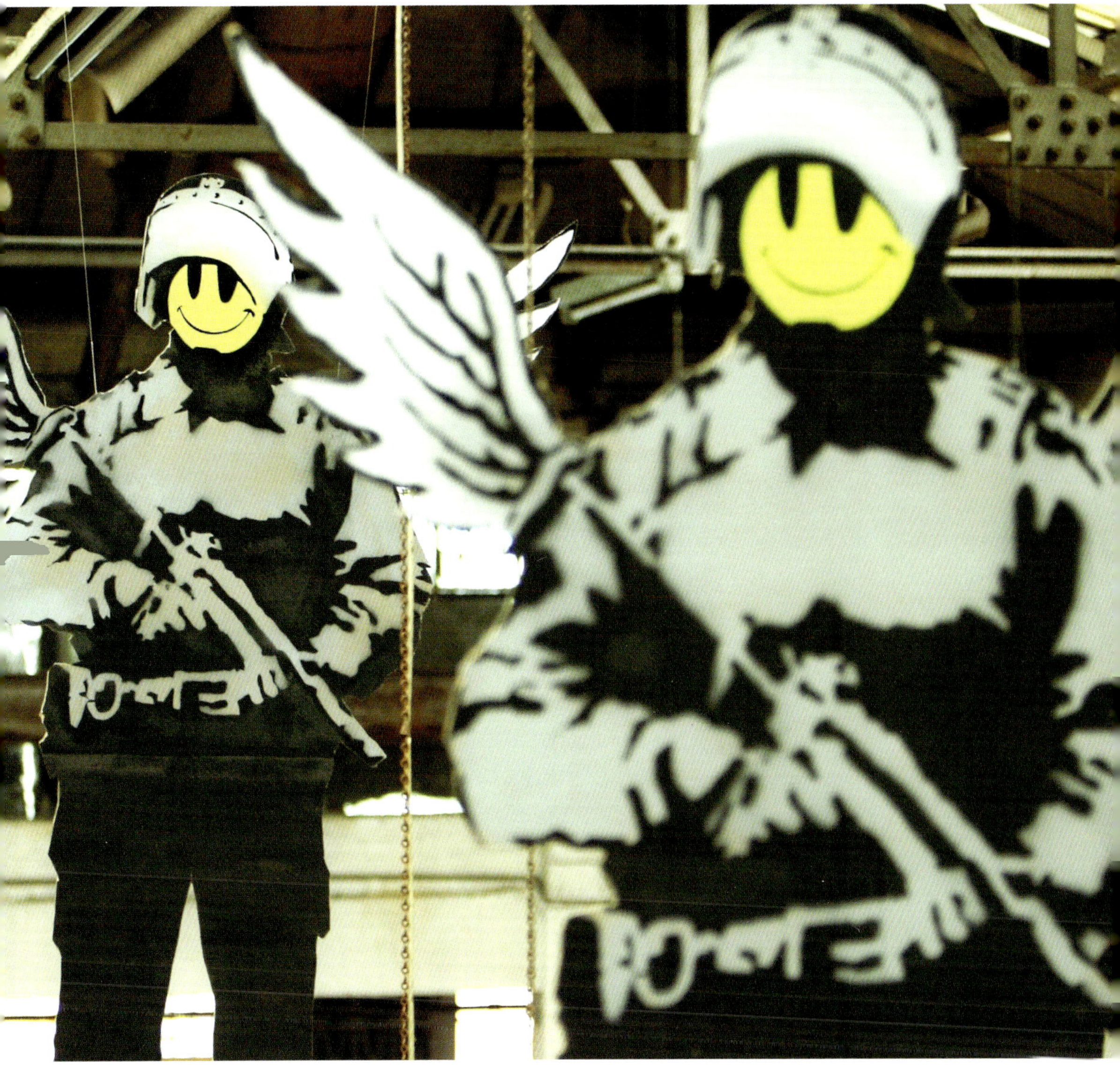

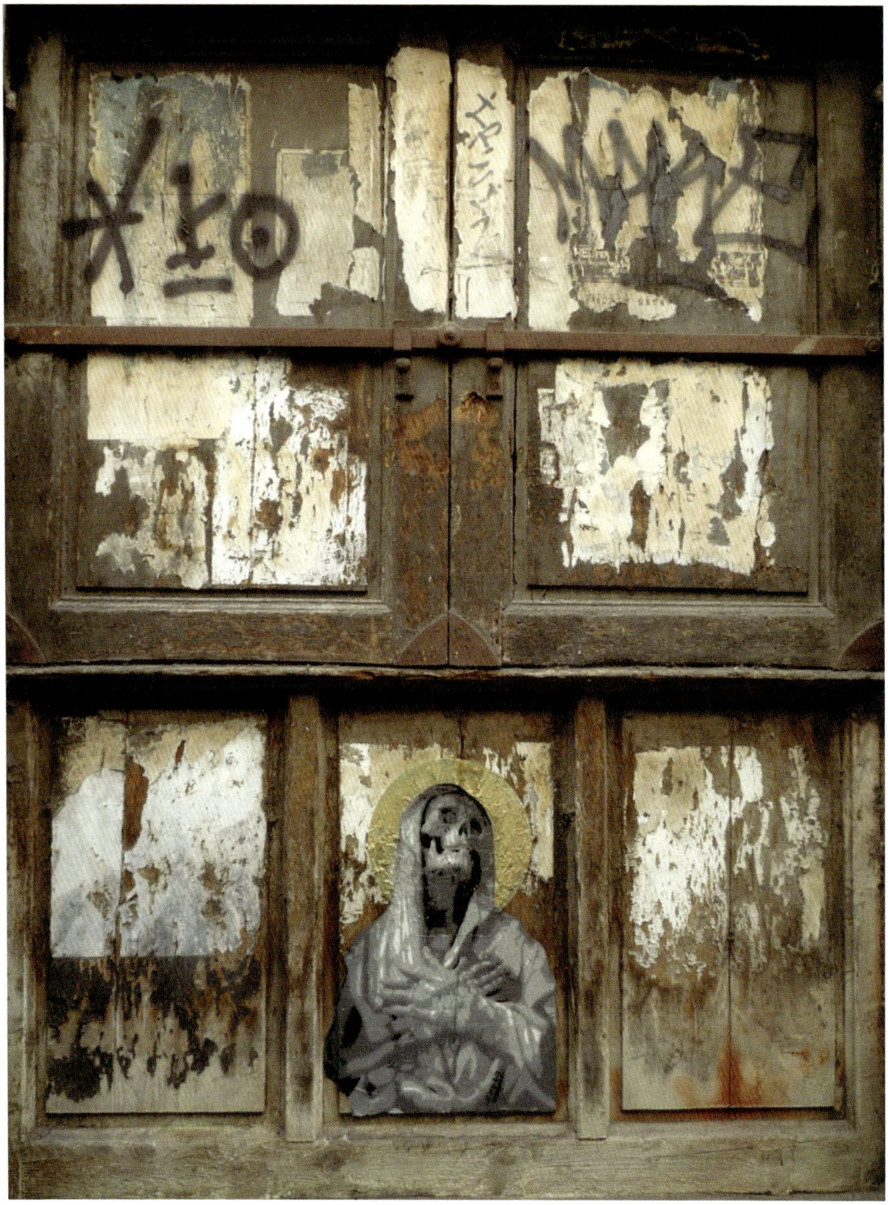

Oben: Ender, Annonciation, Florenz, Italien, 2013.

Gegenüber
Oben: ADW, Valentine's Day Massacre, Dublin, Irland, 2013.
Unten links: Skullphone, Los Angeles, Kalifornien, USA, 2011.
Unten rechts: Run Dont Walk, New York, NY, USA, 2012.

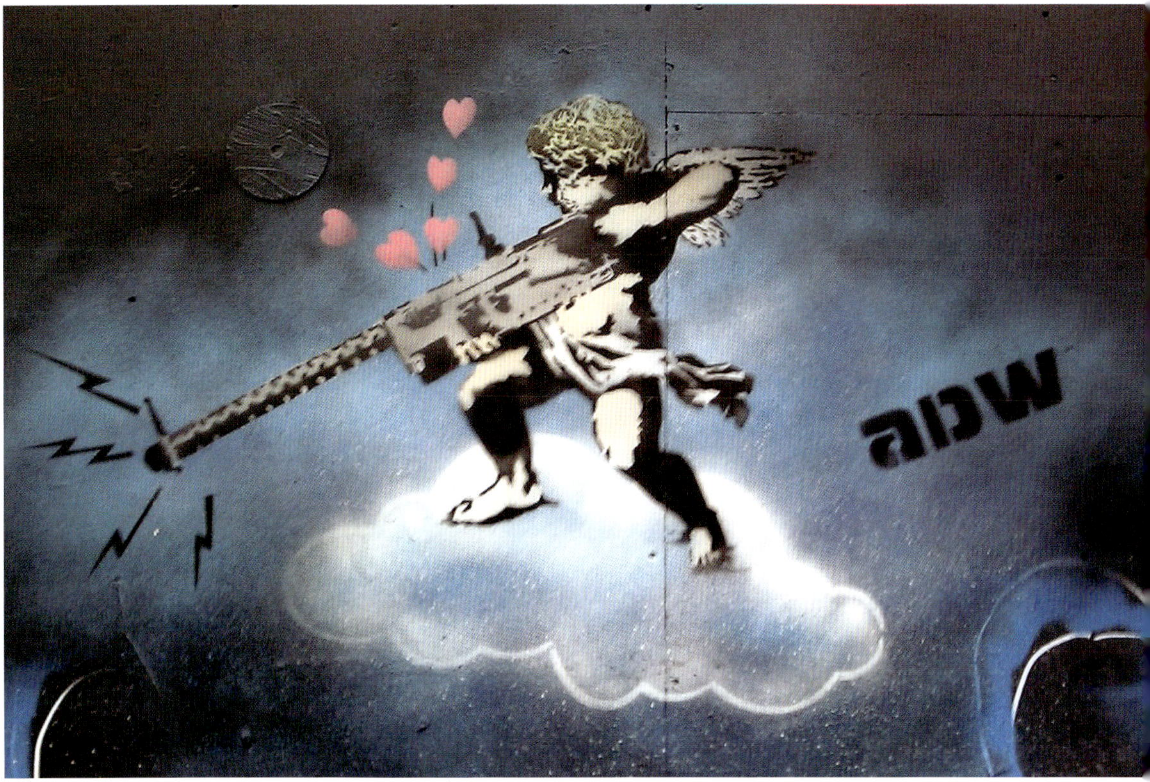

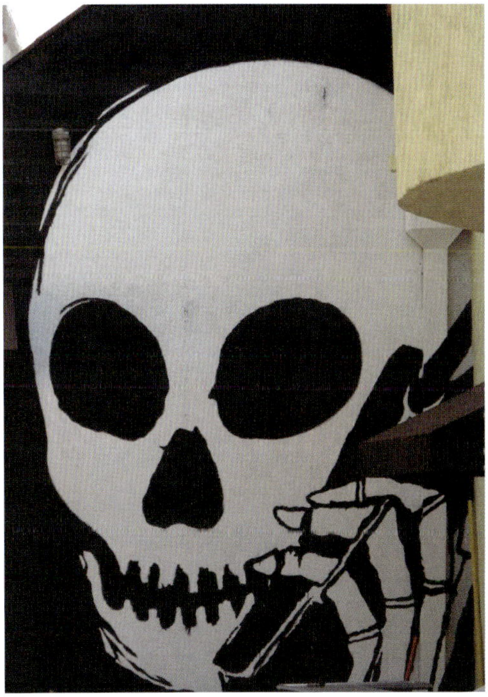

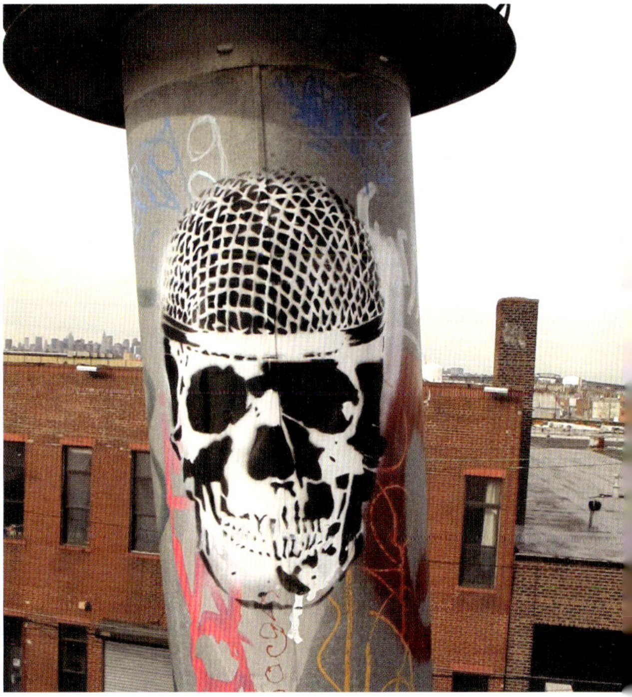

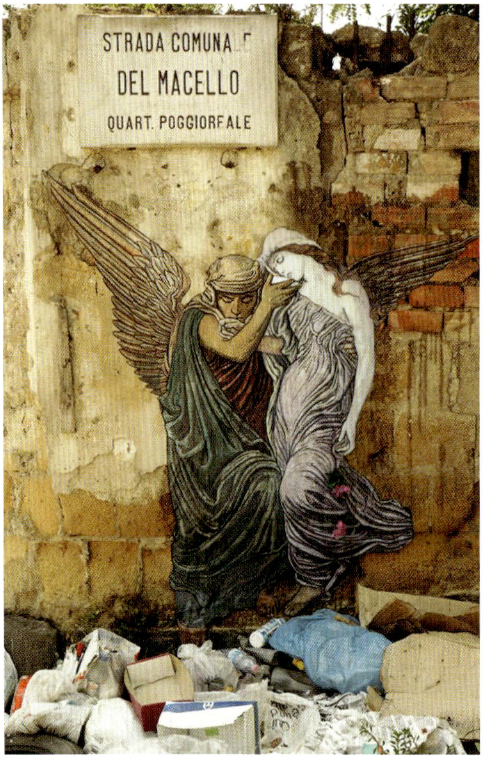
STRADA COMUNALE
DEL MACELLO
QUART. POGGIOREALE

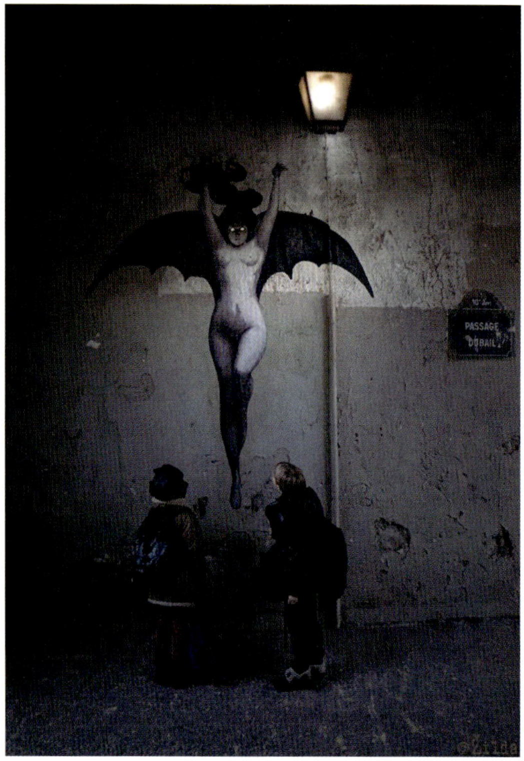
PASSAGE
DUBAIL

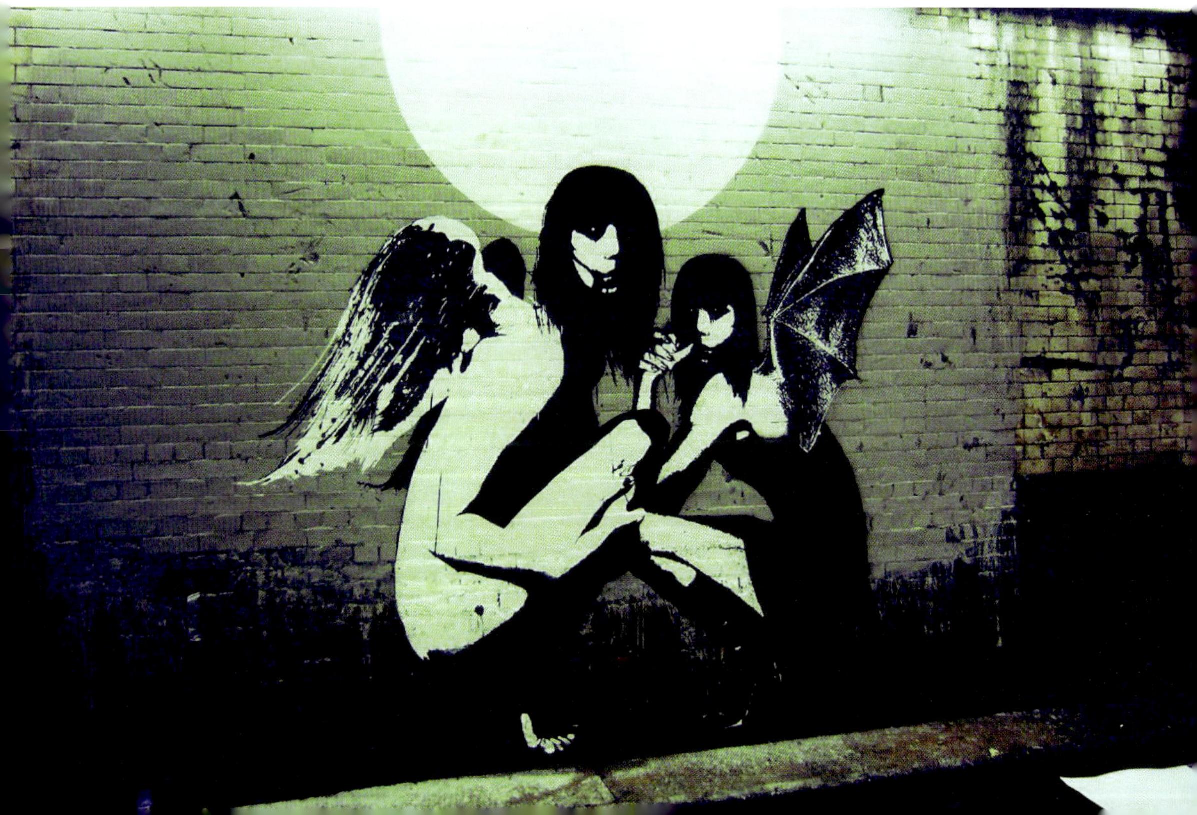

Rechts: Žilda, The Annunciation (Die Verkündigung, in Anlehnung an das Original von Orazio Gentileschi), Neapel, Italien, 2012.

Gegenüber
Oben links: Žilda, The Cup of Death (Der Kelch des Todes, in Anlehnung an das Original von Elihu Vedder), Neapel, Italien, 2011.
Oben rechts: Žilda, Batwoman (in Anlehnung an das Original von Albert Penot), Paris, Frankreich, 2012.
Unten: Eelus, Cans Festival, London, England, 2008.

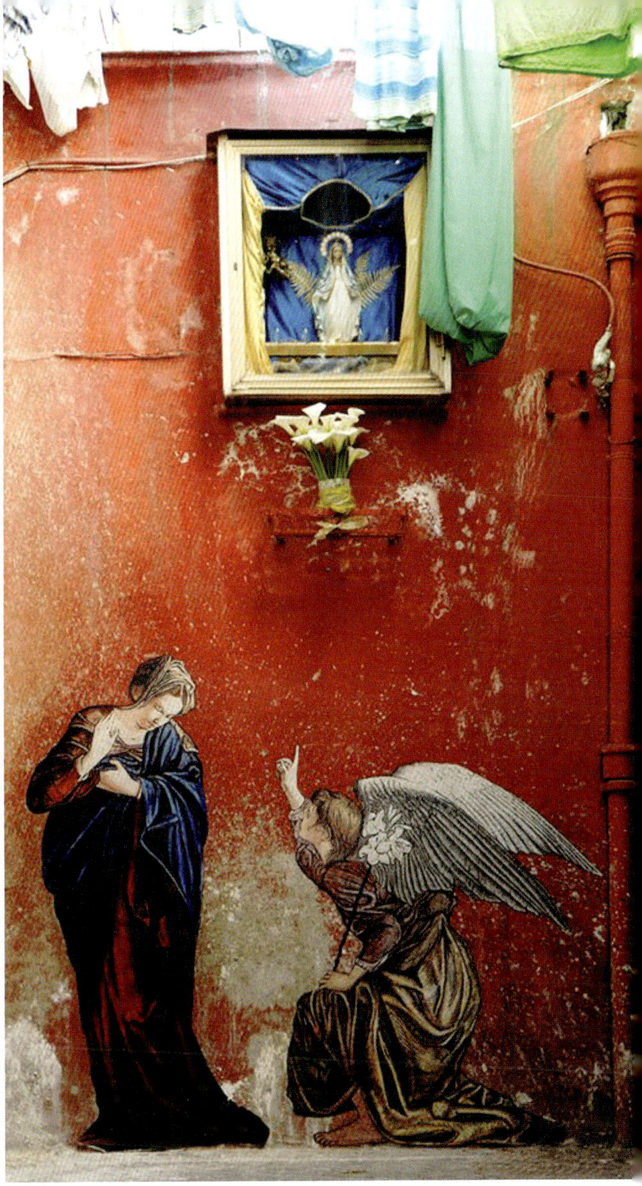

»Meine Bilder haben keine besondere Bedeutung. Wenn ich Engel oder geflügelte Wesen male, macht mich das nicht zu einem mystischen Menschen. Was mich motiviert, ist, über allegorische Dinge zu sprechen, Dinge, die sich der Rationalität entziehen oder seltsame Interpretationen hervorrufen. Die Straße ist auch ein Ort, an dem man überraschen kann, an dem man einen Passanten zu etwas Unerwartetem an einem unerwarteten Ort führen kann.«

ŽILDA

dschungel aus beton

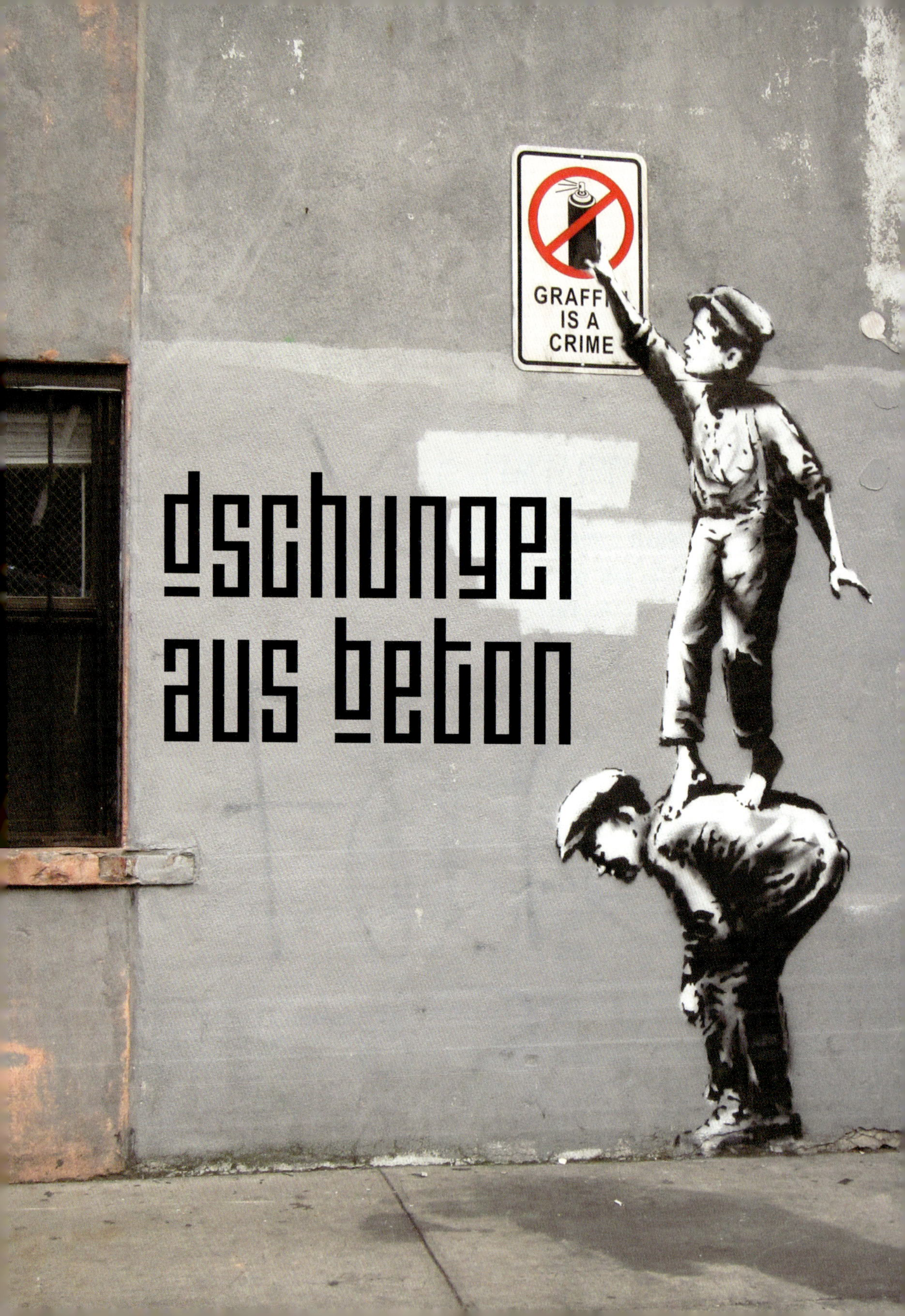

Heutzutage bauen die Menschen immer mehr Städte und zerstören Dschungel und Wälder, um natürliche Ressourcen für die extrem konsumierende und wachsende Bevölkerung des Planeten zu gewinnen. Zum ersten Mal in der Geschichte der Menschheit leben mehr Menschen in Städten als auf dem Land. Diese Metropolen, in denen es von Menschen und Leben nur so wimmelt, haben eine industrialisierte, arbeitsorientierte Gesellschaft geschaffen, in der Menschen geboren werden, um die nächste Generation von Arbeitern zu werden, um das kapitalistische System zu stützen.

Diese betonierten Stadtdschungel sind Spielplätze für Kinder und fantasievolle Erwachsene, die dem Sog der Monotonie widerstanden haben. Graffiti-Writer und Street-Art-Künstler rebellieren seit Jahrzehnten gegen die Langeweile und die blassen Wände, indem sie sie mit bunten Versionen ihrer Pseudonyme und neuerdings mit Bildern bemalen. Die Stadtmauern werden zu einem Spielplatz für Künstler, die mit Schablonen, Postern, Wandmalereien und anderen Ausdrucksformen ihre Ideen umsetzen.

Künstler wie Banksy, Run Dont Walk und andere, die hier vorgestellt werden, bringen Spaß und ihr inneres Kind zum Ausdruck. Die Bilder regen uns dazu an, das Leben zu feiern und uns daran zu erinnern, dass der Spaß, den wir als Kinder erlebt haben, auch heute noch in uns lebendig ist. Bei der Übernahme der Stadt durch die Künstler hat ihre Vorstellungskraft Kreaturen, sowohl reale als auch mythische, an den Wänden zum Leben erweckt. Nutztiere, Dinosaurier, Einhörner und Meerjungfrauen sind dank der Künstler und ihrer unbekümmerten und gewagten Kunst allgegenwärtig.

Links: Banksy, New York City, New York, USA, 2013. Foto: Ray Mock

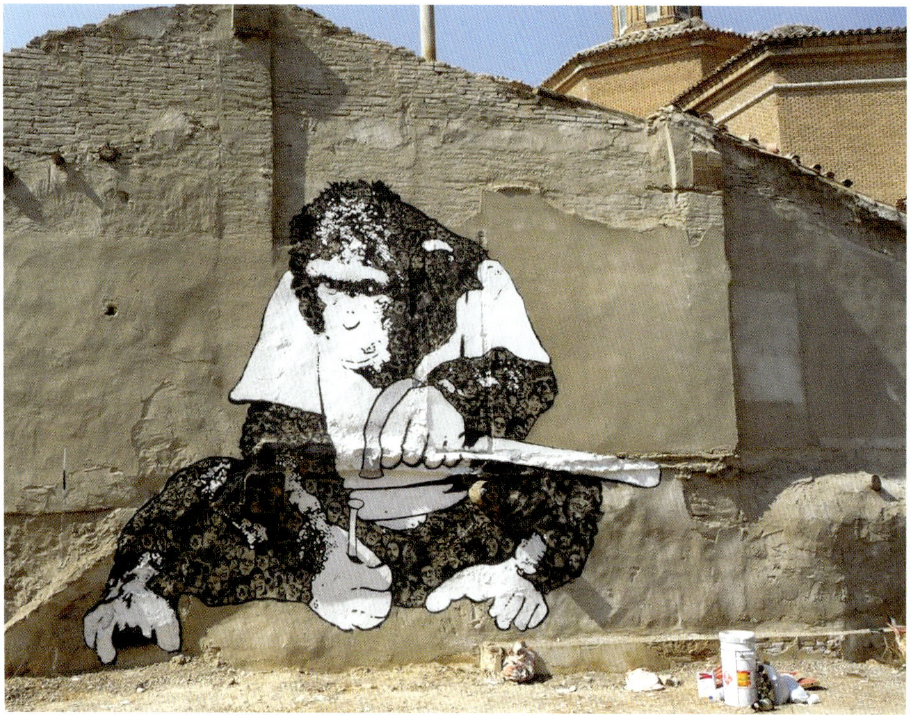

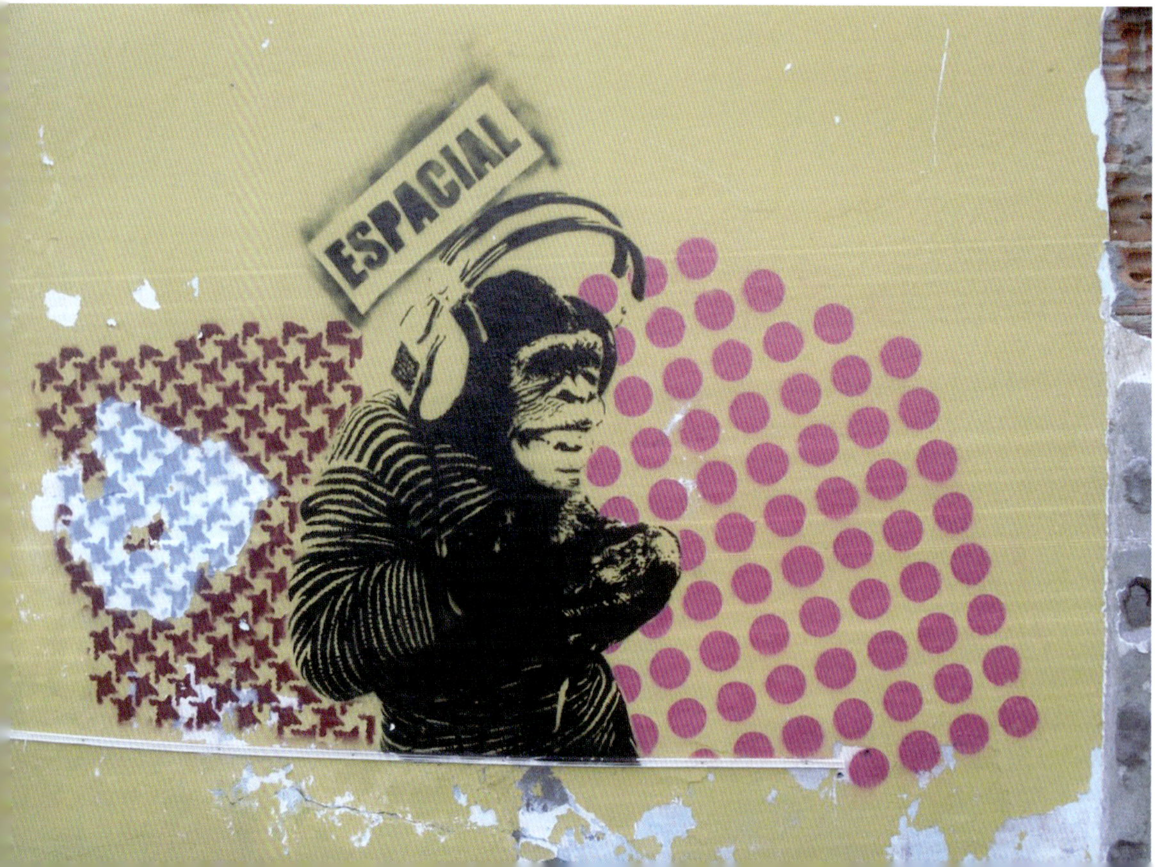
ESPACIAL

»Street Art sollte frei sein, mit Menschen, die kreativ sind, ohne an Geld, die Zukunft oder Ausstellungen in eleganten Galerien zu denken. Deshalb signieren wir unsere Werke nicht. Wenn ich meinen Namen hinzufüge, werde ich ›der Autor‹, mit diesem einfachen Akt beanspruche ich Anerkennung und Aufmerksamkeit. Wenn du dein Werk nicht signierst, wird jeder in der Stadt verdächtigt, es gemacht zu haben, sogar der Typ neben dir, der auf den Bus wartet.«

GONZALO VOM KOLLEKTIV BS.AS.STENCIL

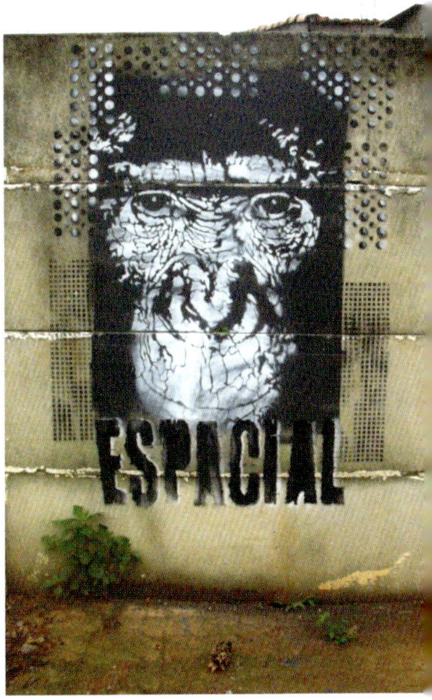

Links: BS.AS.Stencil, Tudela, Spanien, 2011. Foto: Ana Alvarez Erricalde
Unten links: Matias Espacial Picón, Mono Floripa, São Paulo, Brasilien, 2012.
Rechts: Matias Espacial Picón, Mono Negativo, São Paulo, Brasilien, 2009.
Unten: Matias Espacial Picón, Rual, São Paulo, Brasilien, 2012.

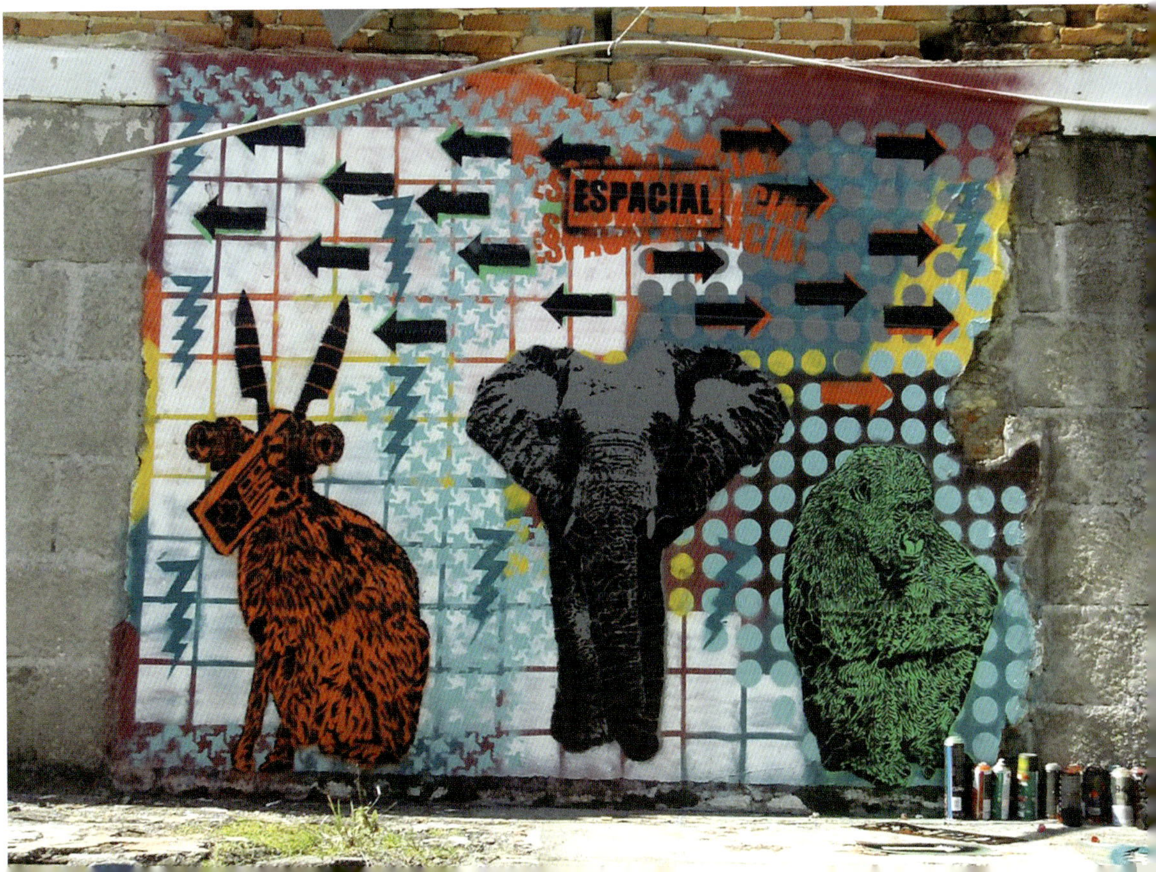

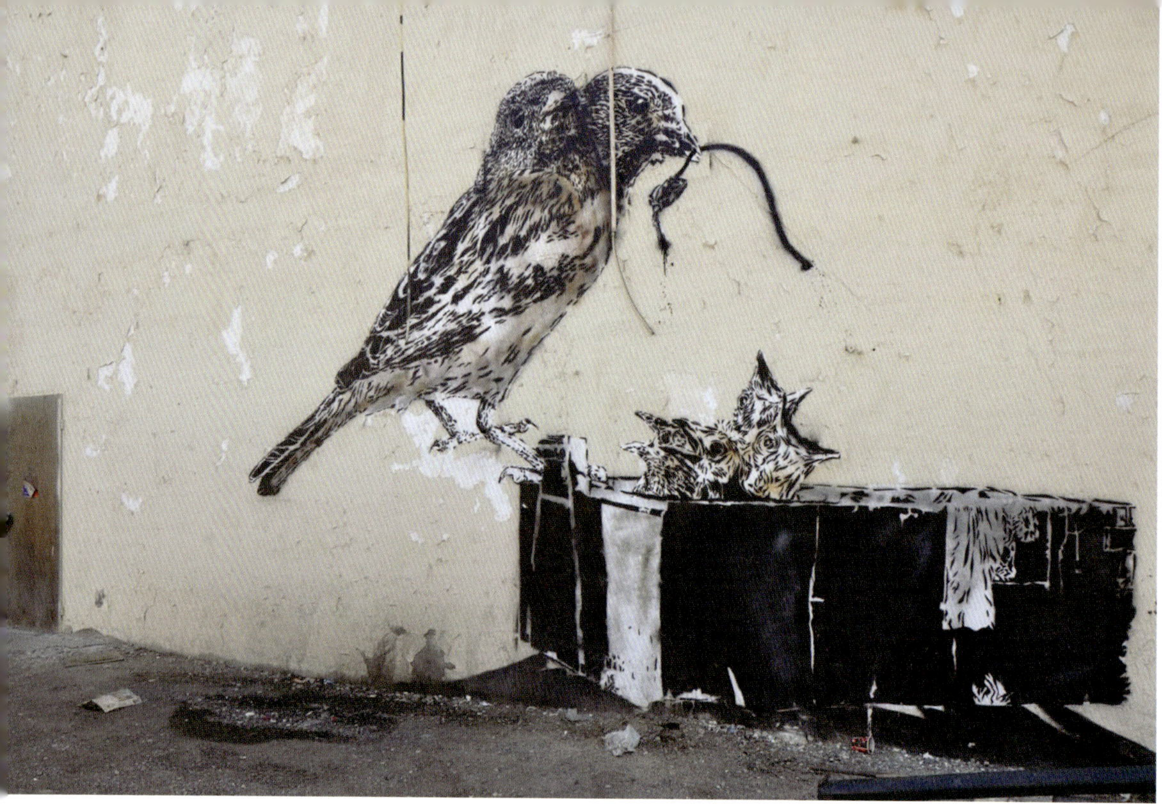

Oben und unten: Dede, Tel Aviv, Israel, 2011. Fotos: Milli Katz

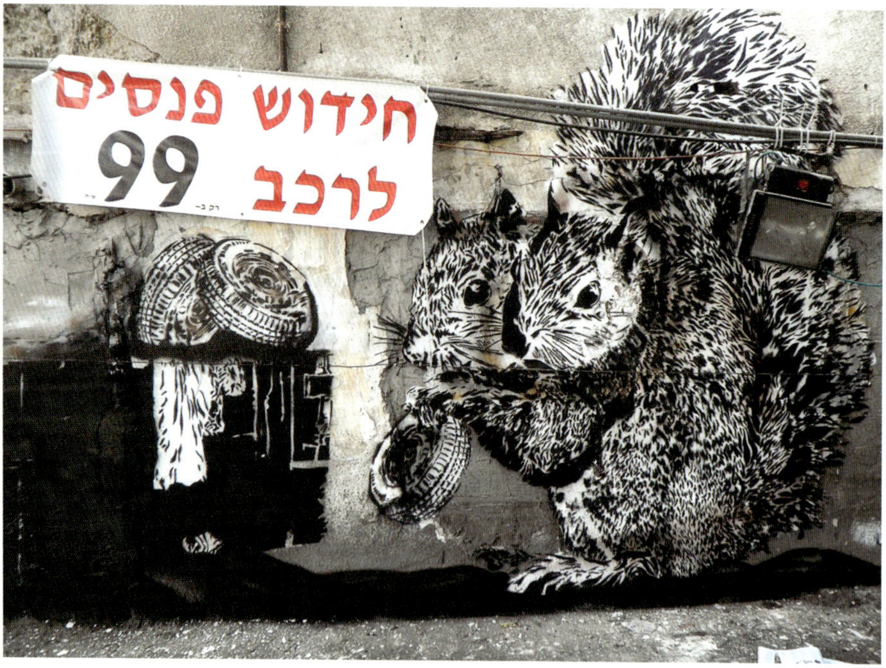

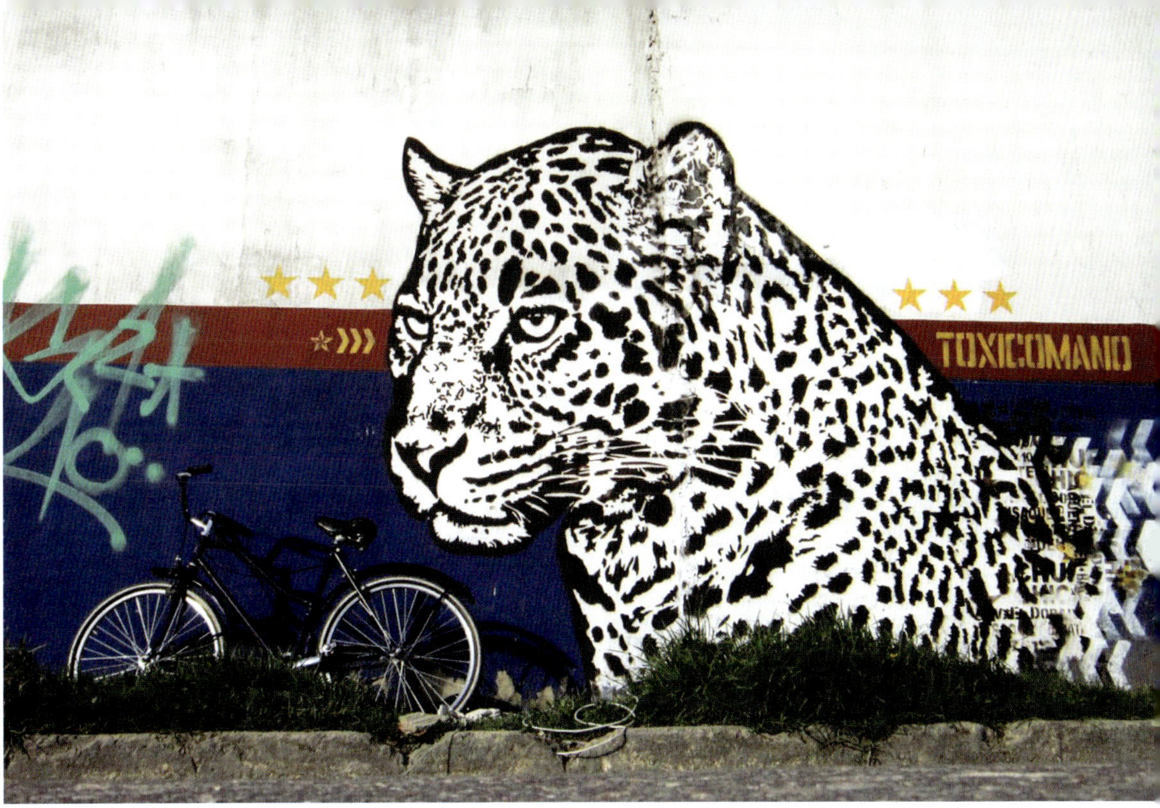

Oben: Toxicómano Callejero, Bogotà, Kolumbien, 2011.
Unten: Toxicómano Callejero, Lima, Peru, 2013. Foto: KET

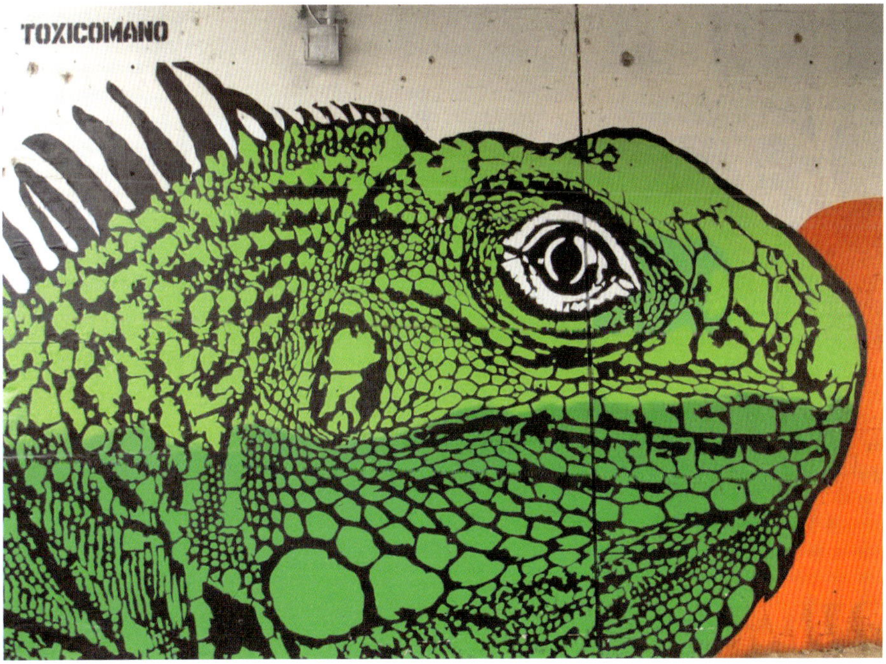

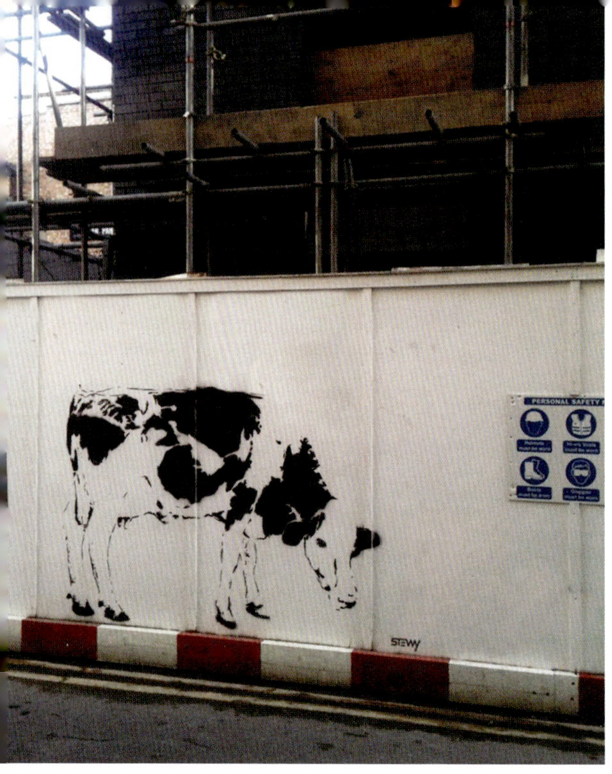

Links: Stewy, Liverpool, England, 2011.
Unten: Banksy, London, England, 2003. © *REX*

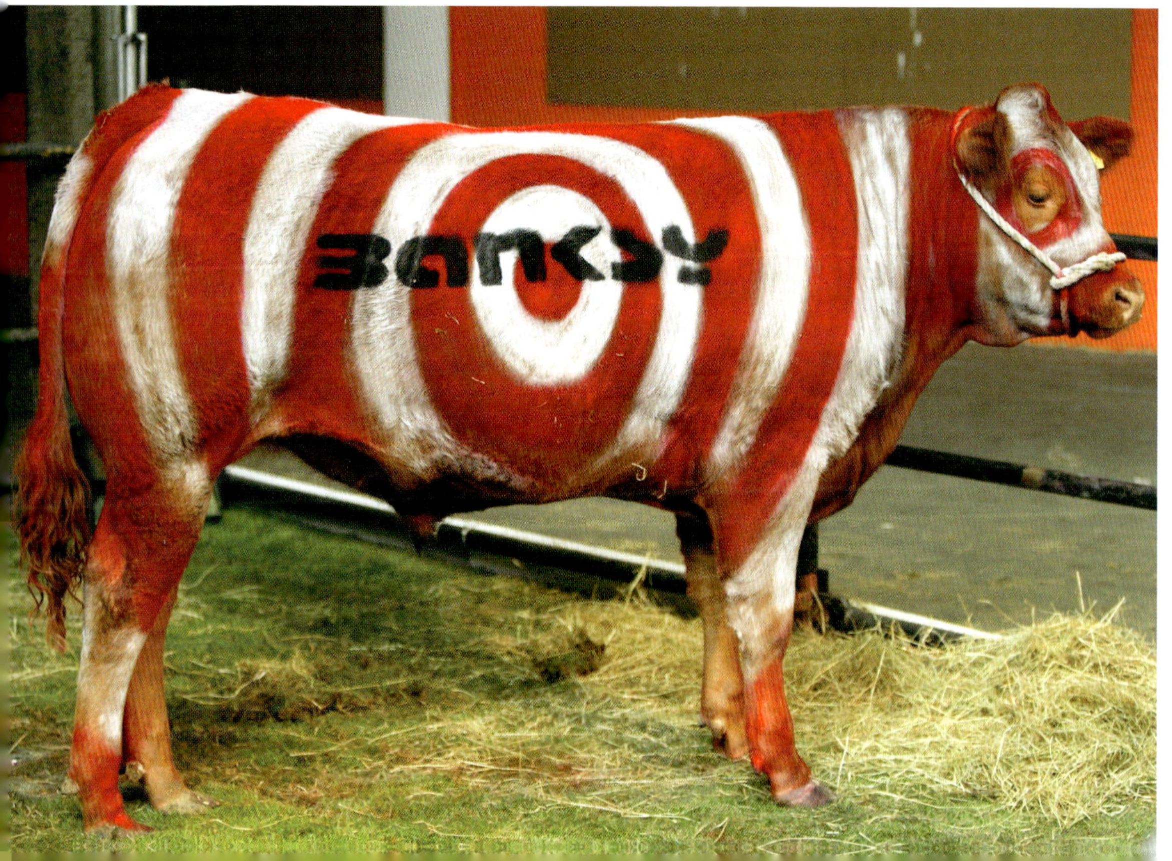

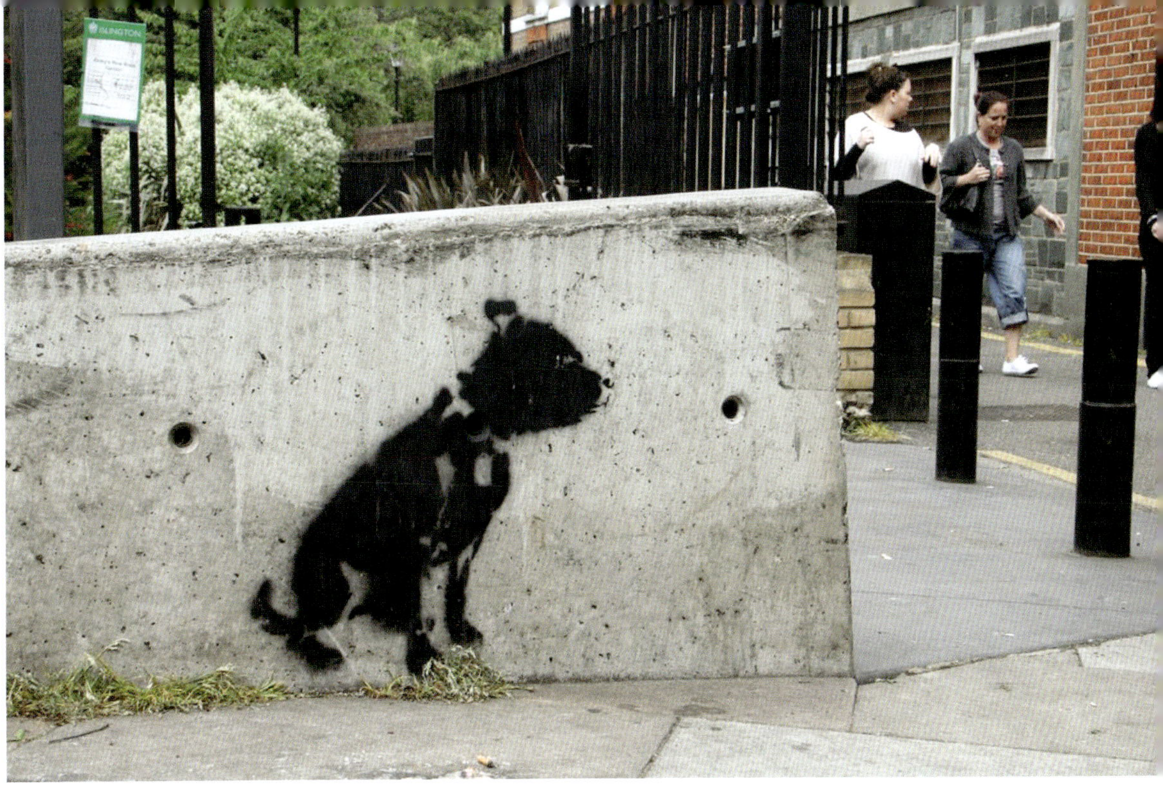

»Meine Bilder sind fast wie ›Geisterbilder‹, ein Innehalten in der Zeit. Ich mag es, wenn die Tiere die Städte übernehmen und sich ihren natürlichen Lebensraum inmitten von Beton und Hochhäusern zurückerobern, als würde man ›Stadtjungen‹ auf ein Feld setzen.«

STEWY

Oben: Stewy, Camden, London, England, 2012.
Rechts: Stewy, London, England, 2011.

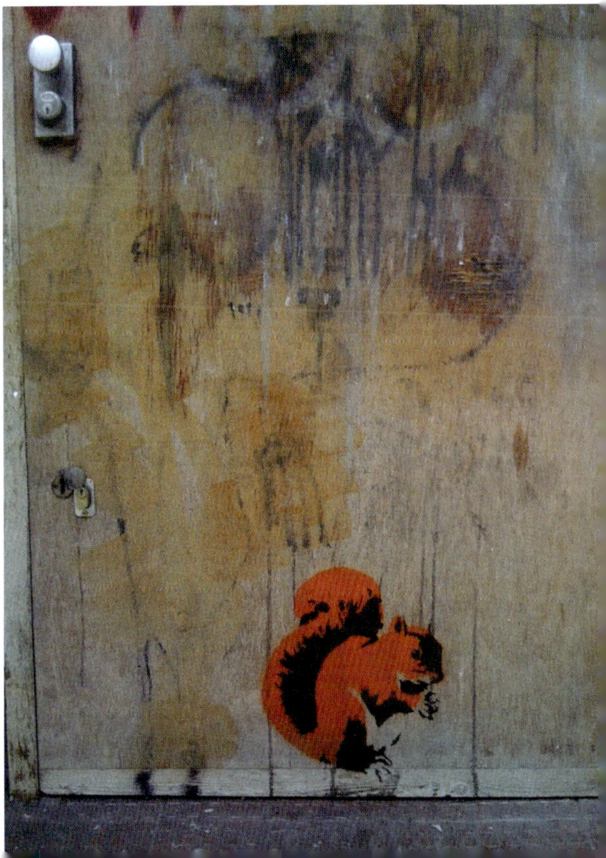

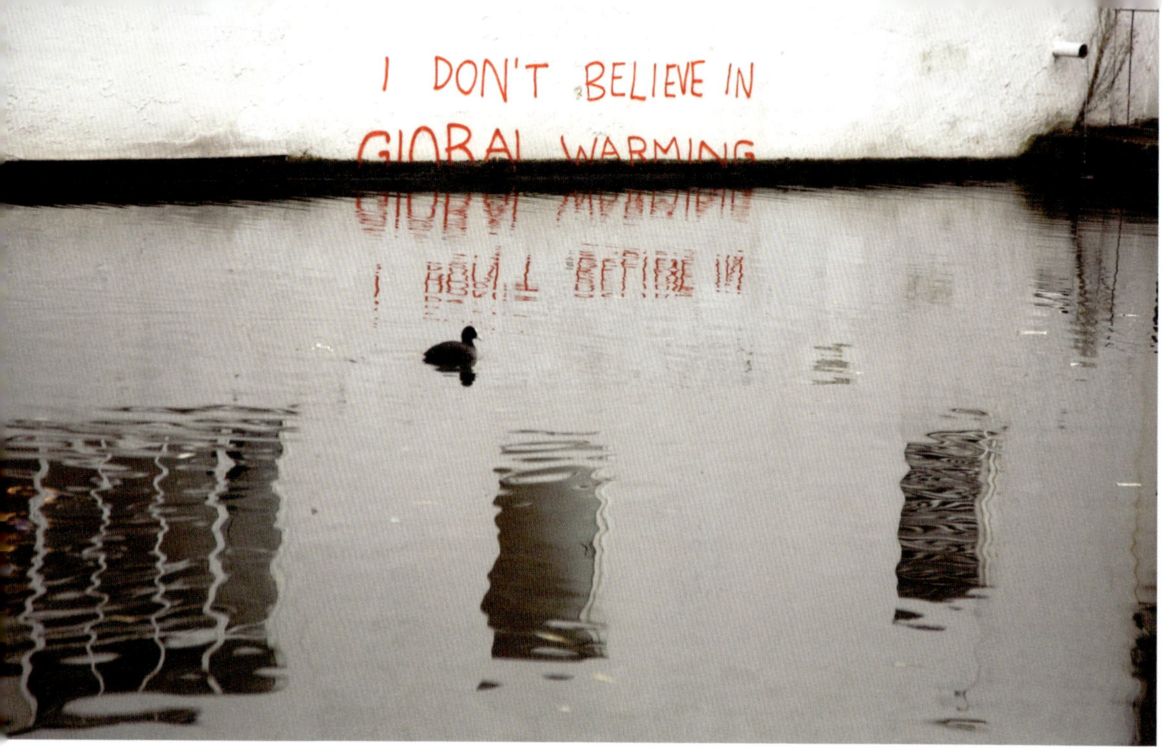

Oben: Unbekannter Künstler, Camden, London, England, 2009. © *Jeffrey Blackler / Alamy*
Unten: Banksy, London, England, 2008. © *Roger Cracknell 01 / classic / Alamy*
Rechts: Canvaz, www.canvaz.com, Diggin for Gold, Dublin, Irland, 2012.

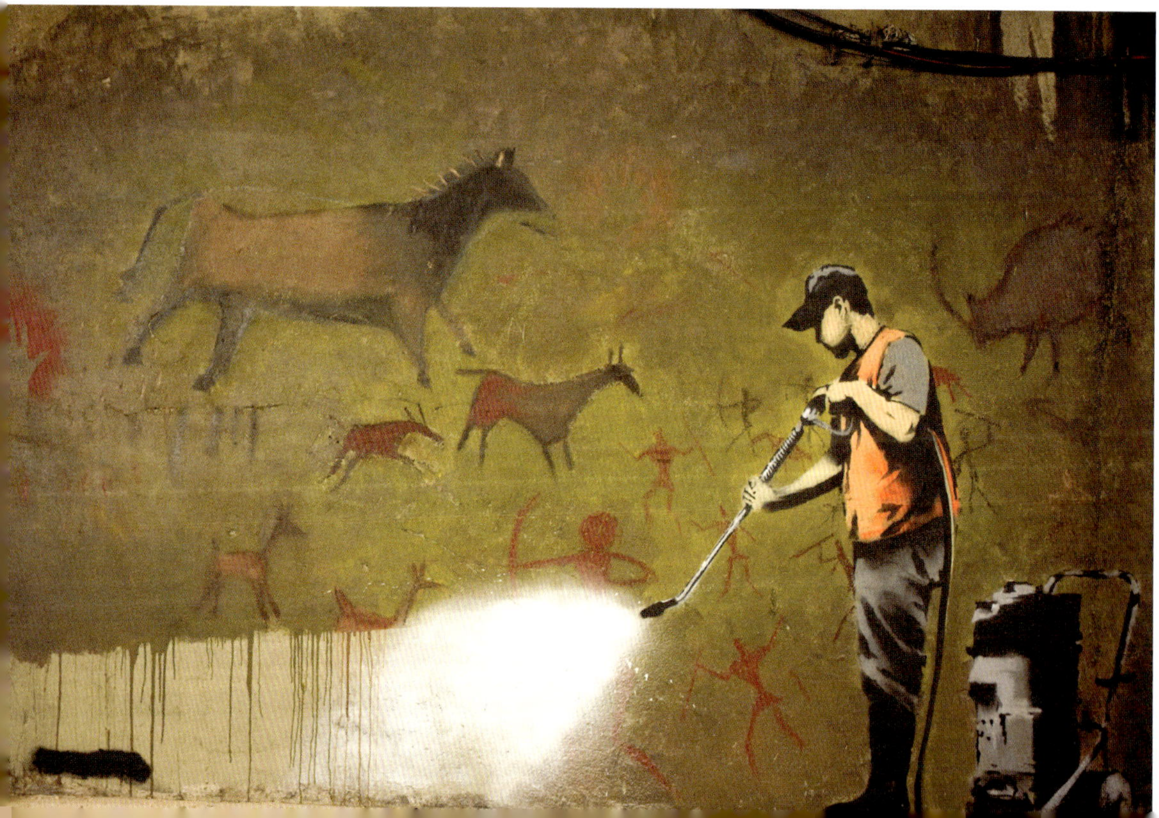

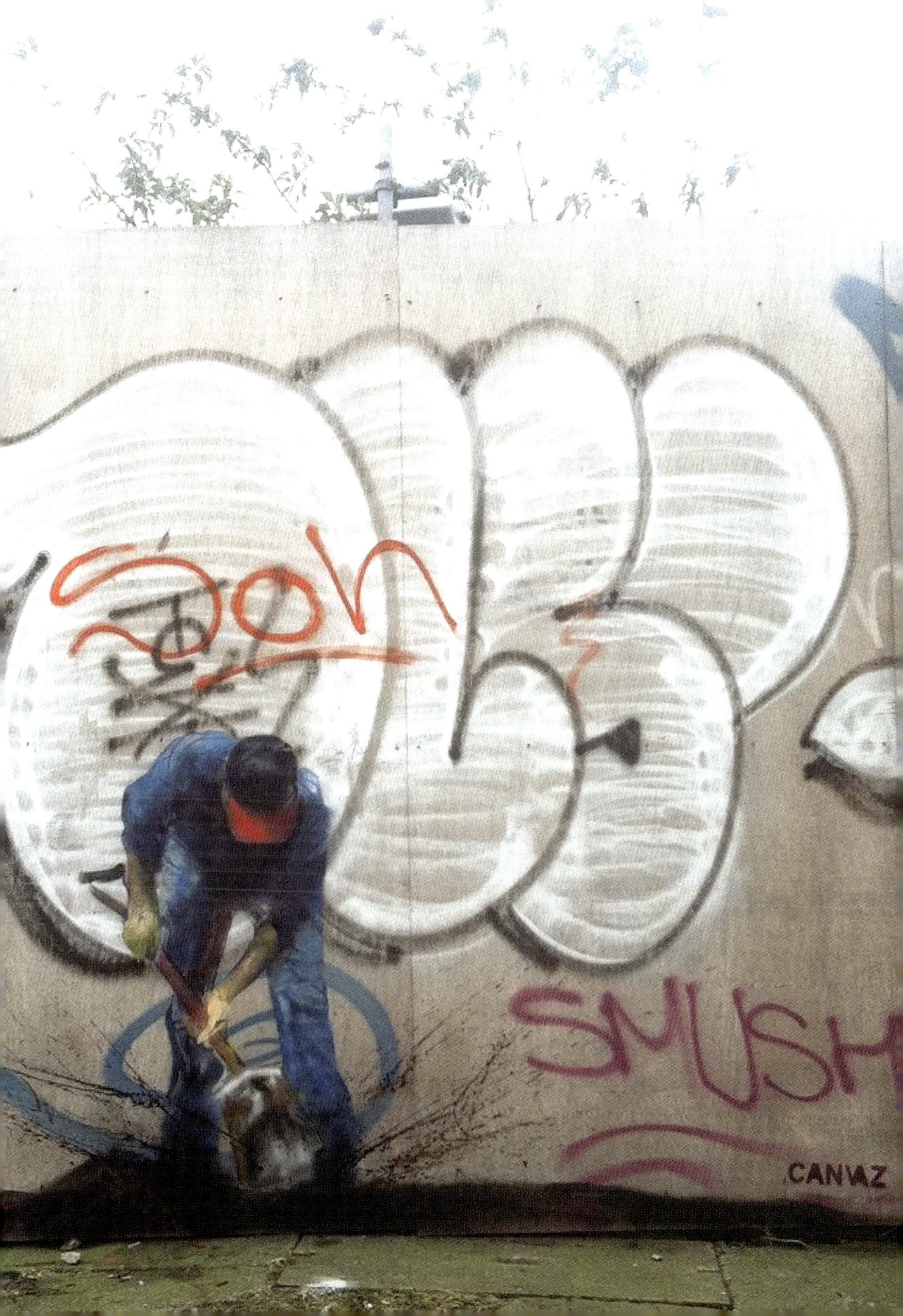
SMUSH
CANVAZ

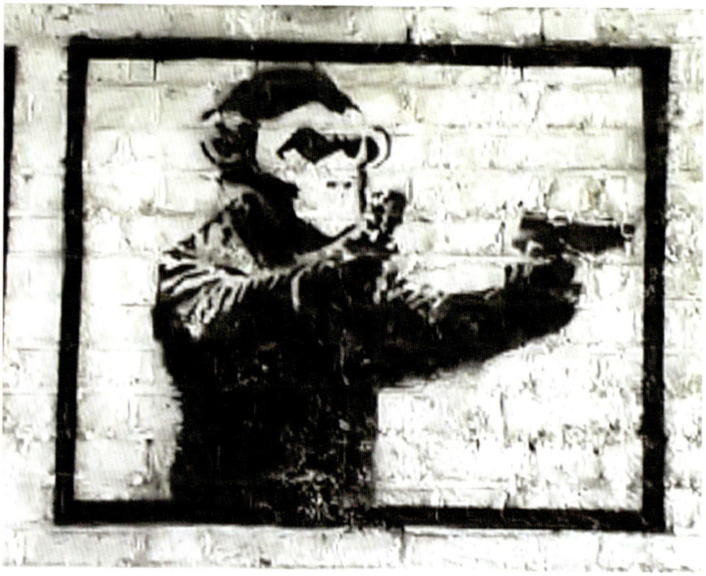

Oben: Banksy, Shoreditch, London, England, 2007. © *Sophie Duval / EMPICS / PA Images*
Unten: Zabou, The Revenge of Nature, Weston-Super-Mare, England, 2012.

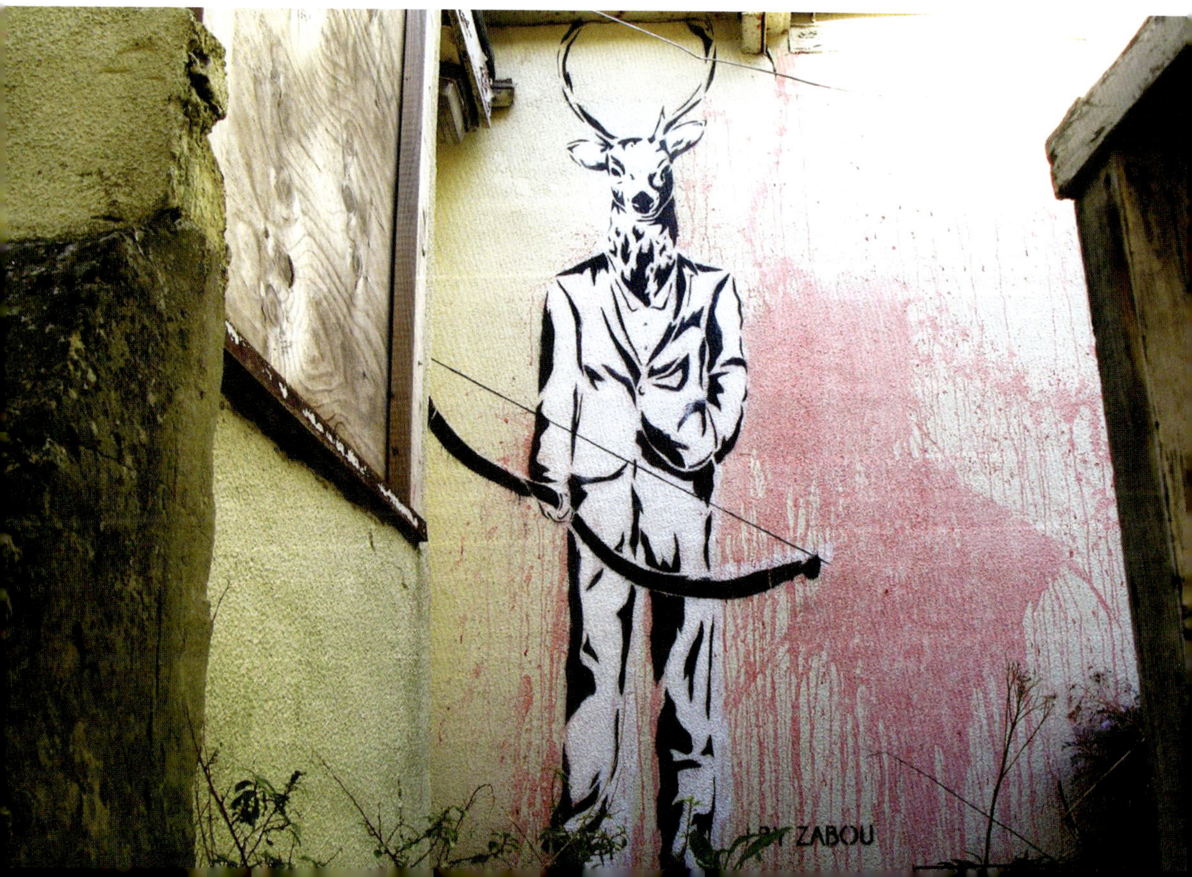

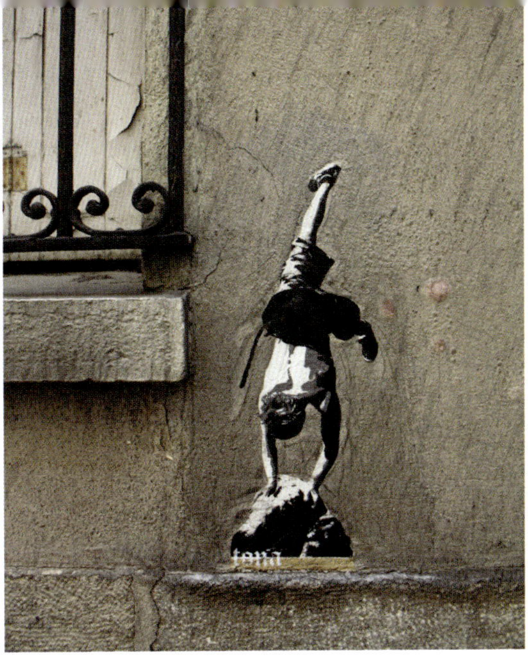

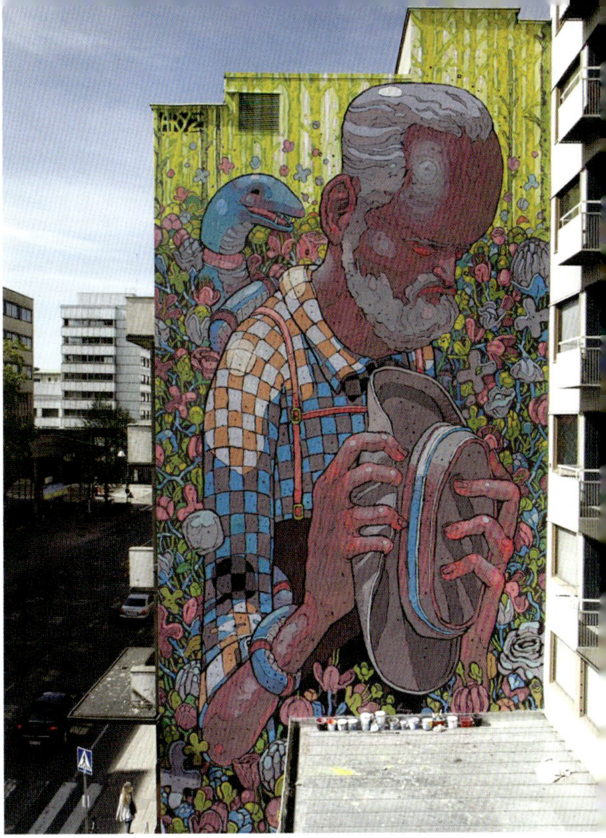

Oben: Tona, Paris, Frankreich, 2012.
Rechts: Aryz, Turku, Finnland, 2011.
Unten: Icy and Sot, Chicago, Illinois, USA, 2012.

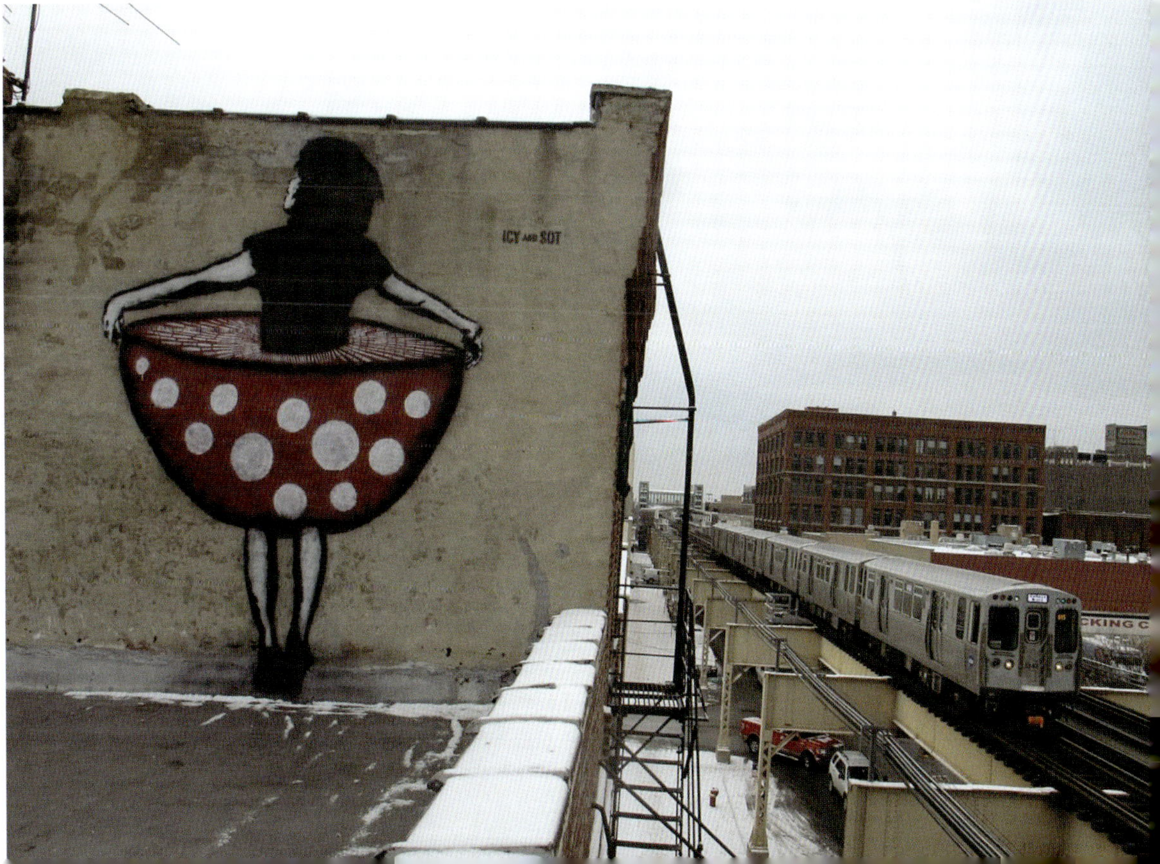

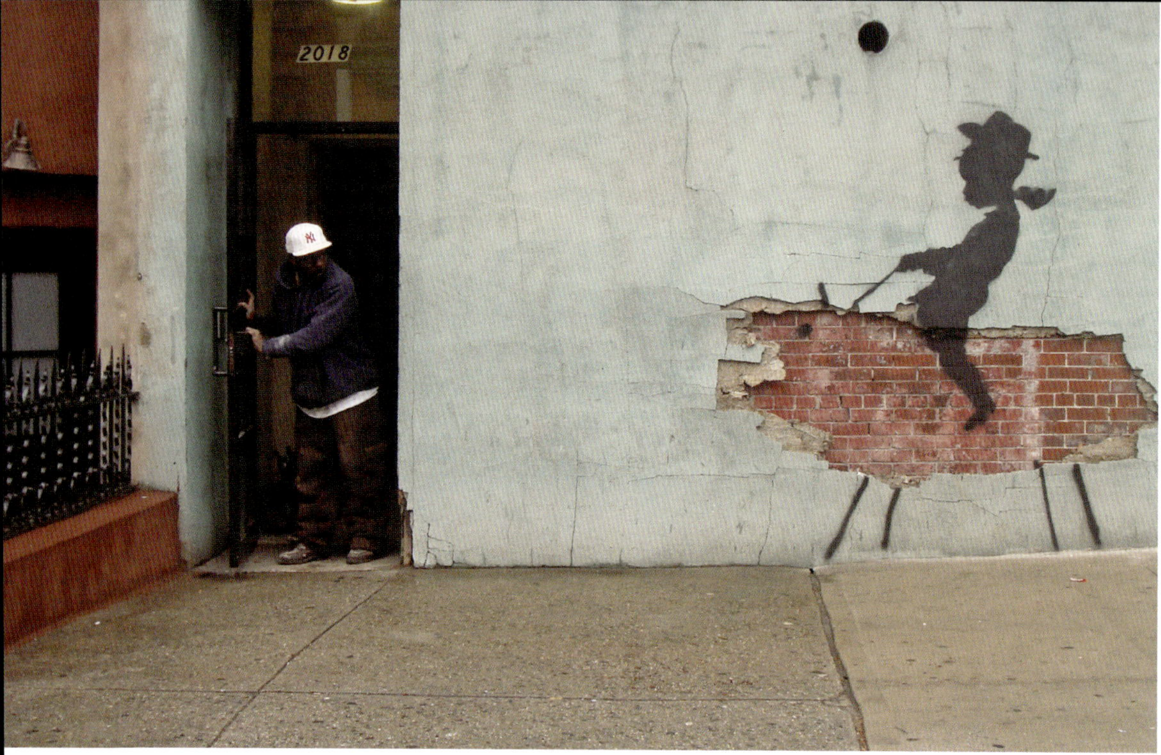

Oben: Banksy, Bronx, New York, NY, USA, 2008.
Unten: Banksy, London, England, 2004. © *Barry Lewis / Alamy*

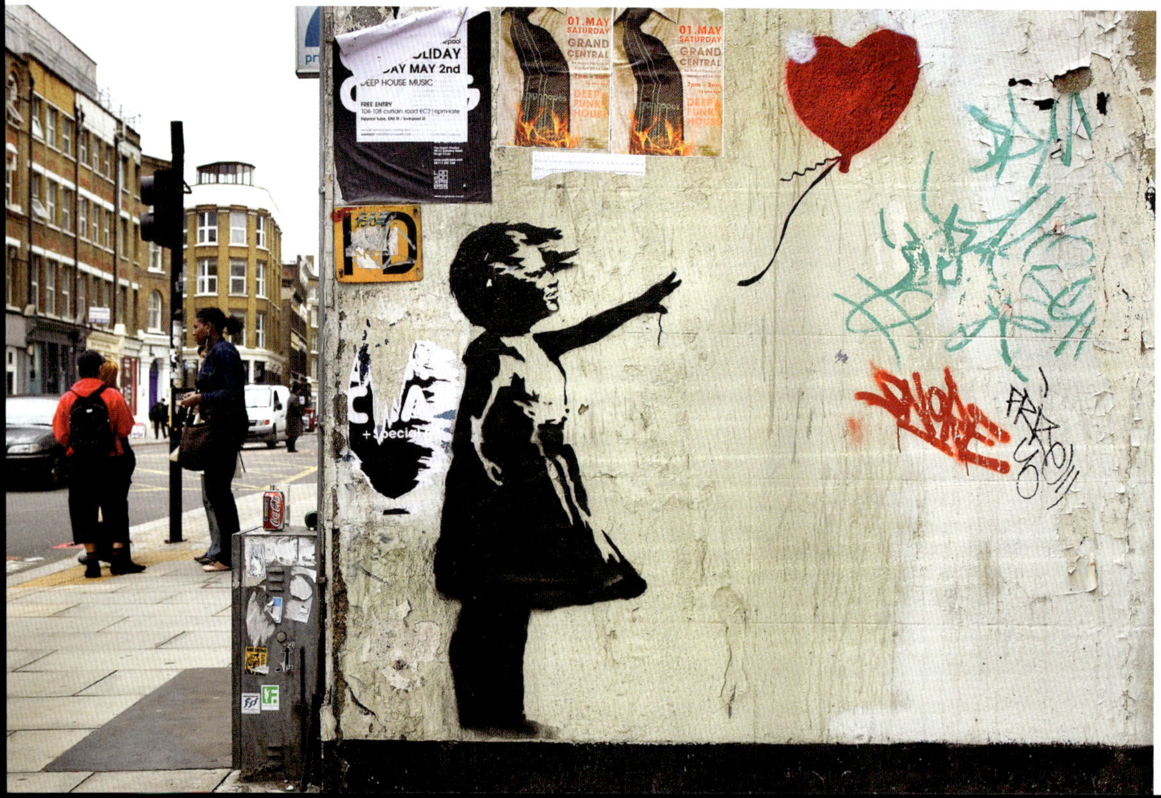

»Die Bilder, die ich im letzten Jahr gemalt habe, haben mit etwas Skurrilem zu tun, mit spielenden Kindern, aber immer in einem anderen Maßstab und mit anderen Tieren als denen, die man erwarten würde. Ich weiß nicht wirklich, was mich zu dieser Ästhetik gebracht hat, aber mich reizt es, die Unschuld der Kindheitsspiele zu retten.«

RUN DONT WALK

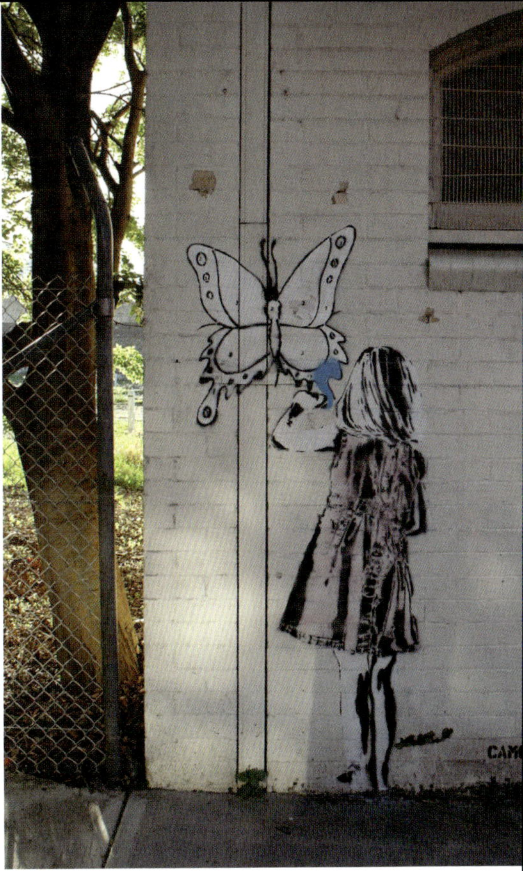

Rechts: Camo, Waterloo, NSW, Australien, 2012.
Unten: Run Dont Walk, Buenos Aires, Argentinien, 2012.

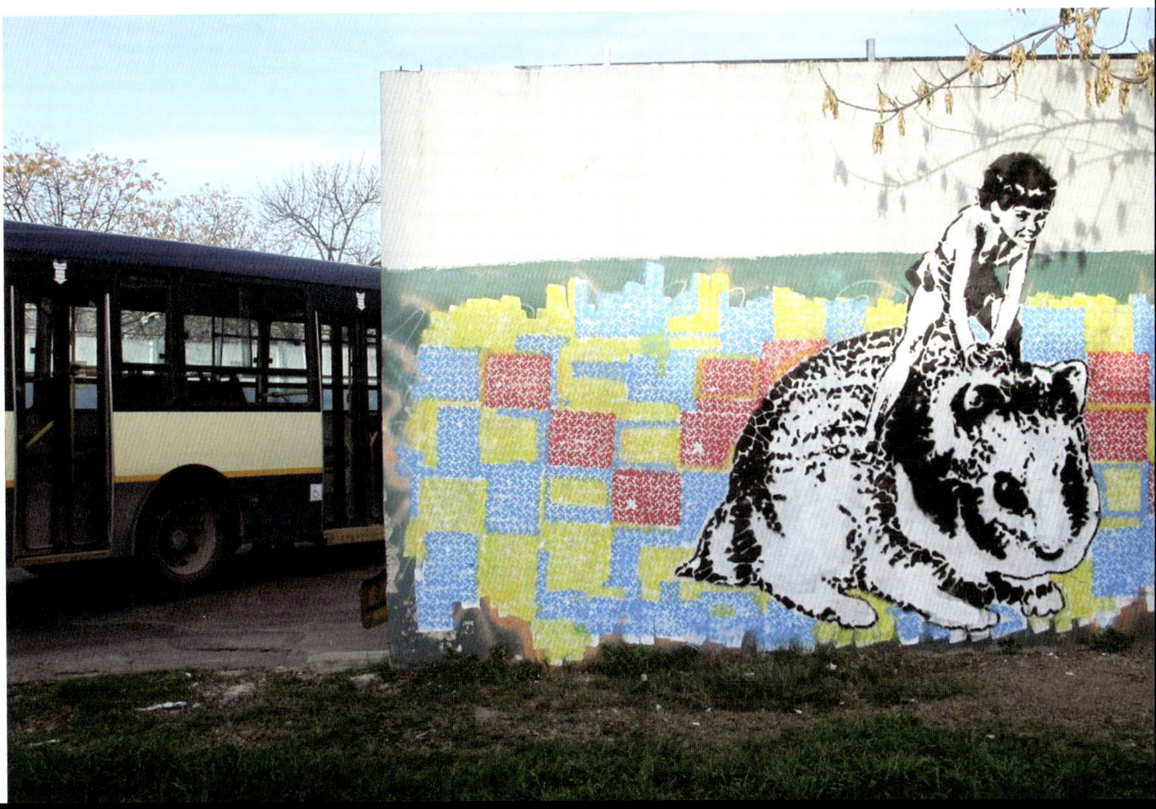

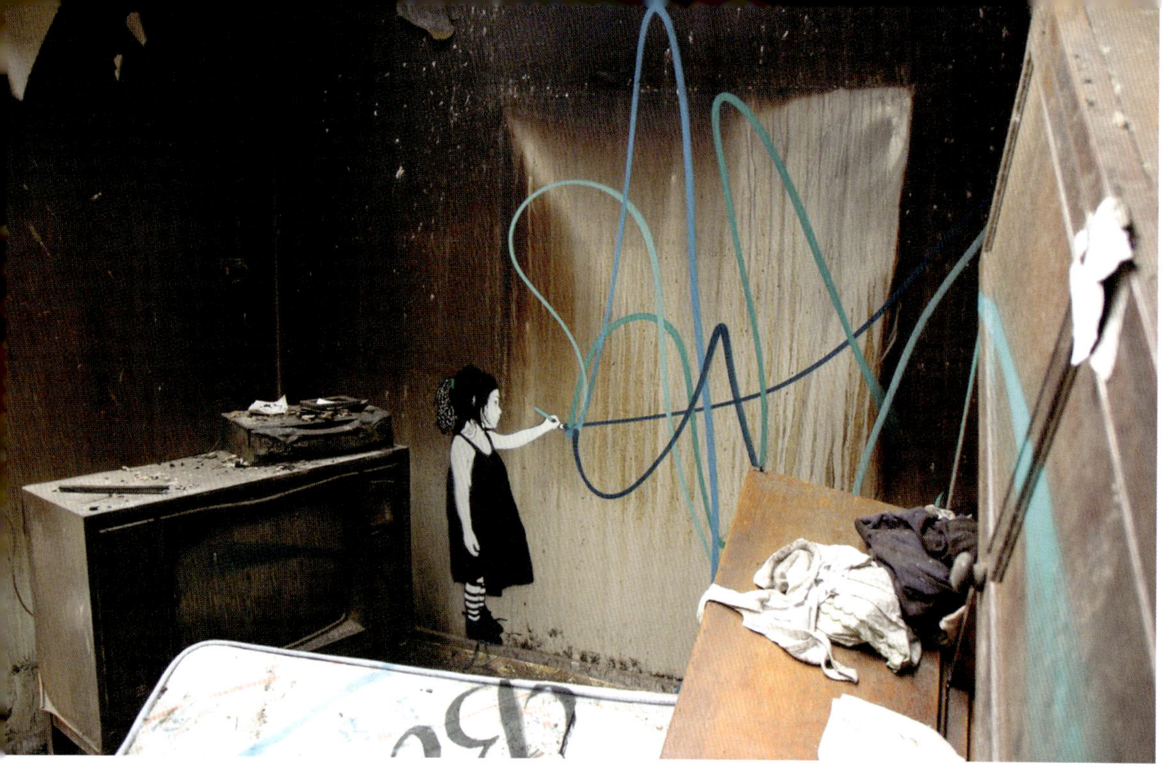

Oben: Be Free, verlassenes Haus, Melbourne, Australien, 2012.
Rechts: Unbekannter Künstler, Bristol, England, 2009. Foto: Aaron R T Smedley

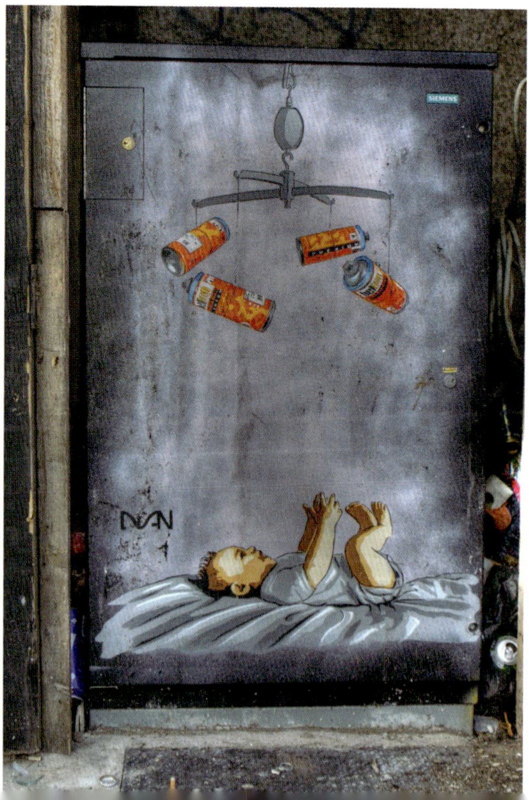

»Ich liebe schmutzige, düstere Wände oder Räume, die zu eintönig sind und mit denen man einfach etwas anstellen muss.«

BE FREE

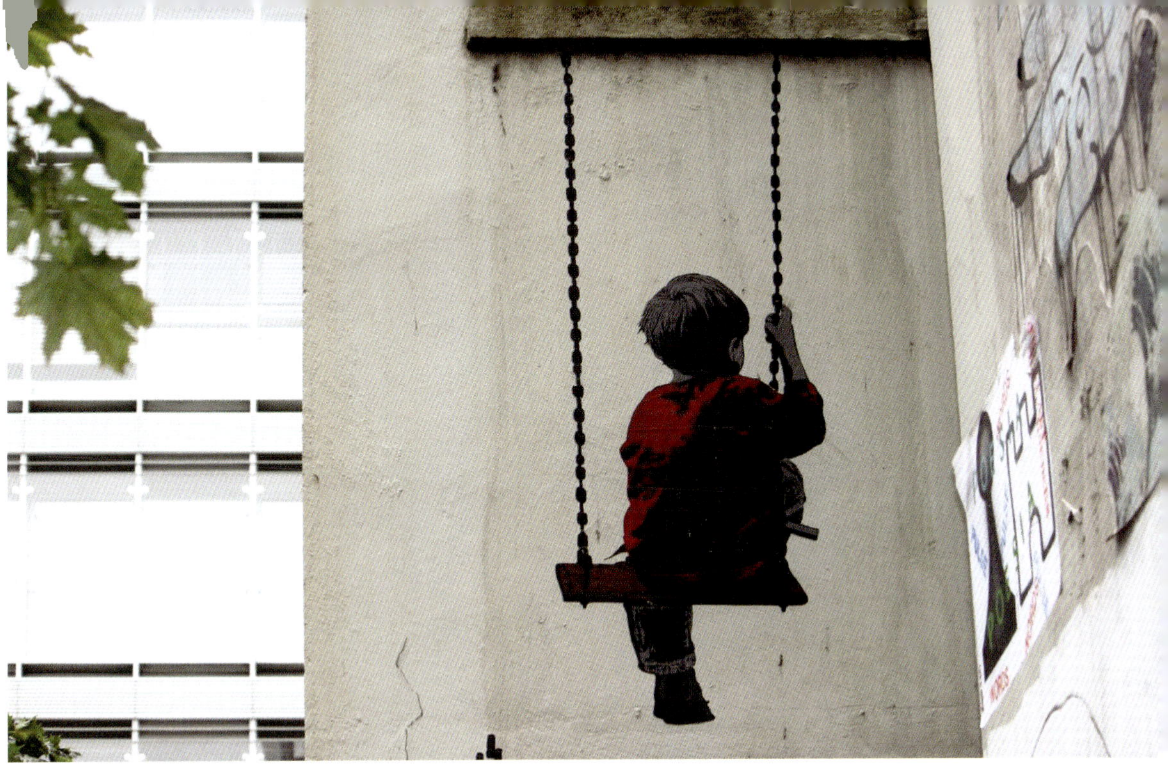

Oben: Alias, Hamburg, 2012. Foto: Theo Bruns
Unten: Camo, Pagewood, NSW, Australien, 2012.

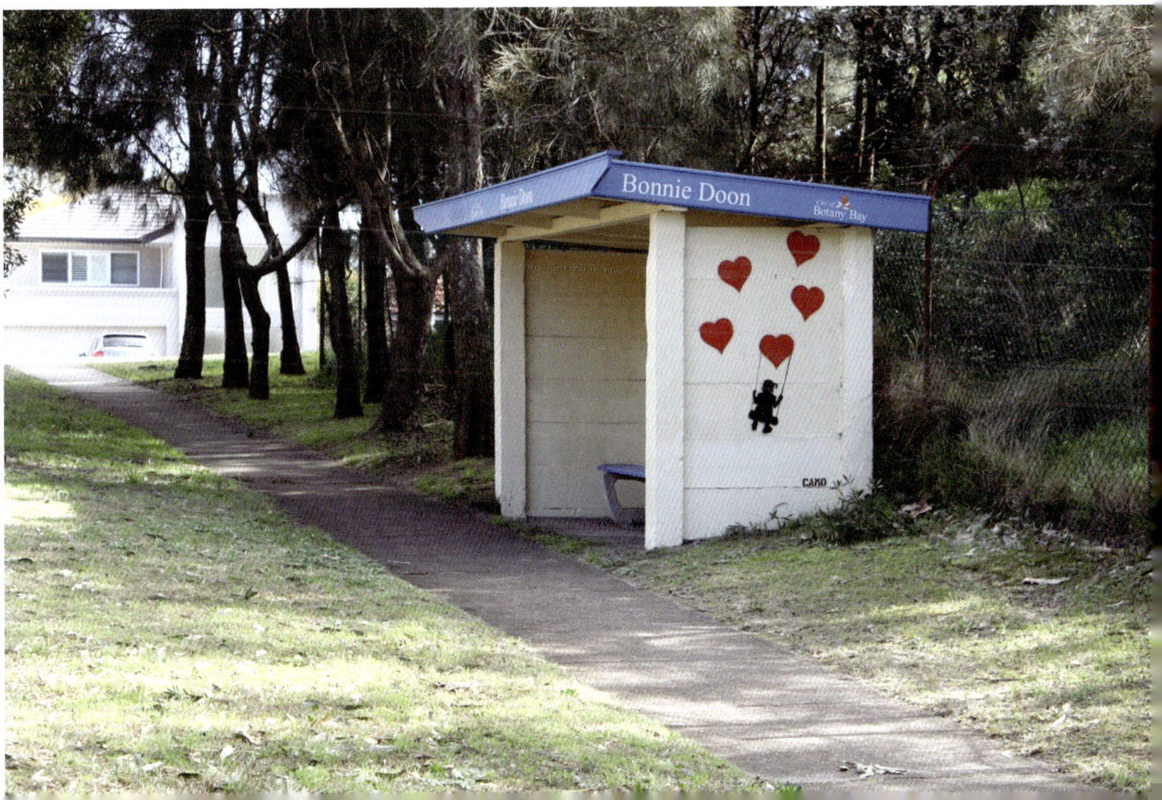

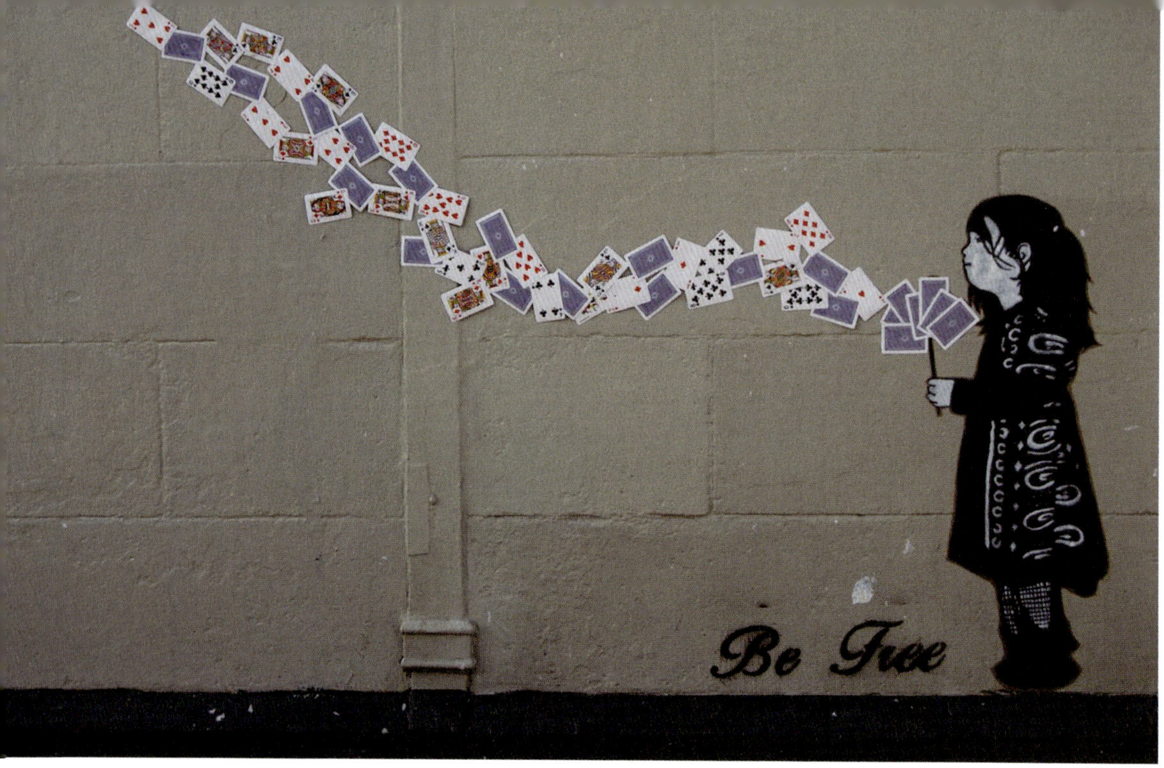

Oben: Be Free, Melbourne, Australien, 2011.
Unten: Icy and Sot, Mazichel Forest, Iran, 2012.

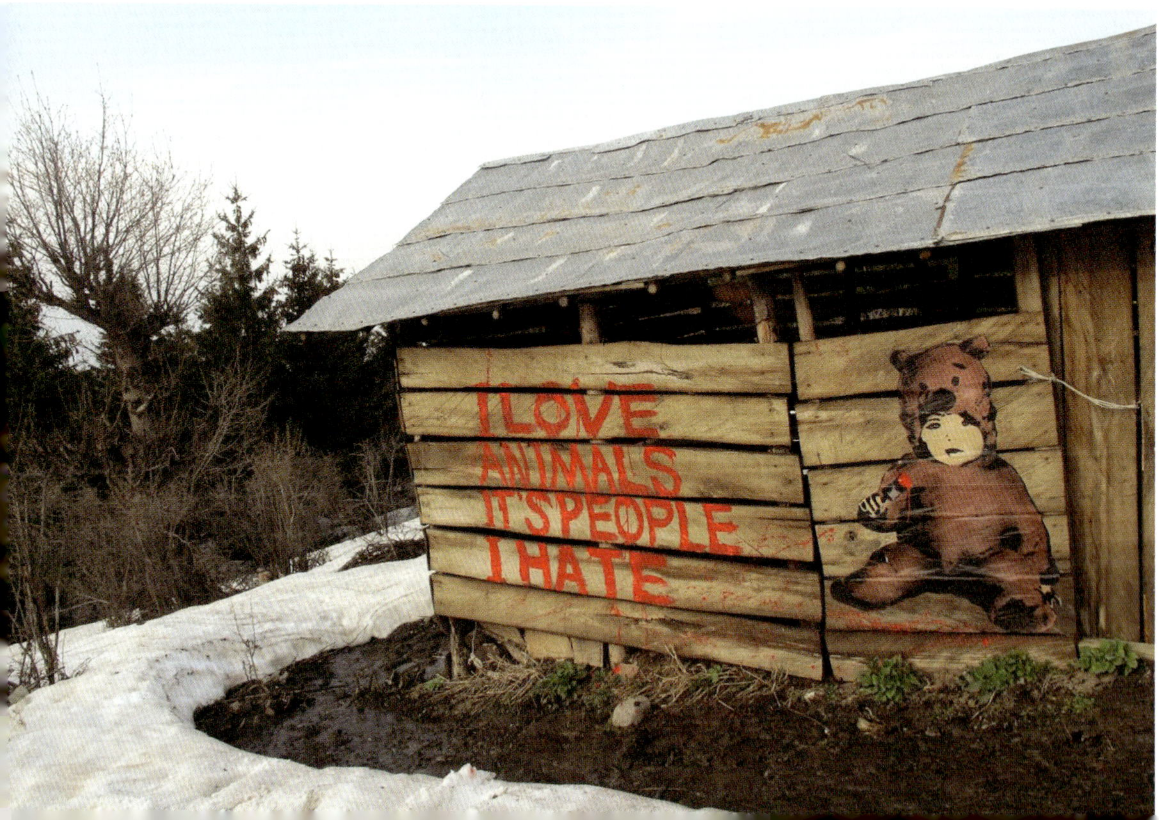

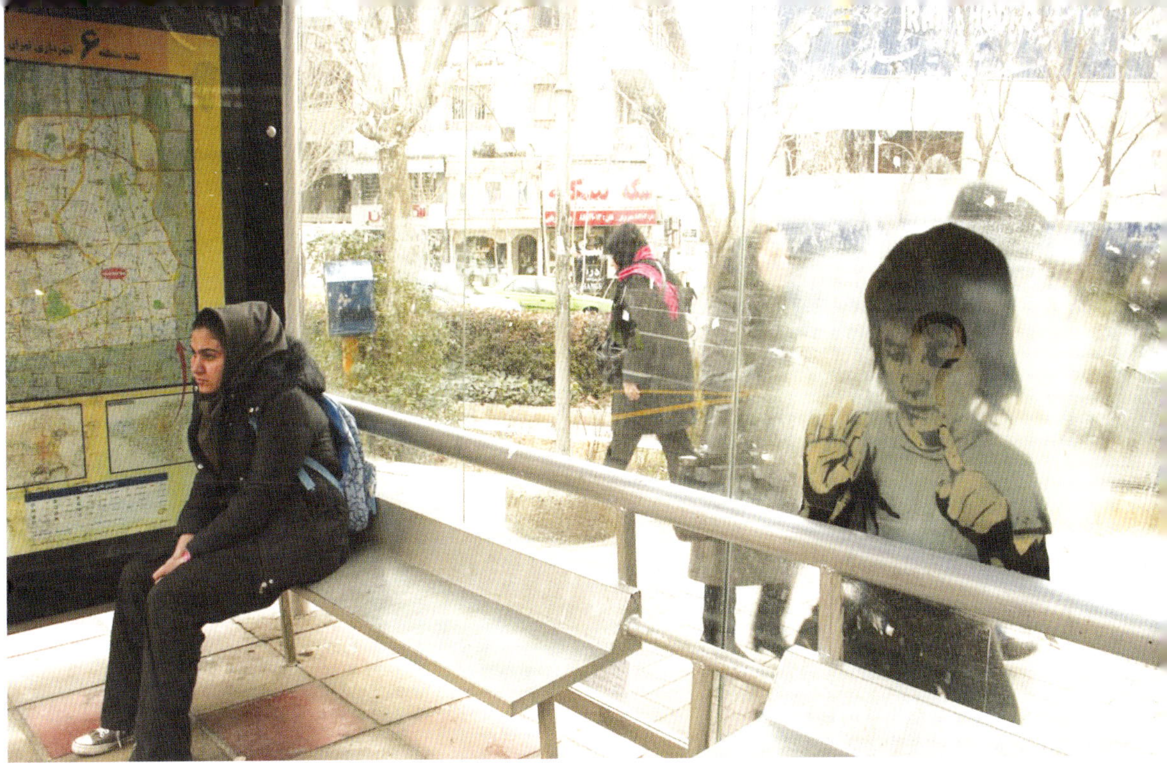

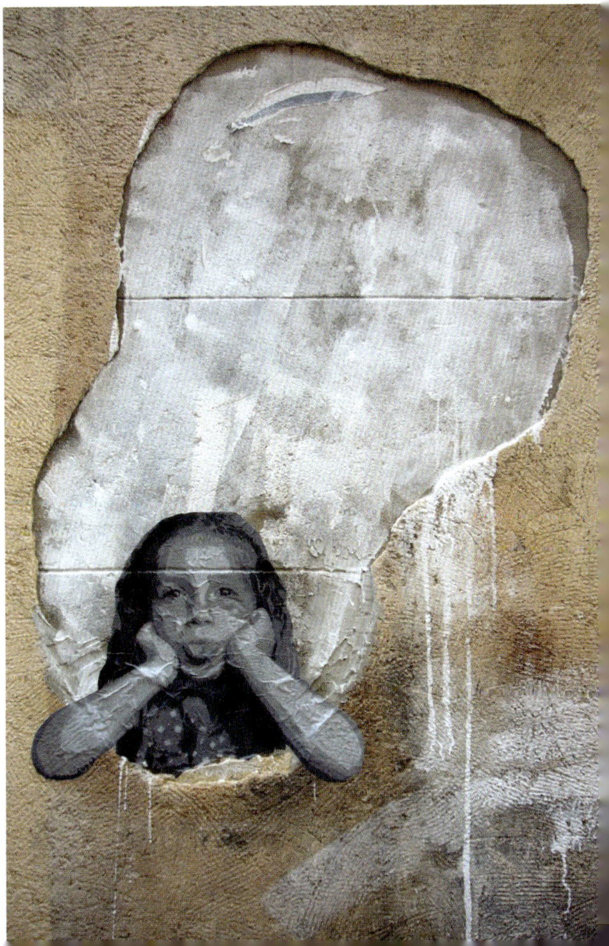

»Ein Street Artist ist ähnlich wie ein Schauspieler: Meine Werke stellen Menschen, Szenen, Theater dar. Ich muss ein Szenario schaffen, um den Schablonen eine Bedeutung zu geben. Sobald das Werk angebracht ist, könnte es von kurzer Dauer sein. Es geht in den Besitz der Passanten über, die es sich ansehen (oder auch nicht). Es wird von der Wand gerissen, manchmal gestohlen oder geschliffen, aber ich hoffe, dass es bei denen, die es betrachtet haben, ein Lächeln oder eine Emotion hinterlassen hat.«

ENDER

Oben: FRZ, Question Mark, Tabriz, Iran, 2012.
Rechts: Ender, Marseille, Frankreich, 2011.

berühmte gesichter

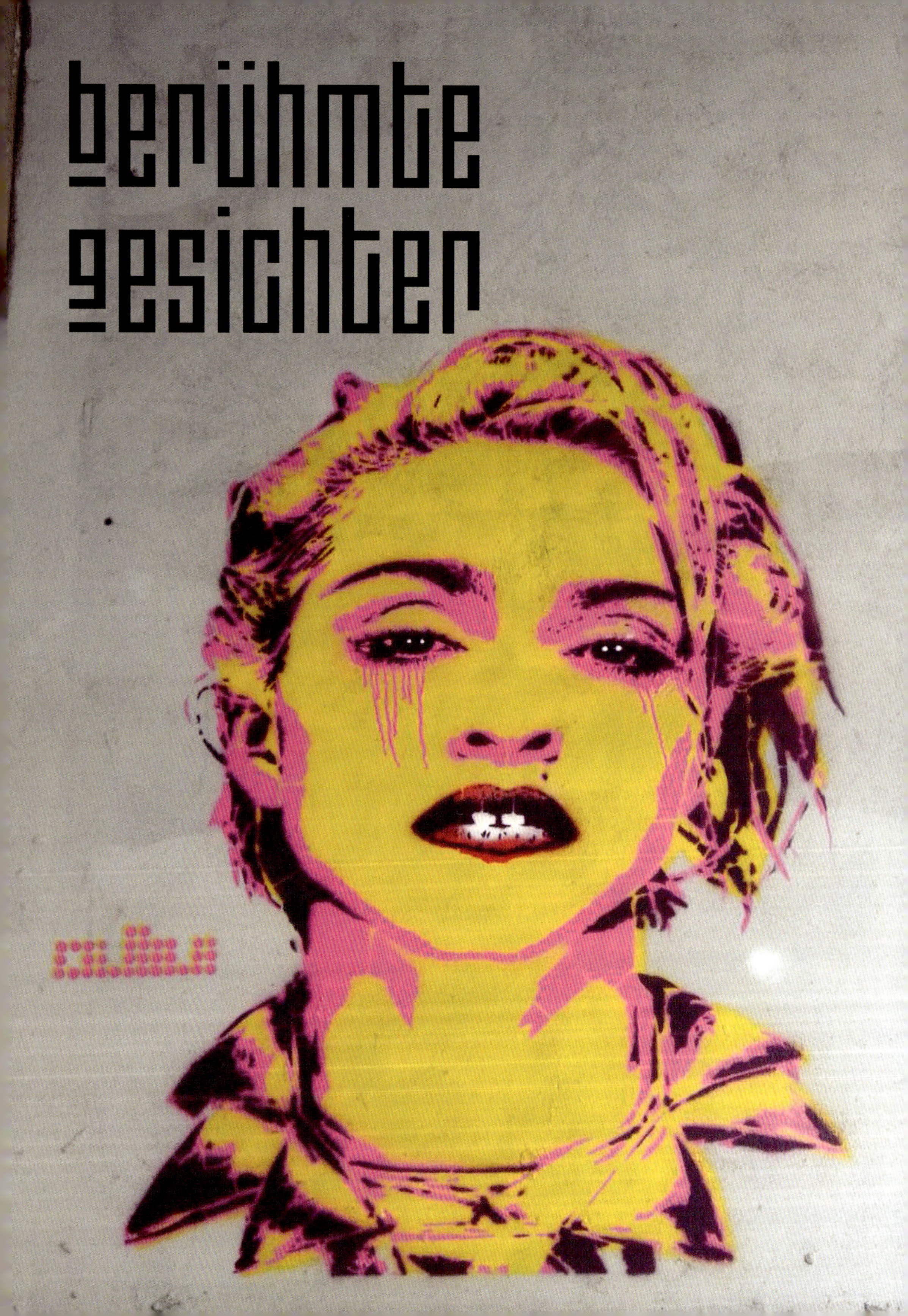

Wenn auch Sie gern falsche Schnurrbärte auf Fotos von Prominenten in Zeitungen malen, verstehen Sie ganz klar das Konzept, das Image der Prominenz zu untergraben und sich über die Faszination der Gesellschaft für den Prominentenstatus lustig zu machen. Street Artists sind Meister dieses Humors und heben ihn auf eine andere Stufe, bei der niemand sicher ist – weder Könige noch Politiker noch Verstorbene oder sogar Jesus Christus selbst.

Banksys Darstellung von Königin Elisabeth haben Sie vielleicht schon gesehen, aber weltweit gibt es eine beeindruckende Menge an Manipulationen von Prominentenbildern und sogar ein gewisses Fan-Verhalten, wenn Künstler Bilder ihrer Lieblingsprominenz posten oder sogar den Namen der berühmten Person übernehmen. Nicht einmal Banksy selbst ist vor Spott und der Kunst auf der Straße sicher.

Einige Künstler wie Cryptik haben sich Bilder berühmter Persönlichkeiten zu eigen gemacht, um das Leben, die Geschichte und die Botschaft dieser Personen wieder lebendig werden zu lassen. Bilder von Gandhi, Zapata, Martin Luther King Jr. und anderen helfen, ihre Legende zu verbreiten und uns an ihre Lehren zu erinnern.

Links: Unbekannter Künstler, Madonna, Athen, Griechenland, 2013. Foto: Julia Tulke

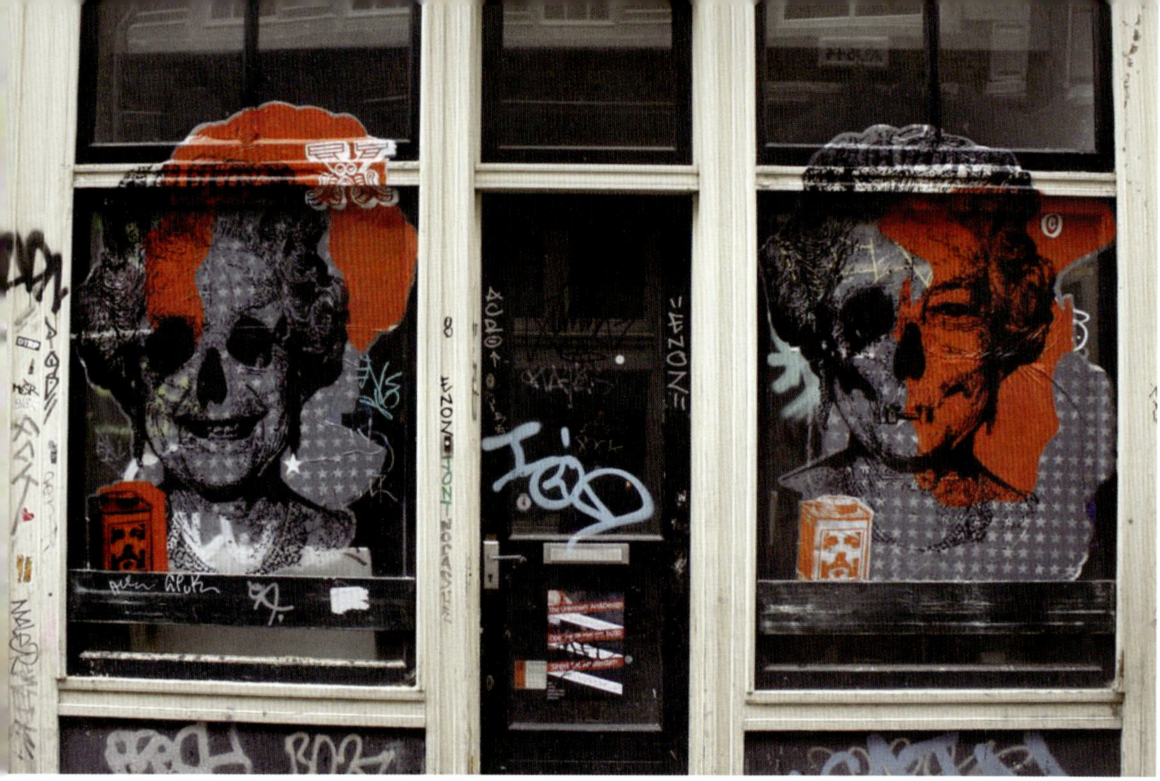

Oben: Orticanoodles, Queen Elizabeth, Amsterdam, Niederlande, 2013.
Unten links: Pegasus, Queen Elizabeth, London, England, 2013.
Unten rechts: Pegasus, Liberty, London, England, 2013.

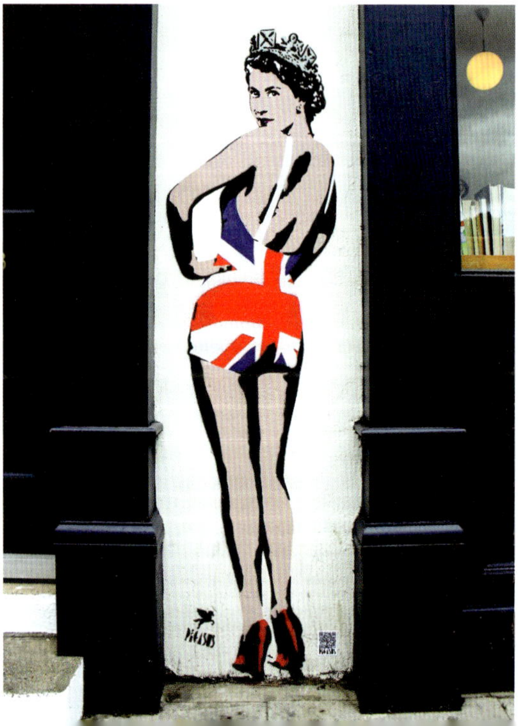

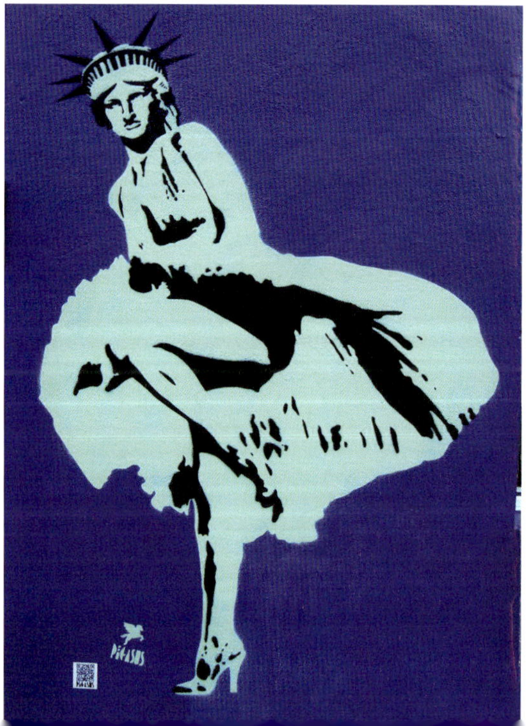

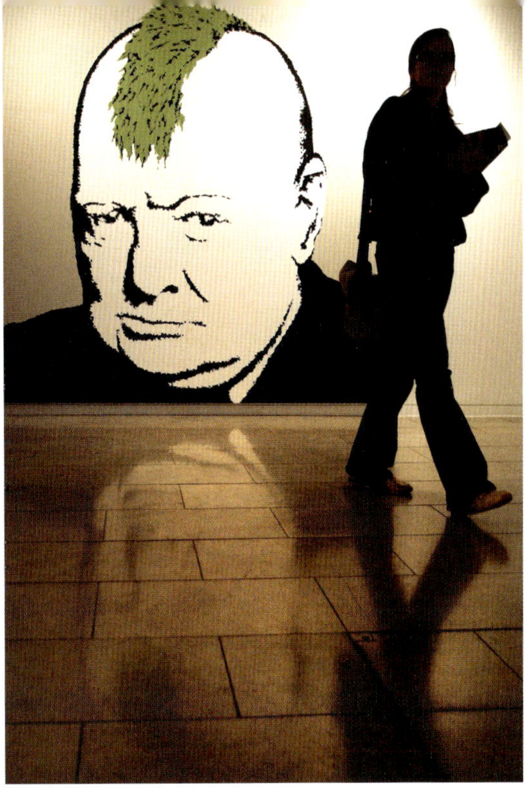

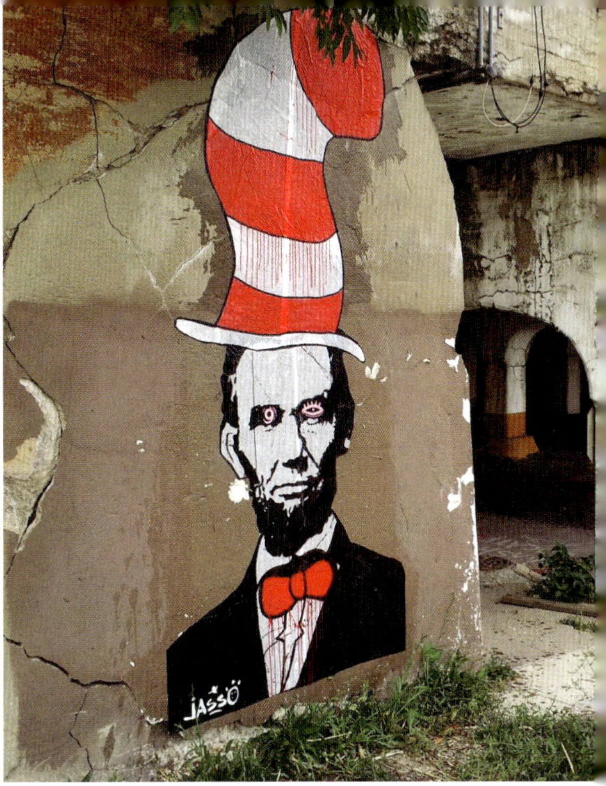

Oben links: Banksy, London, England, 2007. © *Chris Jackson / Getty Images*
Oben rechts: Jay Jasso, The Cat in the Hat (Lincoln), Chicago, Illinois, USA, 2012.
Unten: Cryptik, Los Angeles, USA, 2011. Foto: KET

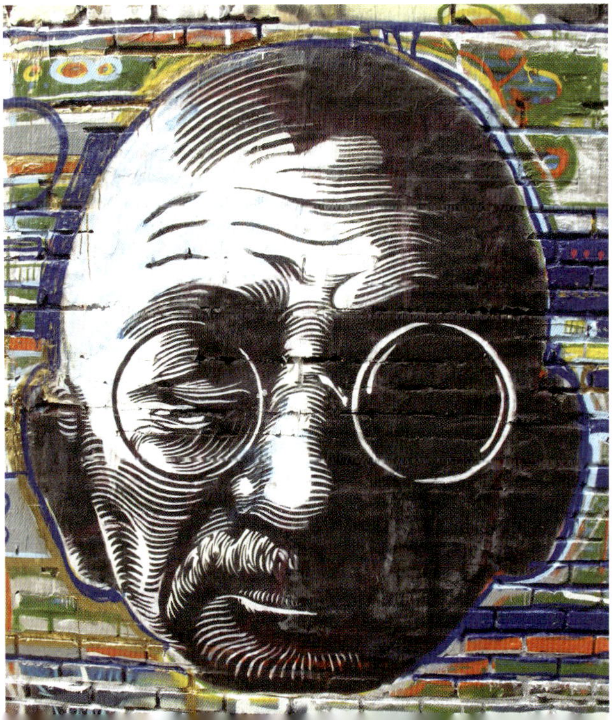

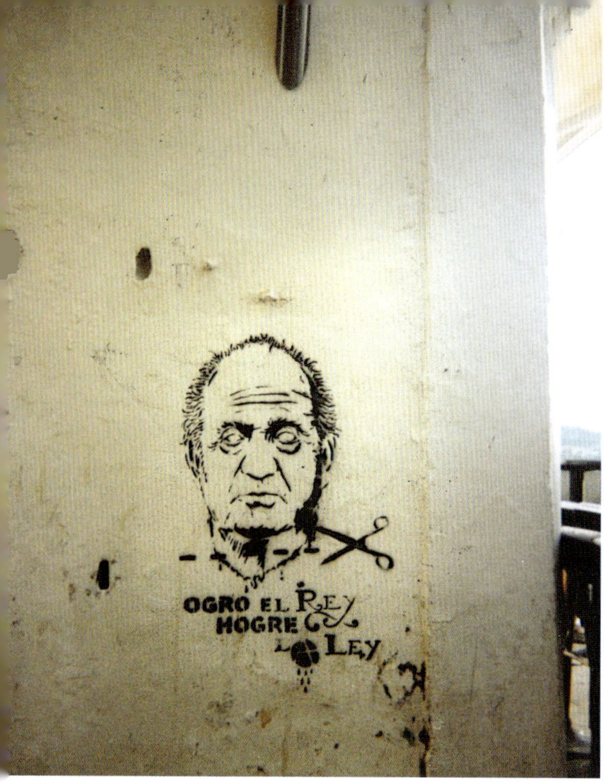

Links: Hogre, Juan Carlos, Barcelona, Spanien, 2008.
Unten links: Hogre, Putin, Rom, Italien, 2012.
Unten rechts: E.L.K., Mao Zedong, Ho-Chi-Minh-Stadt, Vietnam, 2013.

Gegenüber
Oben: Unbekannter Künstler, Jail Morsi, Kairo, Ägypten, 2011.
Foto: Hend AbduAllah
Unten: Solus, Dr. Evil, Dublin, Irland, 2013.

»Für mich sind Promis wie Tater Tots. Ich trage sie in meinem Herzen.«

HANKSY

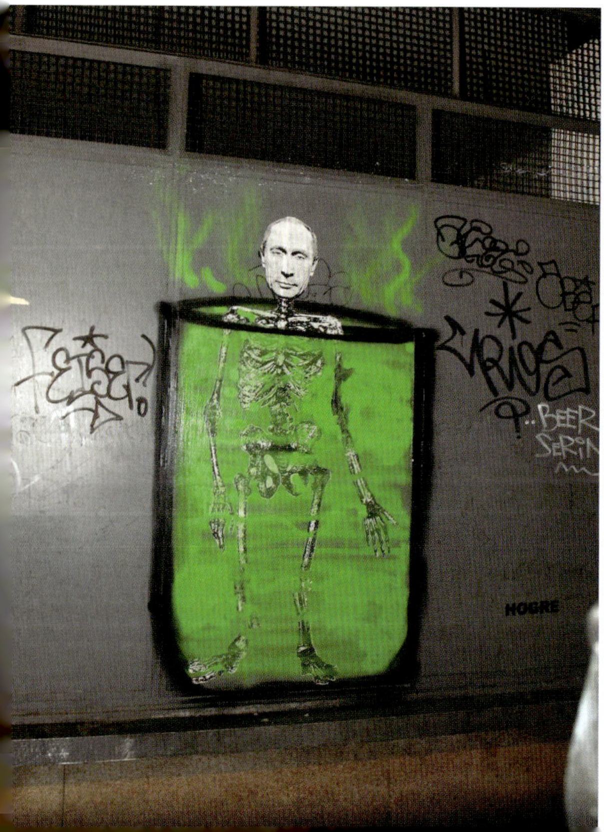

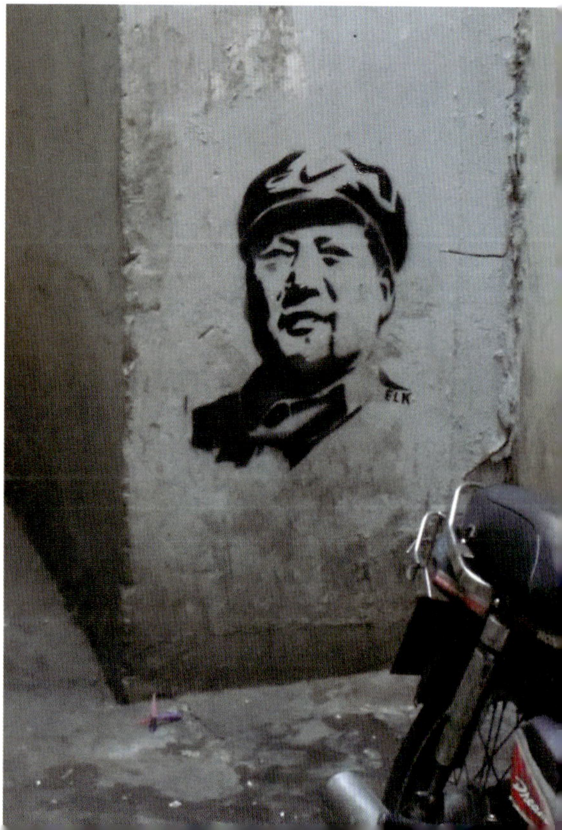

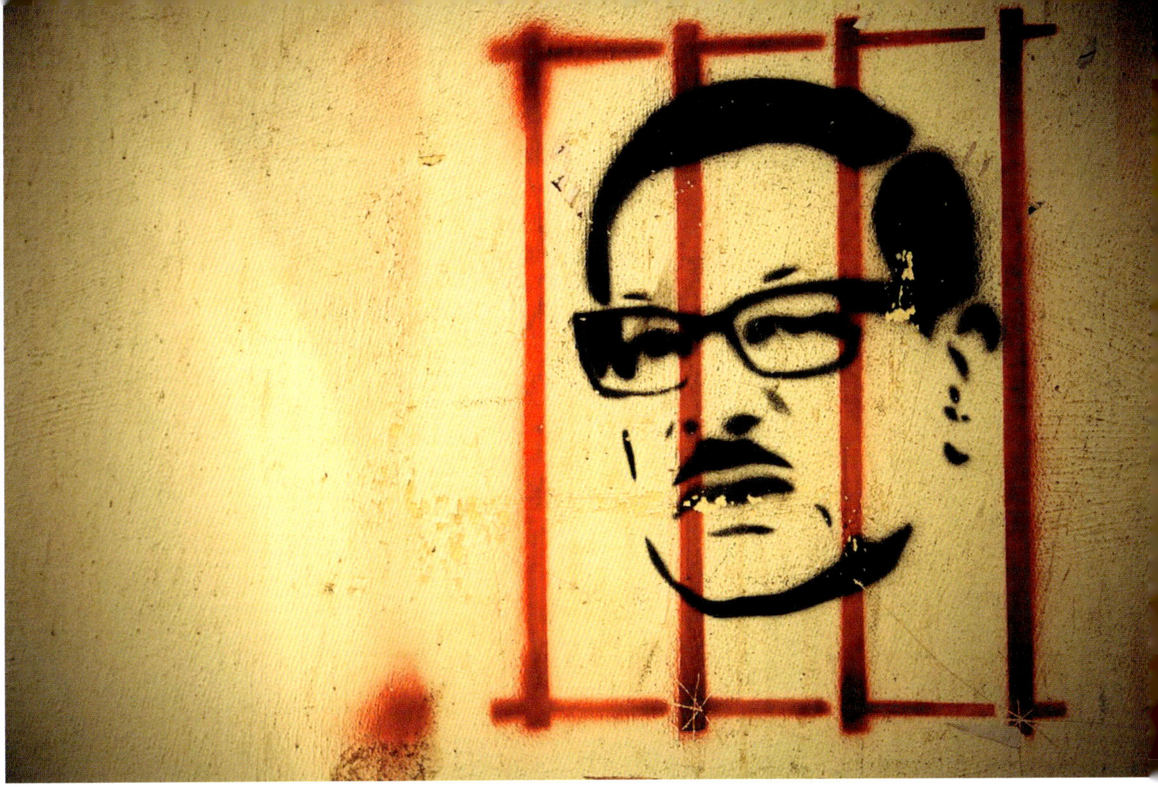

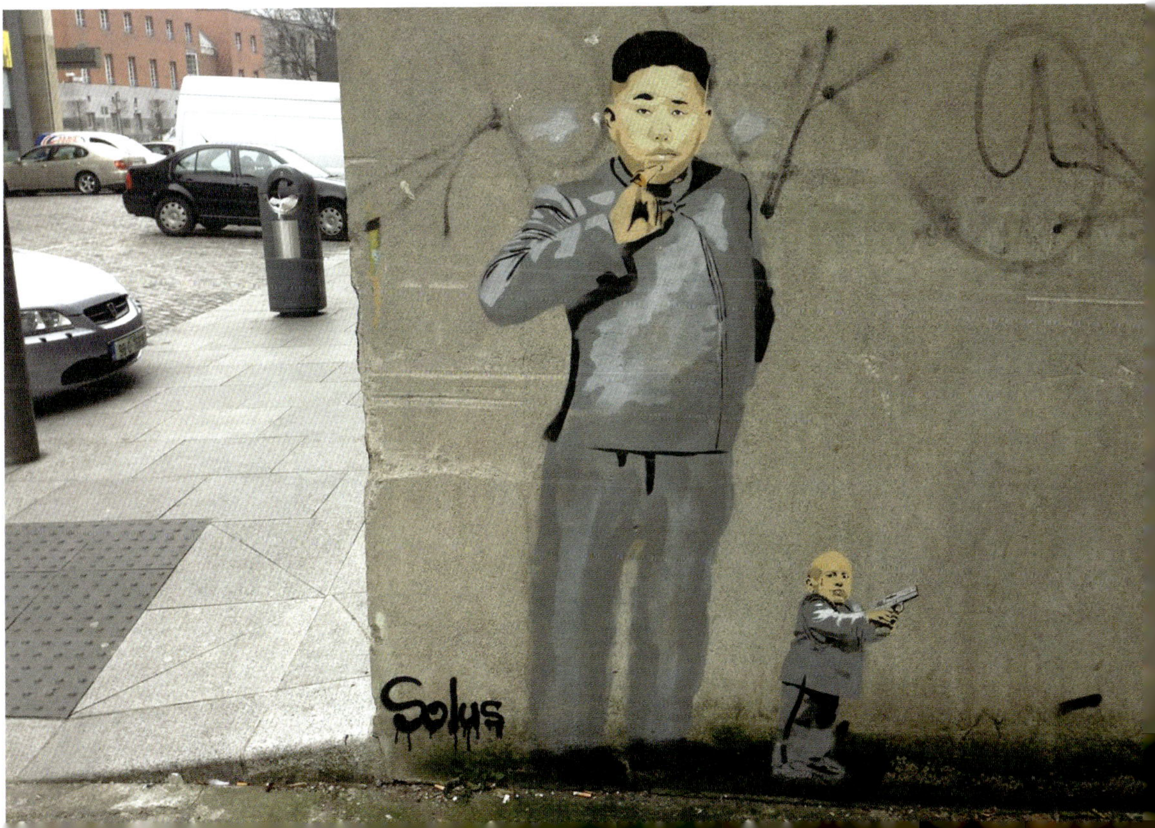
Solus

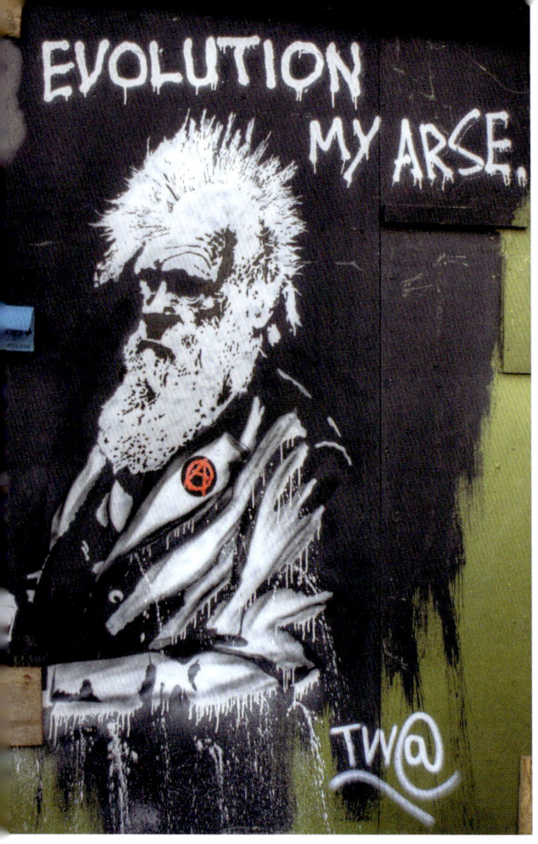

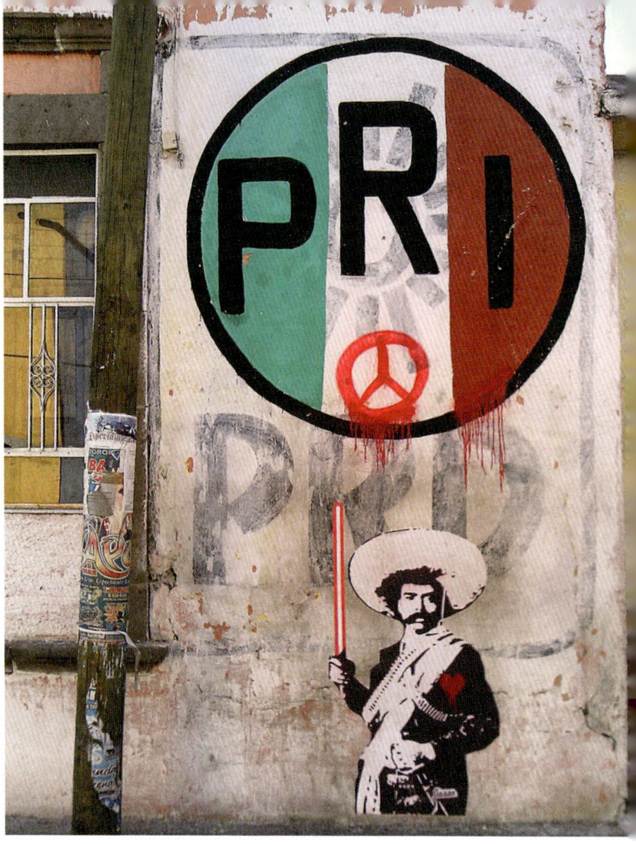

»Ich möchte, dass sich die Menschen mit meinem Bild auf der Straße identifizieren können. Die Menschen sollen wissen, dass Minderheiten in der Mehrheit sind und dass Hass, Rassismus und Stereotypen die Menschen als Familie nur stärker machen.«

JAY JASSO

Oben links: T.Wat, Evolution My Arse, London, England, 2009.
Oben rechts: Jay Jasso, Jedi Zapata, Guanajuato, Mexiko, 2012.
Rechts: Banksy, New Orleans, USA, 2008.
© Sean Gardine / Getty Images

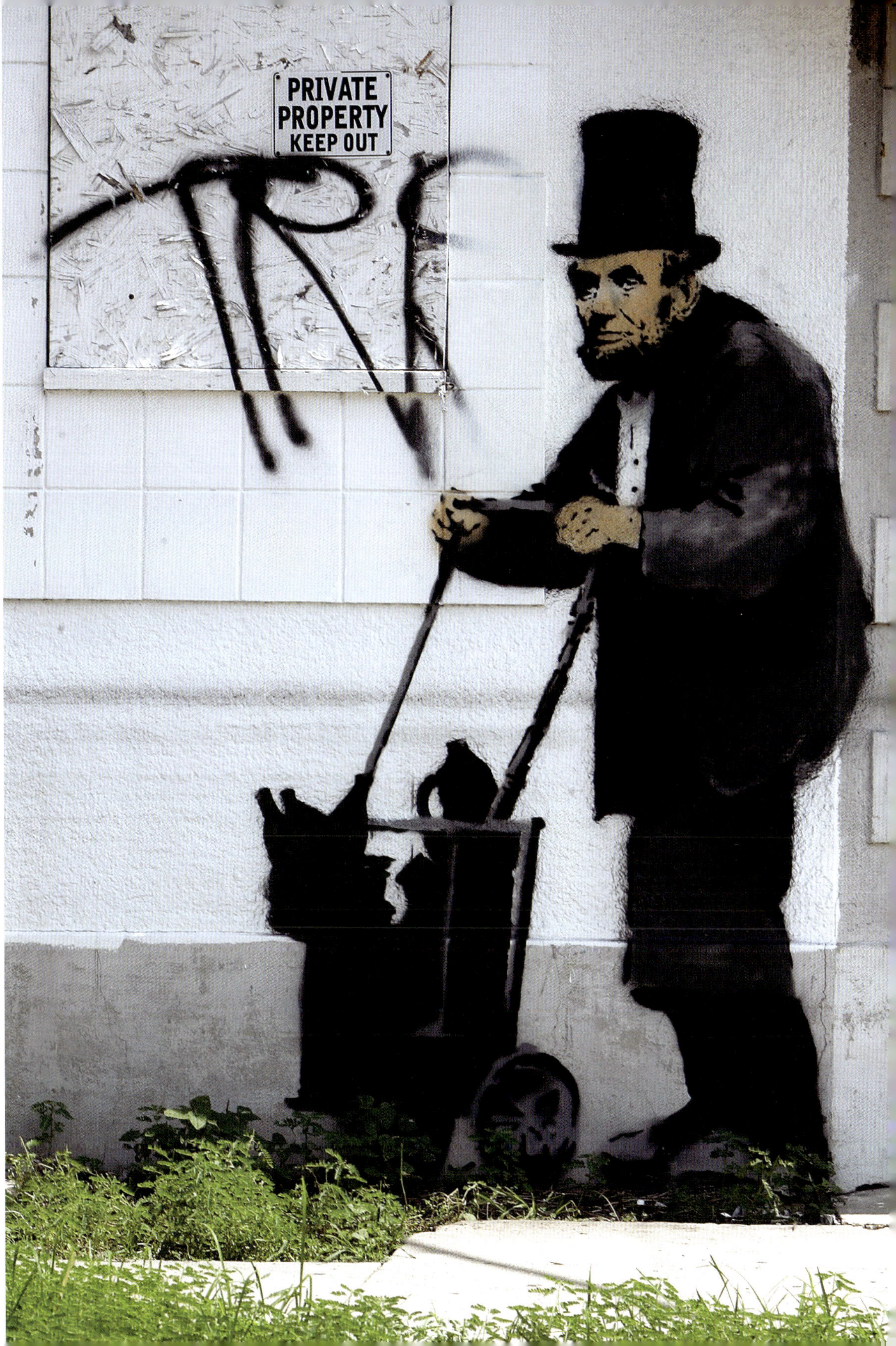
PRIVATE
PROPERTY
KEEP OUT

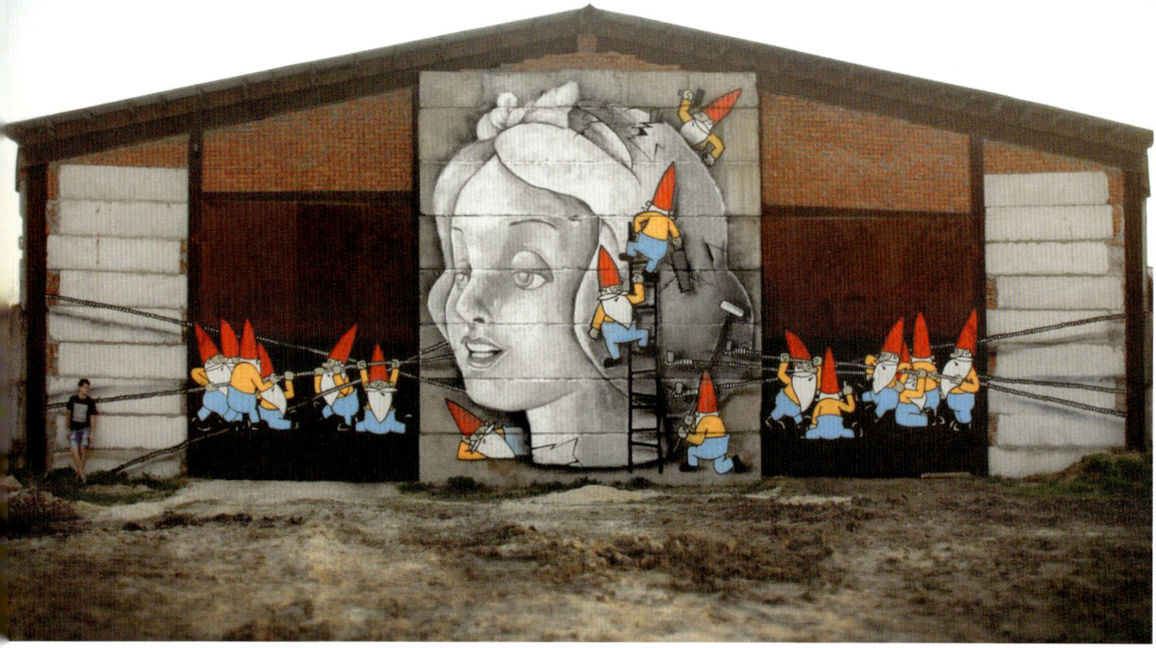

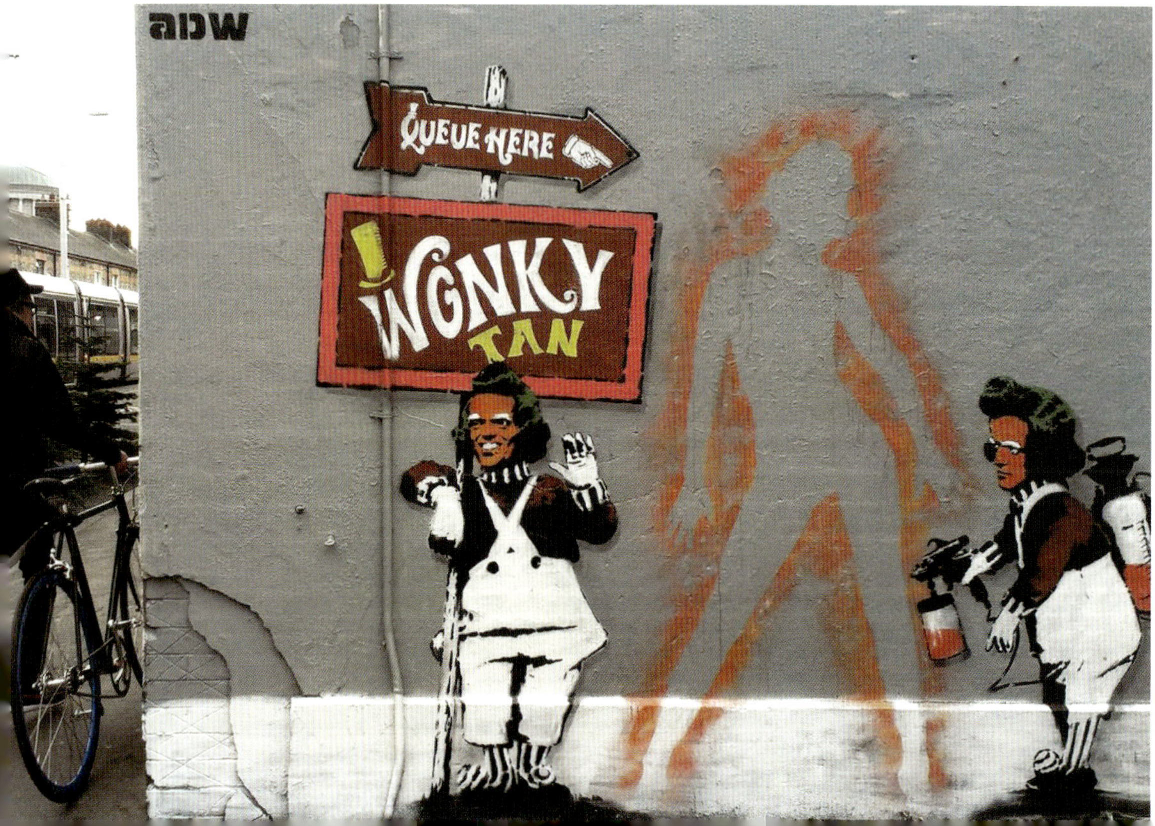

adw
QUEUE HERE
WONKY
TAN

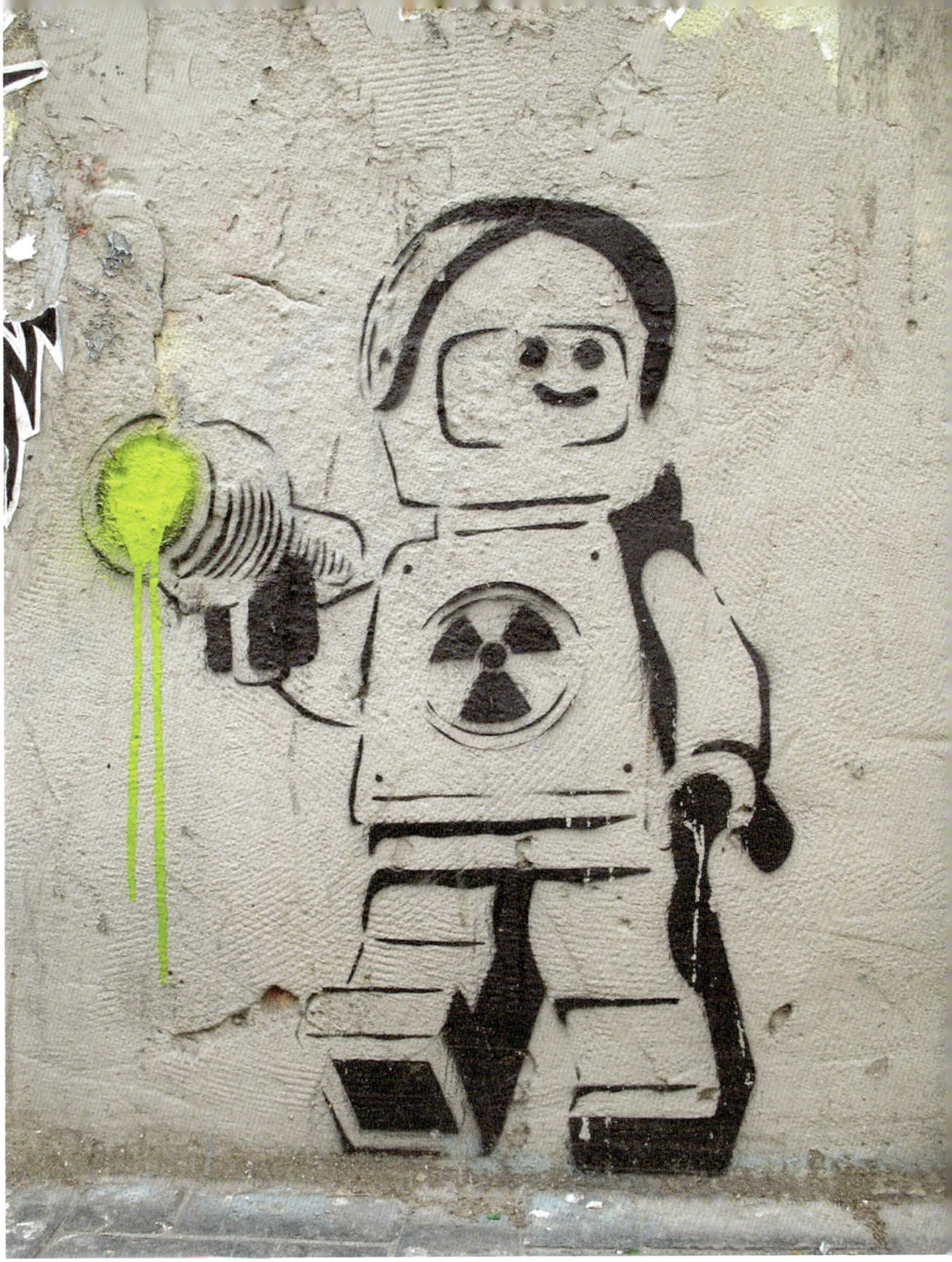

Oben links: Zuk Club, Schneewittchen und die Zwerge, Saokski, Russland, 2012.
Links: ADW, Wonky Tan, Dublin, Irland, 2012.
Oben: Unbekannter Künstler, Nuclear Ray, Tel Aviv, Israel, 2010. Foto: Julia Tulke

Rechts: Pegasus, Mona Lisa, London, England, 2013.
Unten links: Orticanoodles, Frida Kahlo, Barcelona, Spanien, 2012.
Unten rechts: Unbekannter Künstler, Salvador Dali, Lima, Peru, 2013. Foto: KET

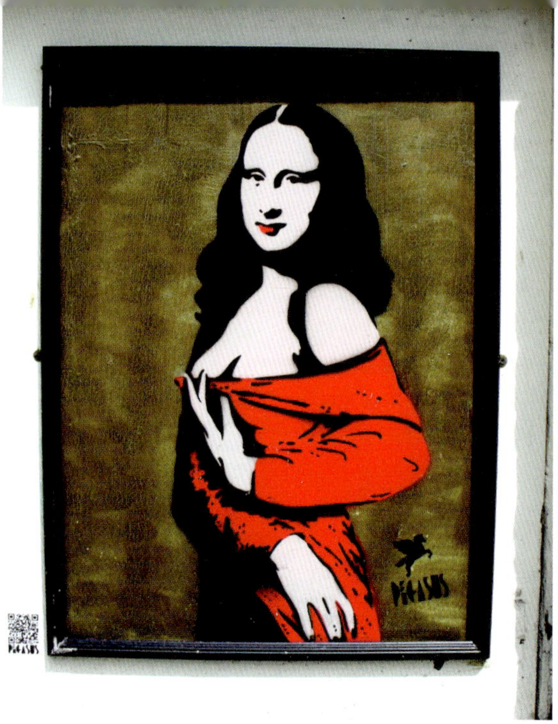

»Ich finde es dumm, öffentliche Plätze an Politiker und multinationale Unternehmen zu vermieten, die uns mit ihren beschissenen Botschaften bombardieren können. Als Protest gegen die Nutzung des öffentlichen Raums fühle ich mich frei, auf der Straße zu malen, das Medium ist also die erste Botschaft.«

HOGRE

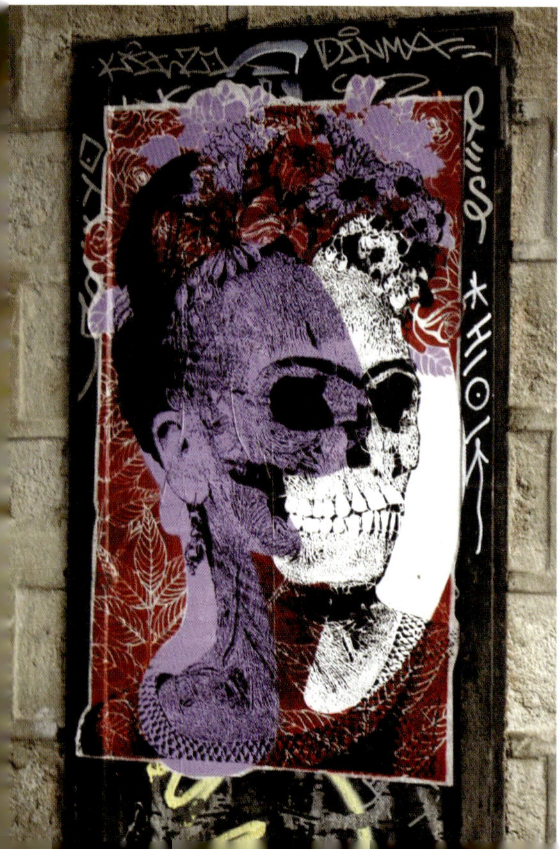

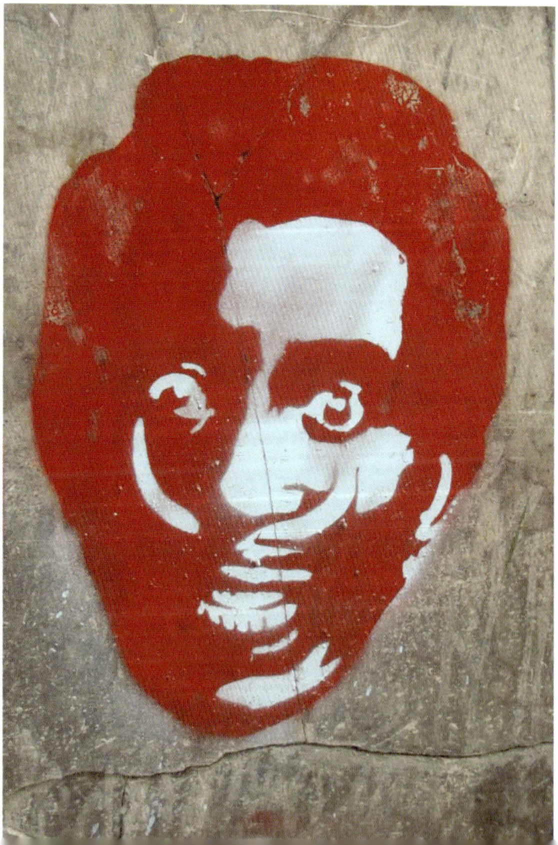

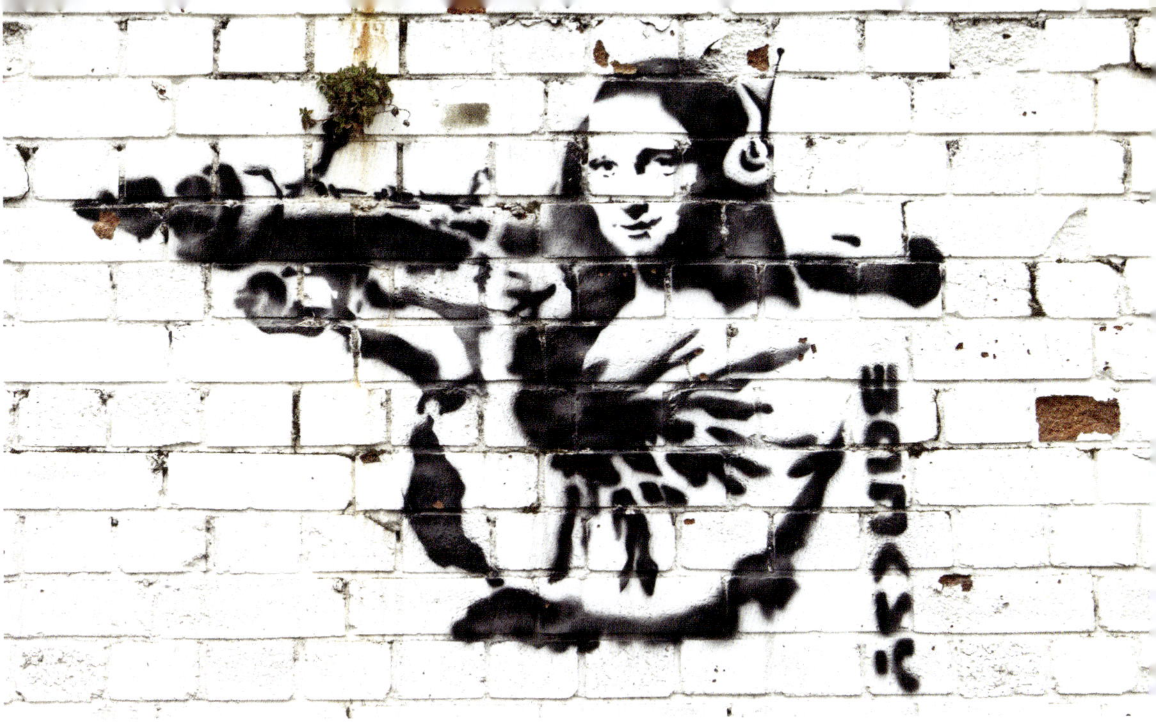

Oben: Banksy, London, England, 2001. © *Chris Dorney / Shutterstock*
Unten: Ozi, Pablo Picasso, São Paulo, Brasilien, 2013.

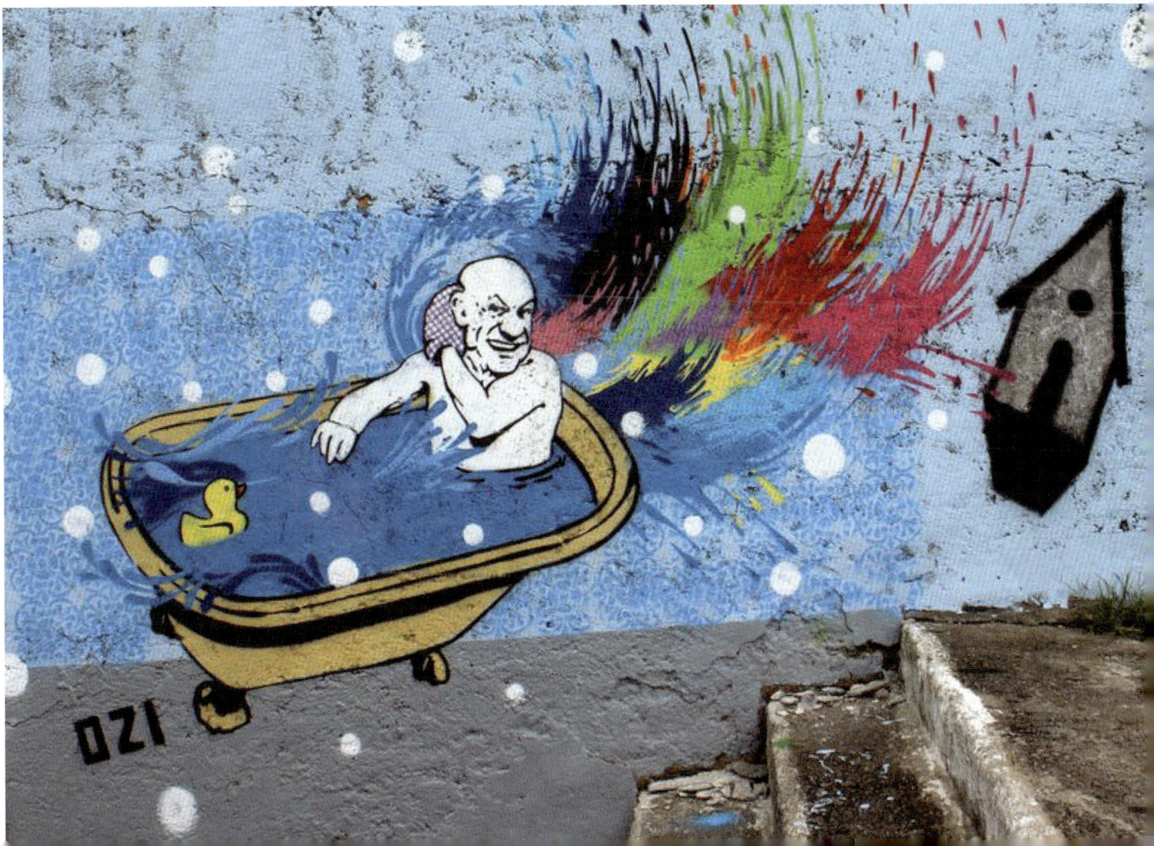

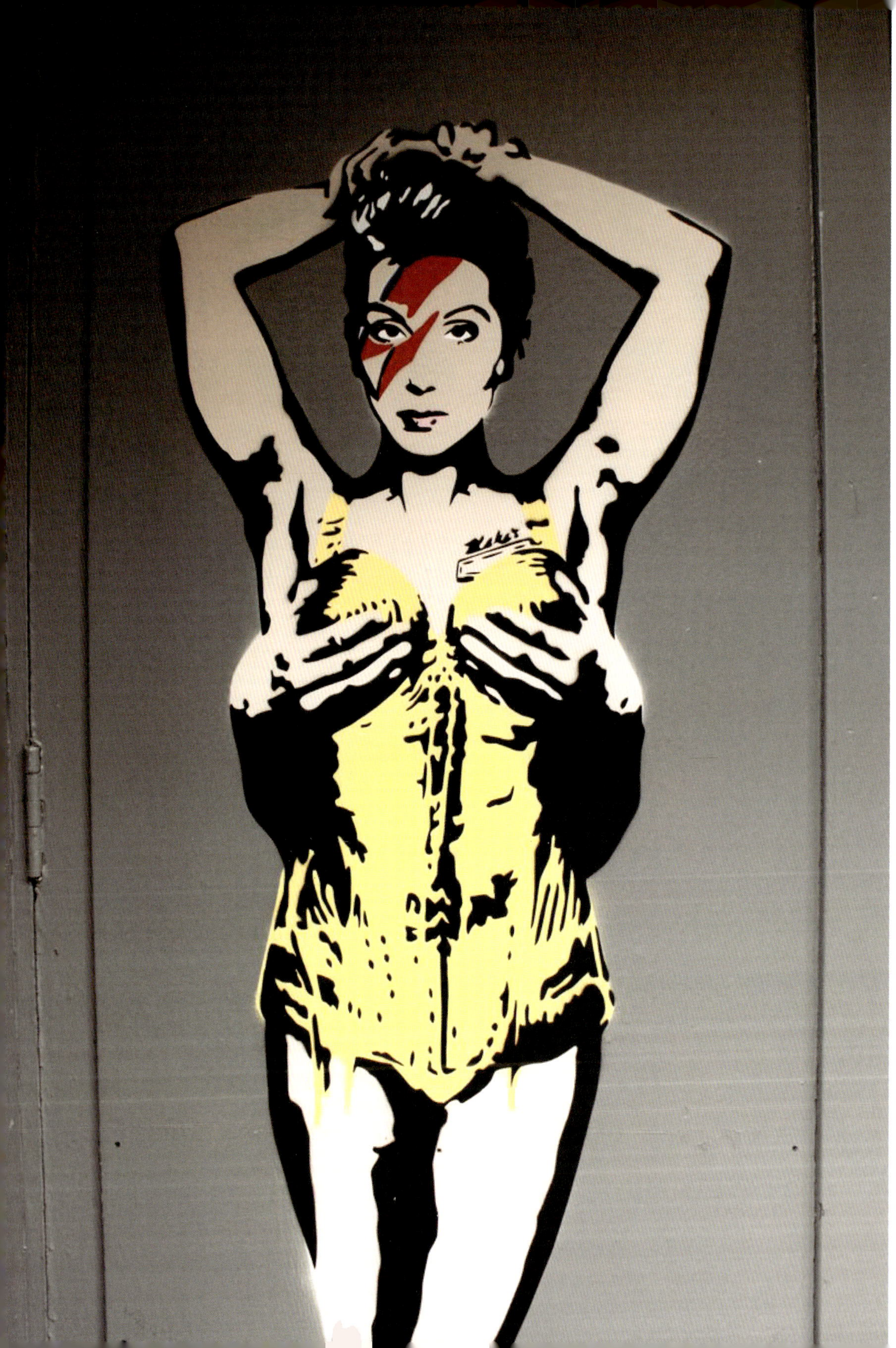

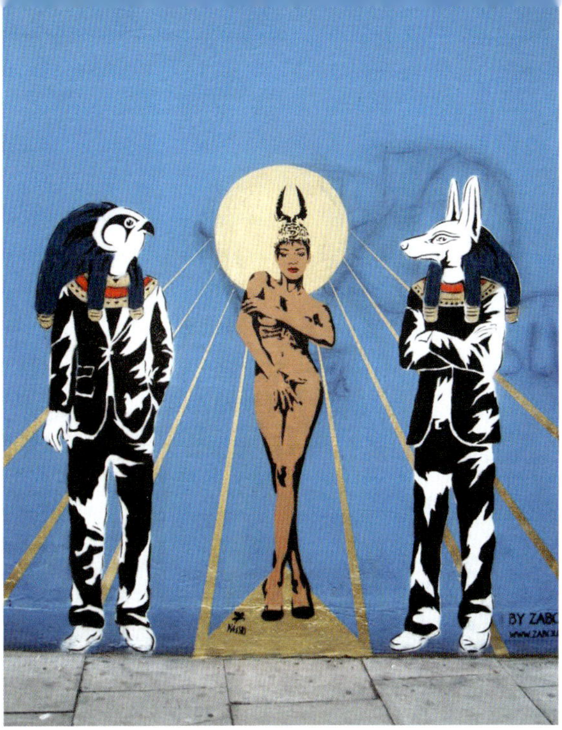

»Ich bin ein Pop-Artist, und in der Promiwelt, in der wir leben, mag ich es, Bilder von berühmten Menschen zu schaffen und ihnen eine ironische Wendung zu geben.«

PEGASUS

Links: Pegasus, Cher, London, England, 2013.
Oben links: Zabou und Pegasus, Tribut an Rihanna, London, England, 2012.
Unten: The Dude Company, Notorious BIG, Prag, Tschechische Republik, 2011.

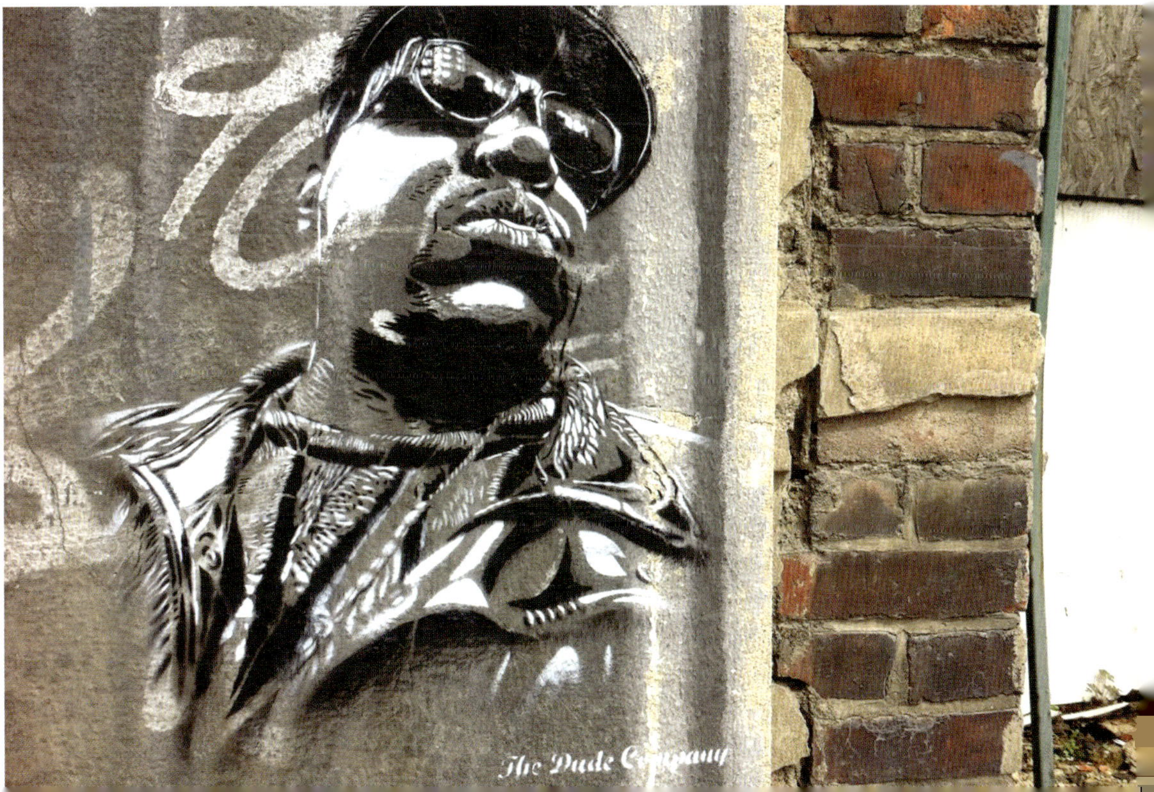

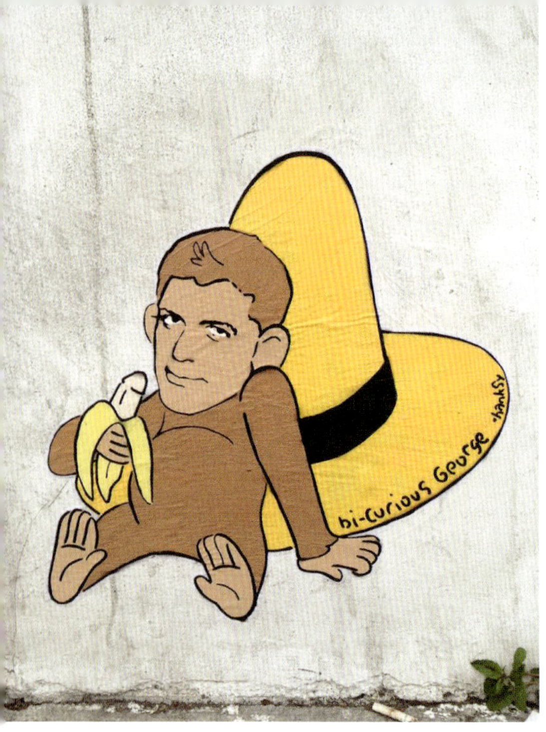

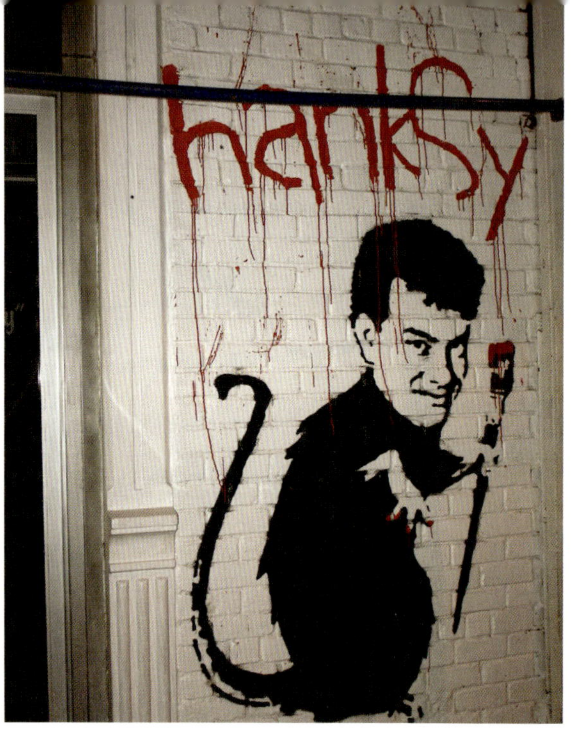

Oben links: Hanksy, Bi-curious George (George Clooney), Los Angeles, Kalifornien, USA, 2013.
Oben rechts: Hanksy, Original Hanksy rat (Tom Hanks), New York, USA, 2012.
Rechts: Pegasus, Marilyn Monroe, London, England, 2013.
Unten: Banksy, London, England, 2007. © *Sophie Duval / EMPICS / PA Images*

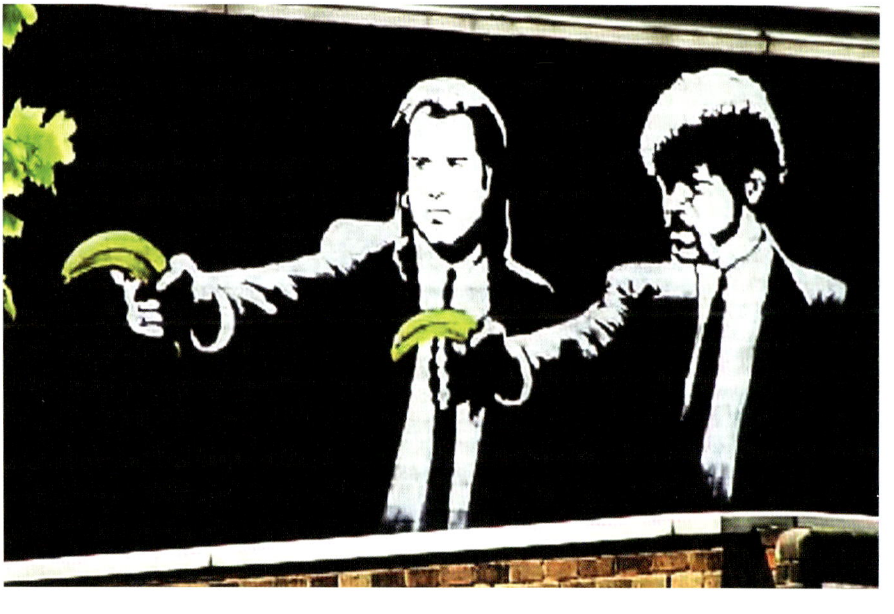

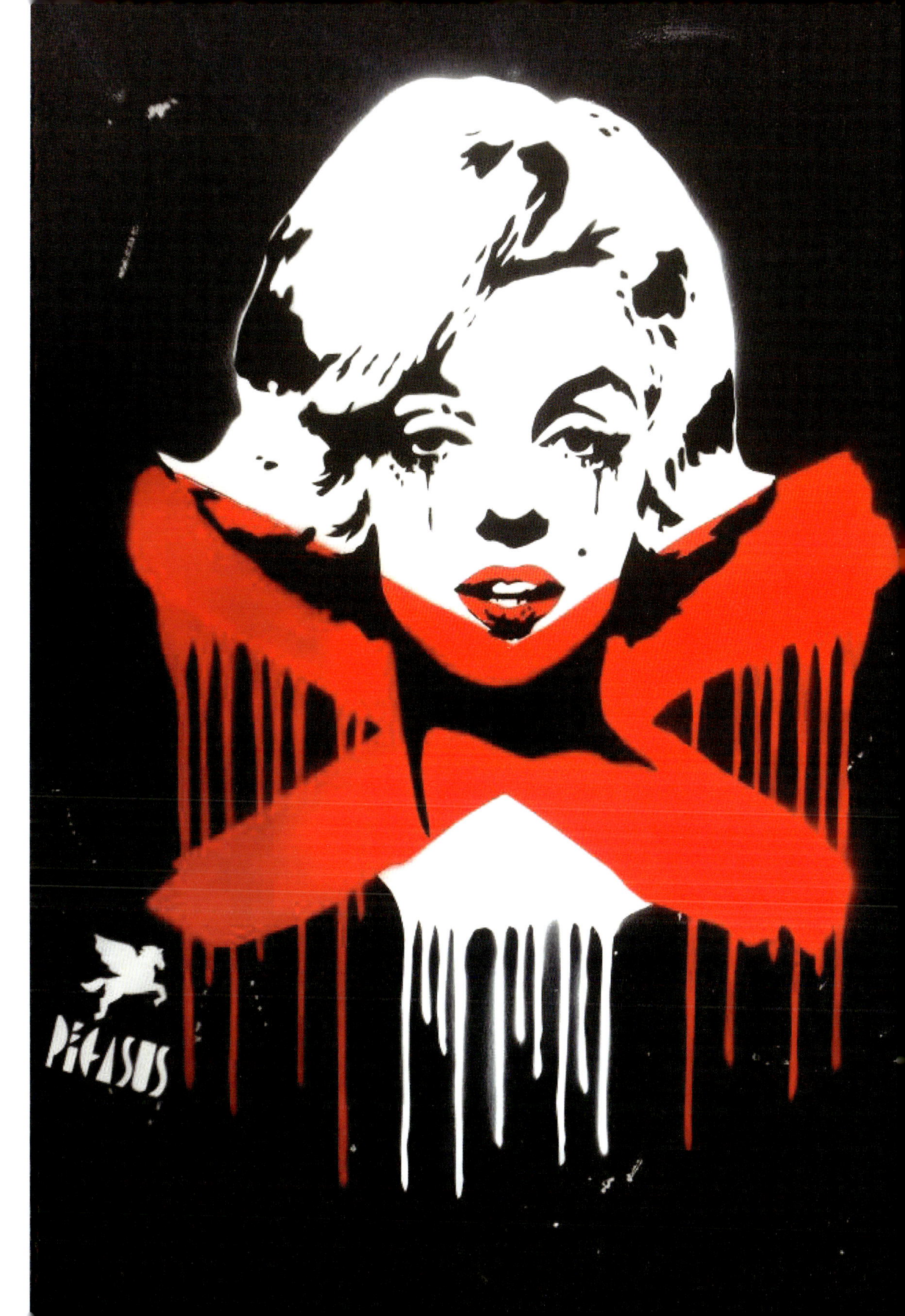
PEGASUS

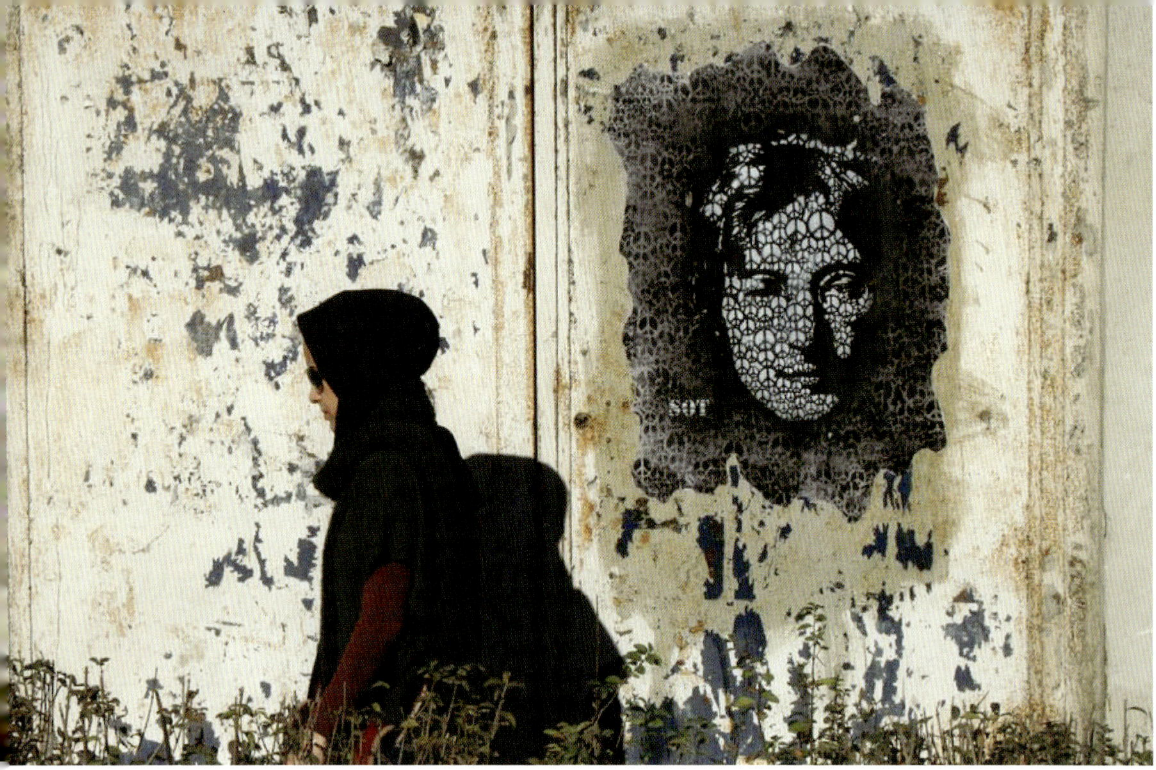
SOT

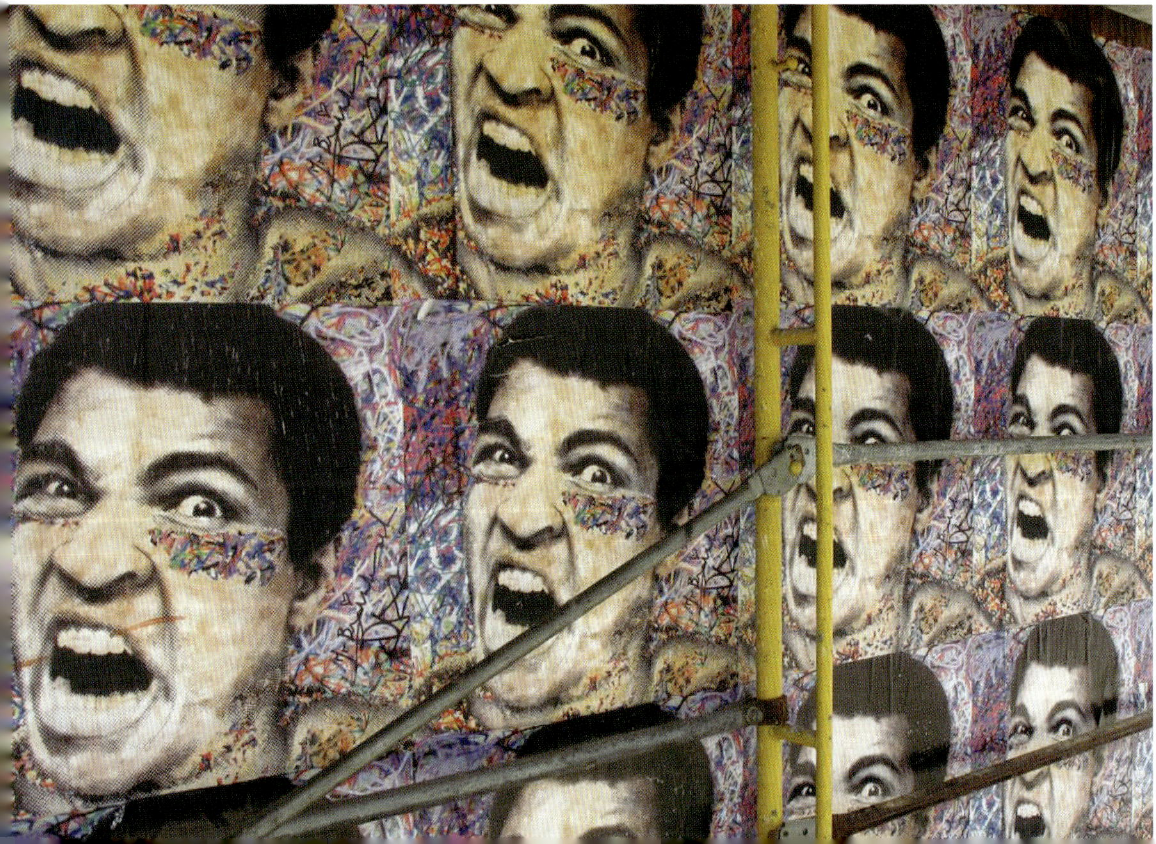

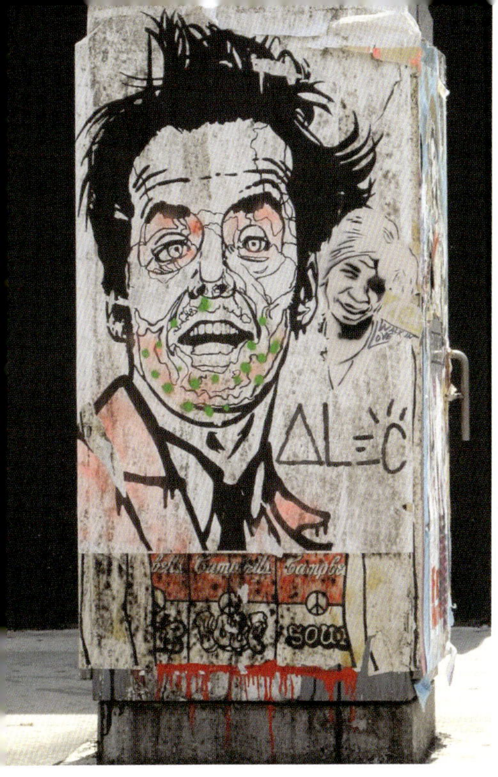

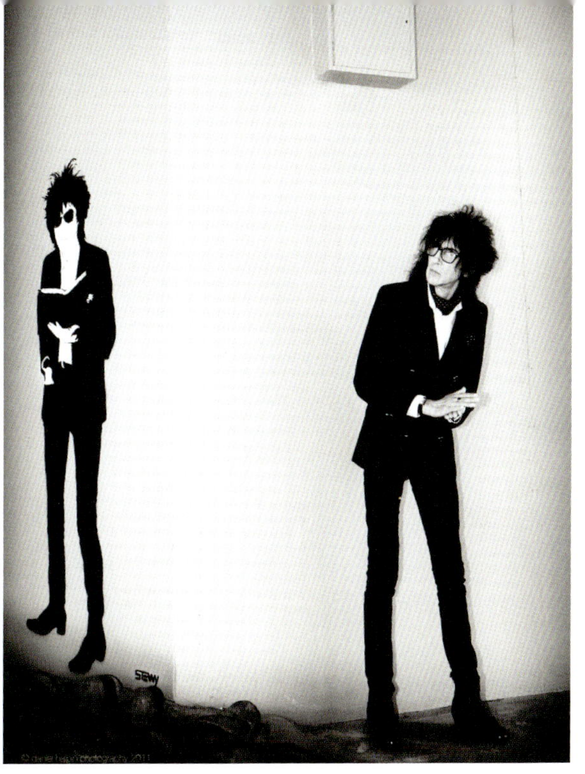

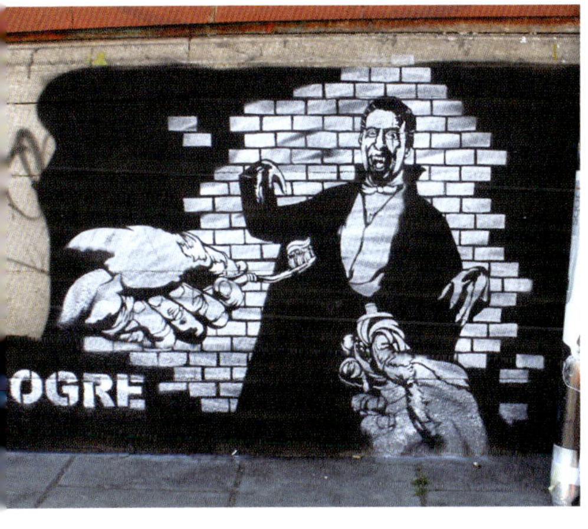

Gegenüber

Oben: Icy and Sot, John Lennon, Teheran, Iran, 2010.
Unten: Mr Brainwash, Ali, Los Angeles, Kalifornien, USA, 2011. Foto: KET

Oben links: Alec Monopoly, Jack Nicholson, Los Angeles, Kalifornien, USA, 2011. Foto: KET
Oben rechts: Stewy, John Cooper Clarke, London, England, 2011. Foto: Daniel Halpin
Links: Hogre, When in Bristol, London, England, 2013.

humor

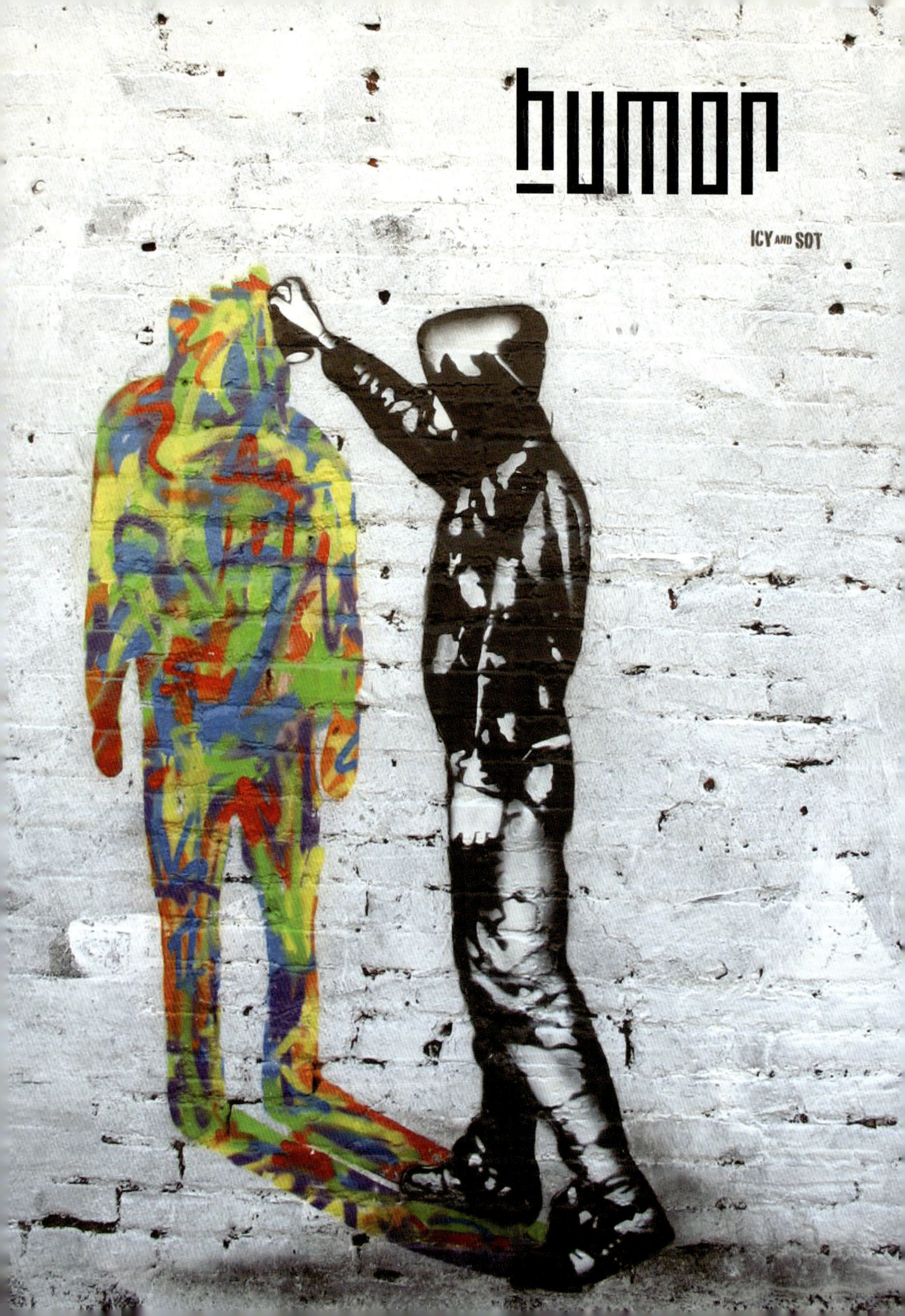

ICY AND SOT

Die Hektik des Stadtlebens kann für Menschen, die in der Stadt gefangen sind, sehr belastend sein. Künstler wie Banksy, Tona, Zuk Club und andere, die hier vorgestellt werden, arbeiten auf der Straße, um ihrer Community und den Städten, in denen sie unterwegs sind, Heiterkeit und Humor zu vermitteln. Für sie ist es wichtig, mit ihrer Kunst einen Beitrag zu leisten, um den Tag für diejenigen zu erhellen, die das Glück haben, auf dem Weg zu ihrem nächsten Termin einen Blick auf die Wand zu werfen.

Links: Icy and Sot, Los Angeles, Kalifornien, USA, 2012.

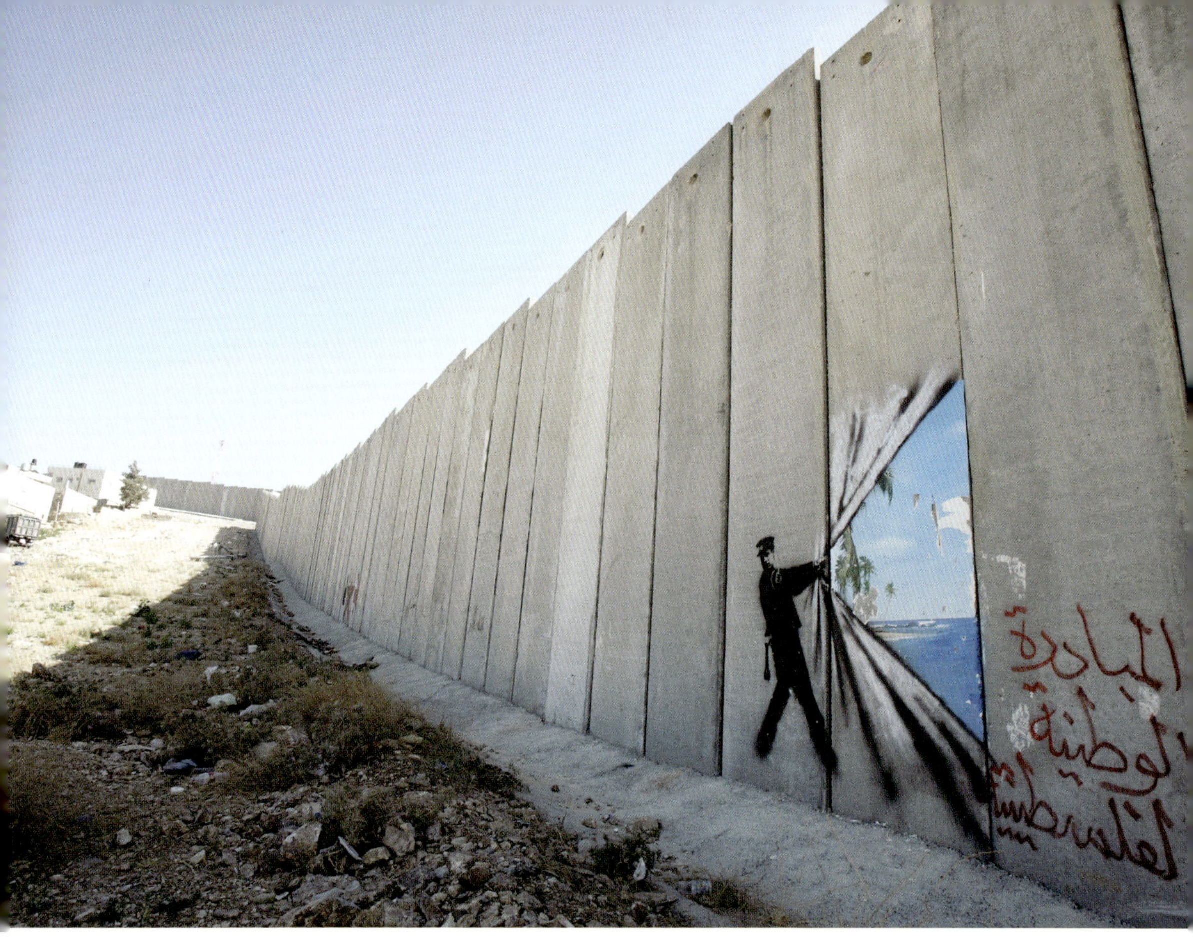

> »Ich habe schon immer gern gezeichnet. Ich glaube, das ist meine Hauptmotivation.«
>
> ZUK CLUB ART GROUP

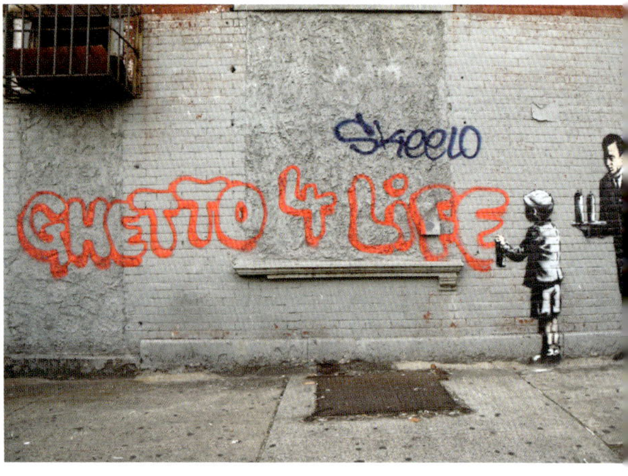

Oben: Banksy, West Bank, Palästina, 2005.

Oben rechts: Banksy, New York, USA, 2013

Gegenüber
Oben: P183, Moskau, Russland, 2009.
Unten: Zuk Club, Dwarfs at Fabrica, Fabrica Project, Moskau, Russland, 2012.

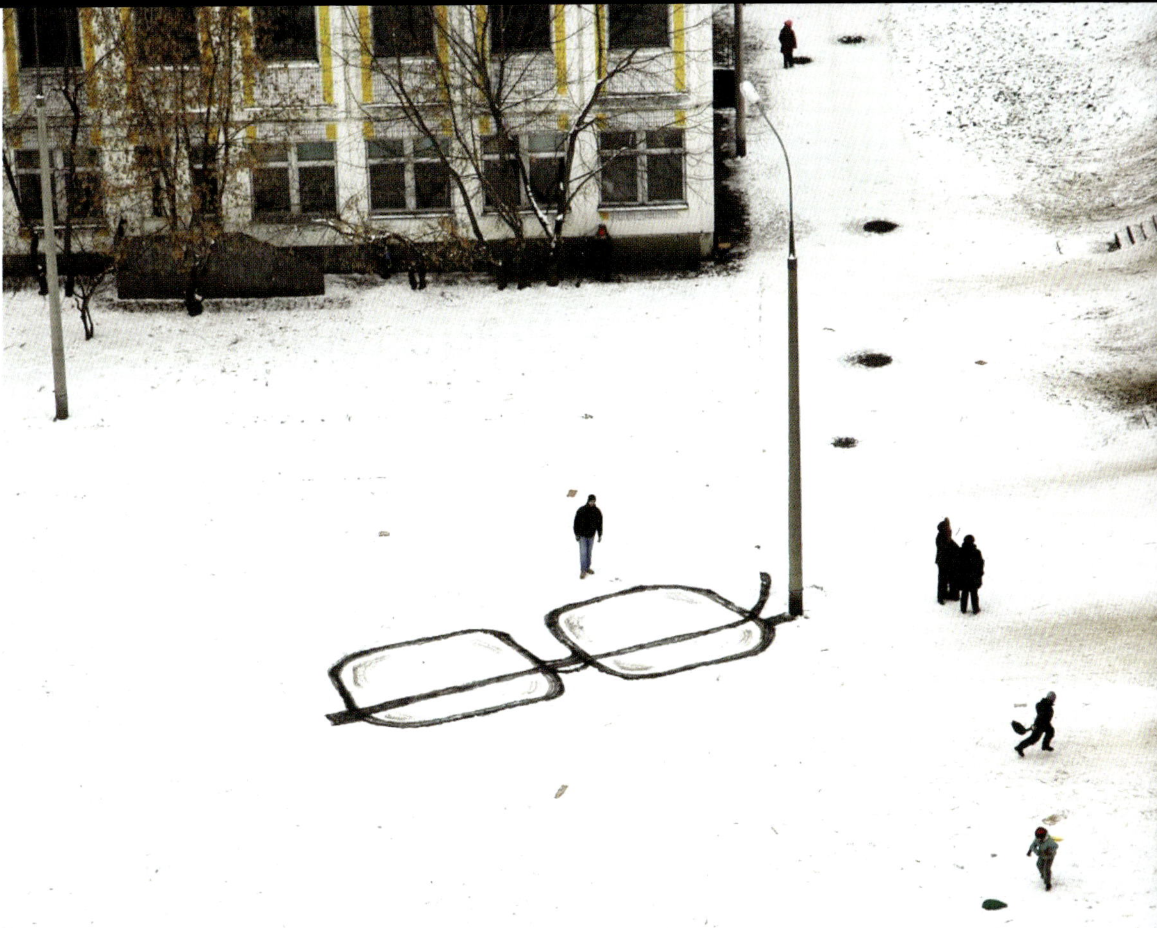

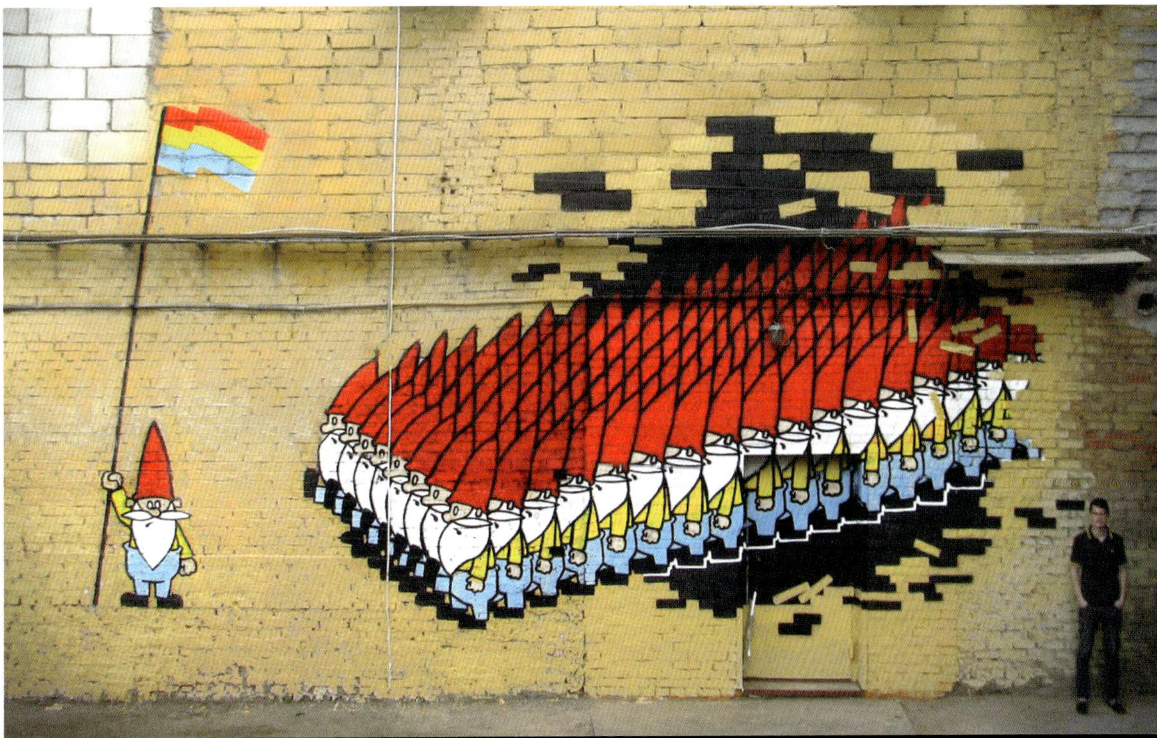

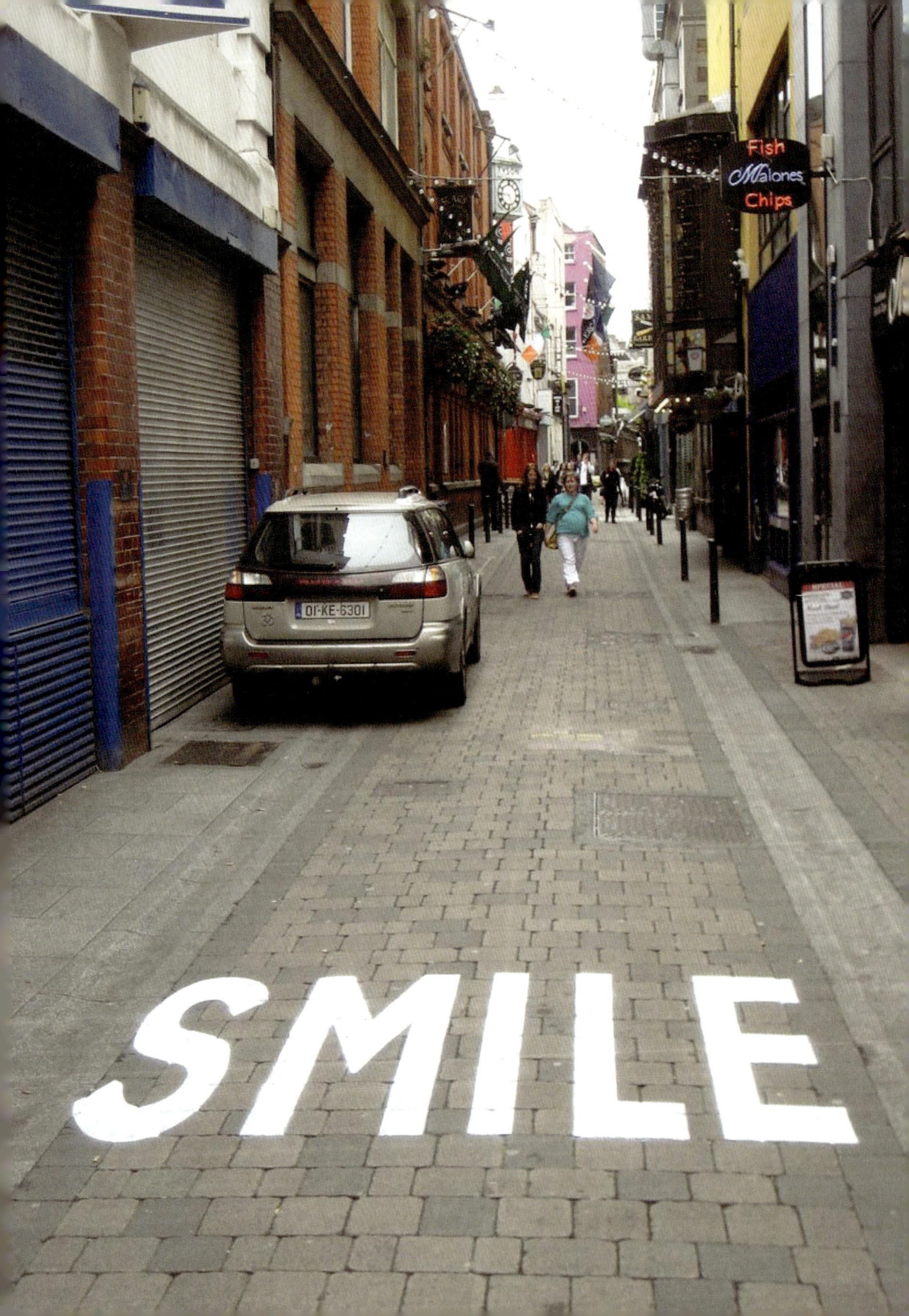
Fish
Malones
Chips
01-KE-6301
SMILE

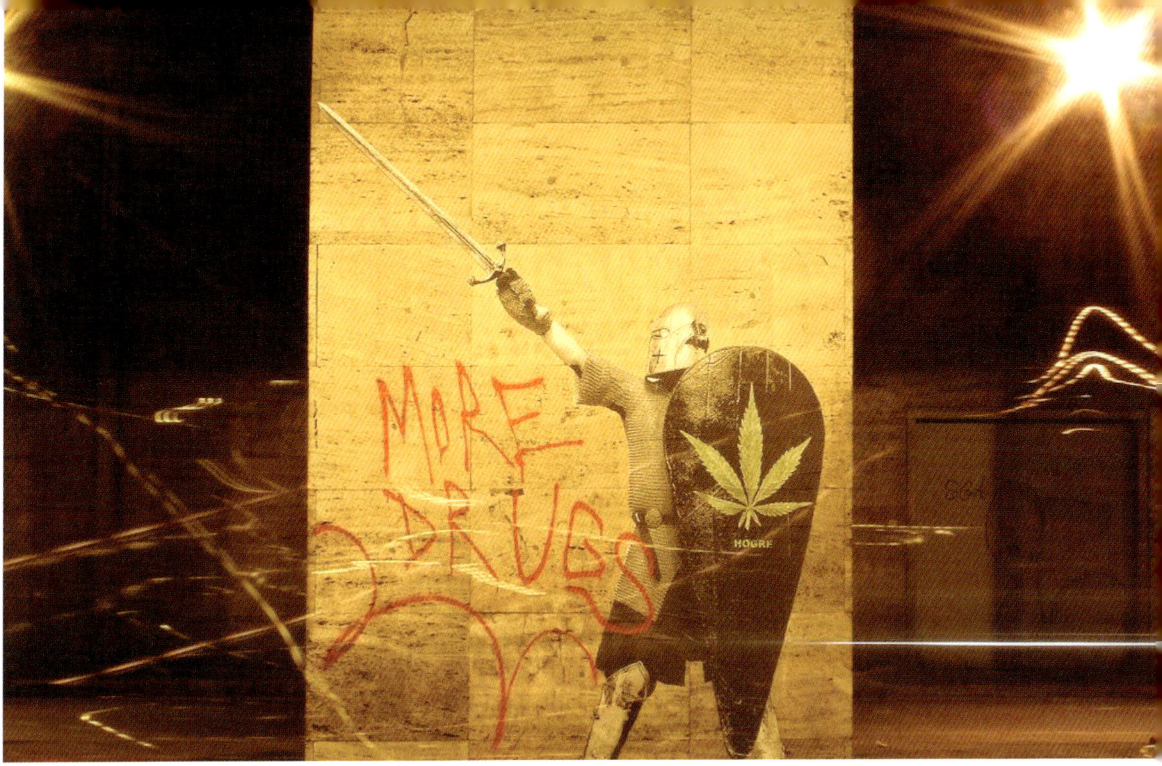

Links: Canvaz, www.canvaz.com, Dublin, Irland, 2013.
Oben: Hogre, Rom, Italien, 2012.
Unten: Dede, Tel Aviv, Israel, 2010. Foto: Milli Katz

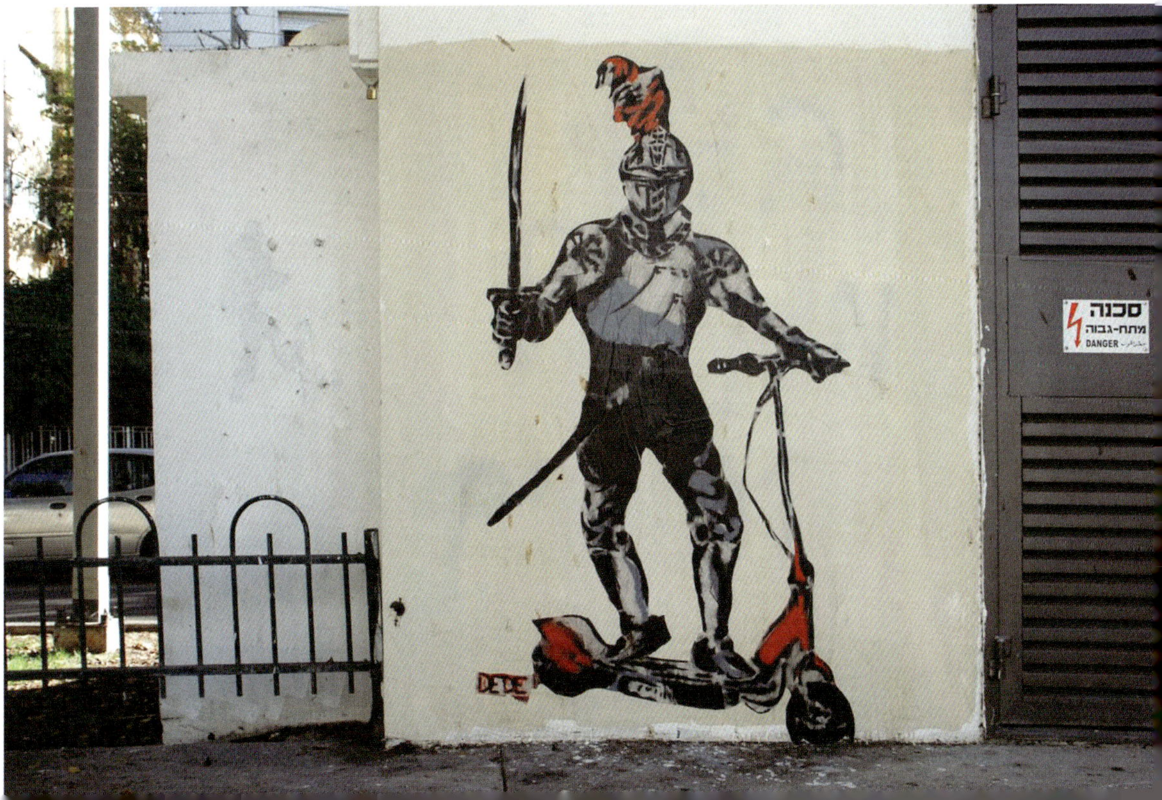

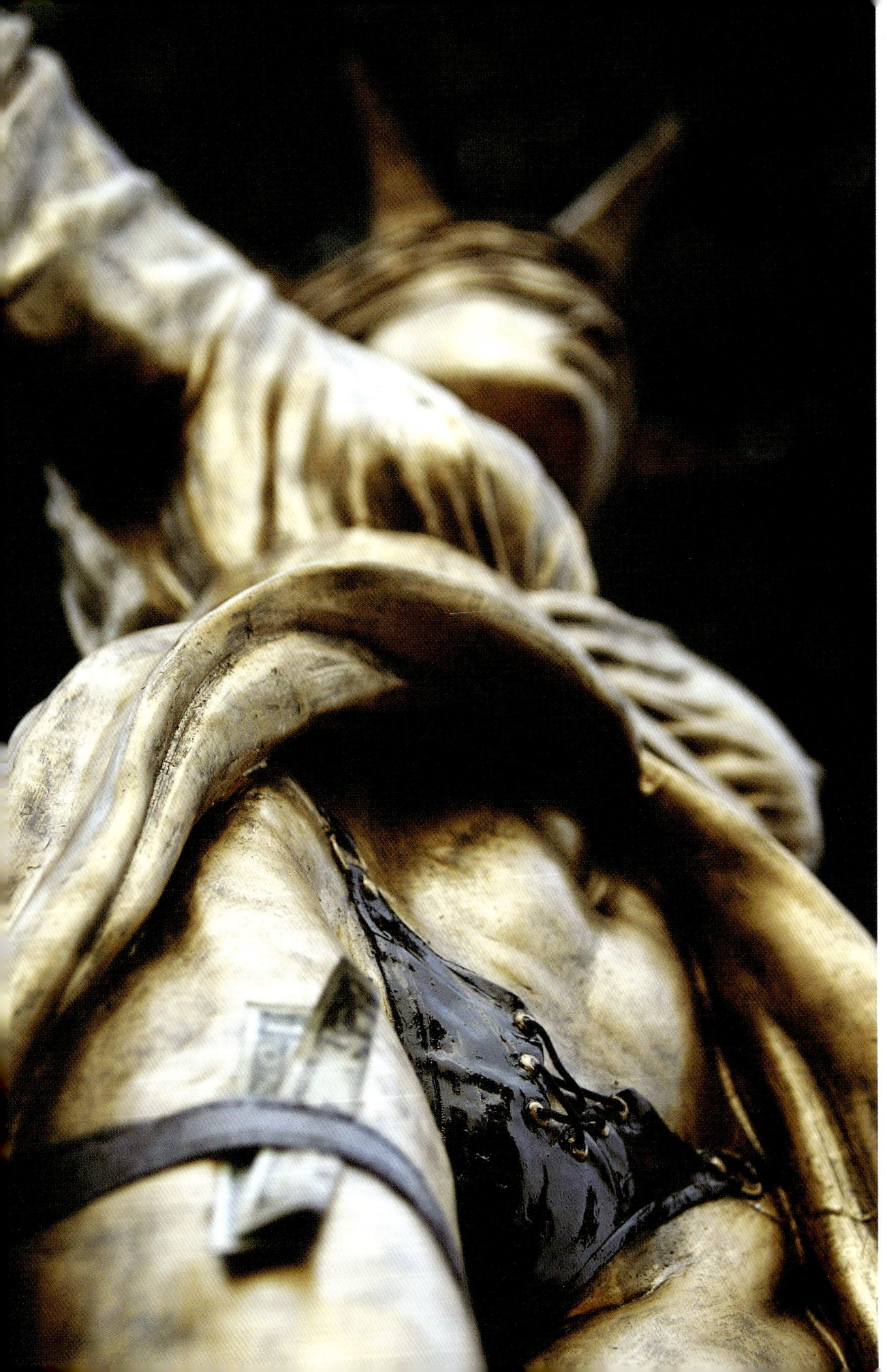

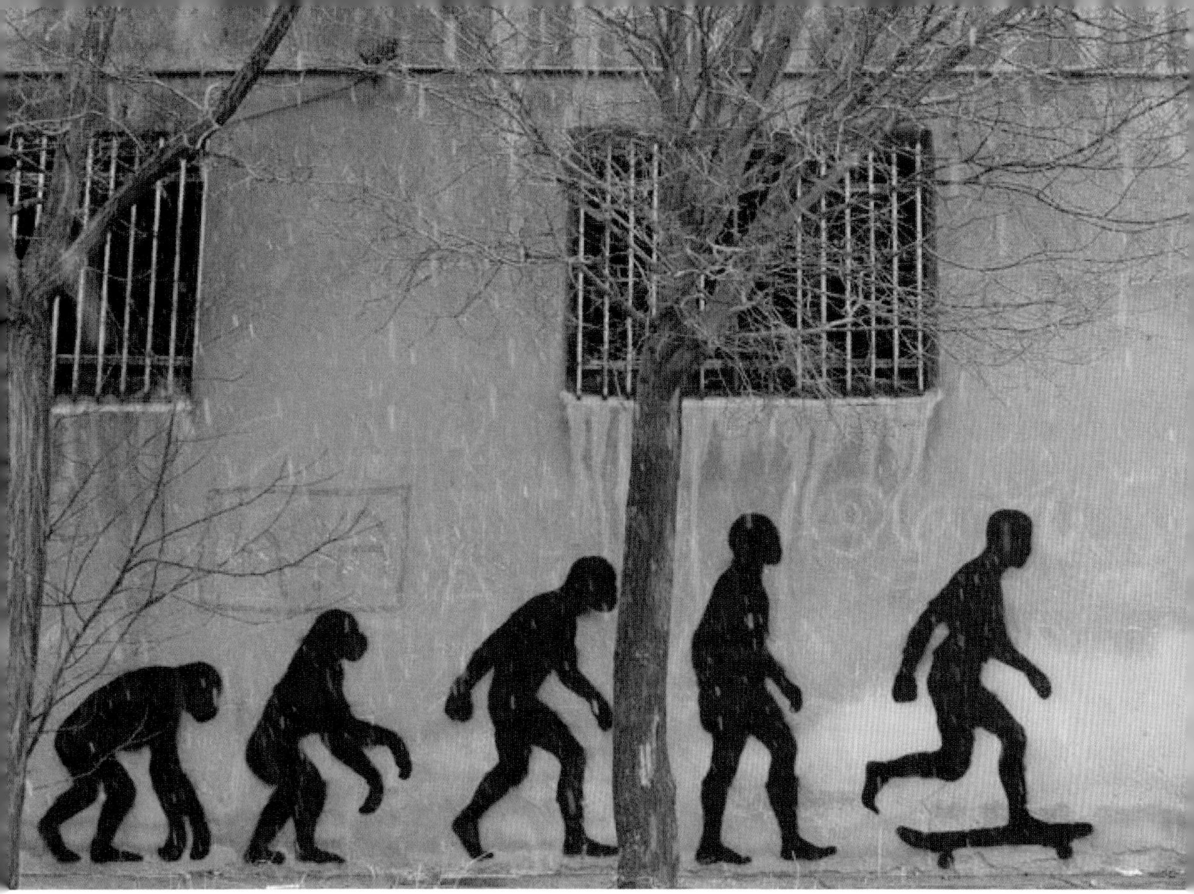

»Wir malen gerne auf der Straße und versuchen immer, mit unseren Werken eine Botschaft über die verrückten Dinge zu vermitteln, die um uns herum in der Welt passieren oder die wir erlebt haben. Die Themen drehen sich meist um Menschenrechte, soziale Fragen, Kinderarbeit sowie Frieden und Liebe.«

ICY AND SOT

Links: Banksy, London, England, UK, 2004.
© *Bruno Vincent / Getty Images*
Oben: Icy and Sot, Tabriz, Iran, 2011.

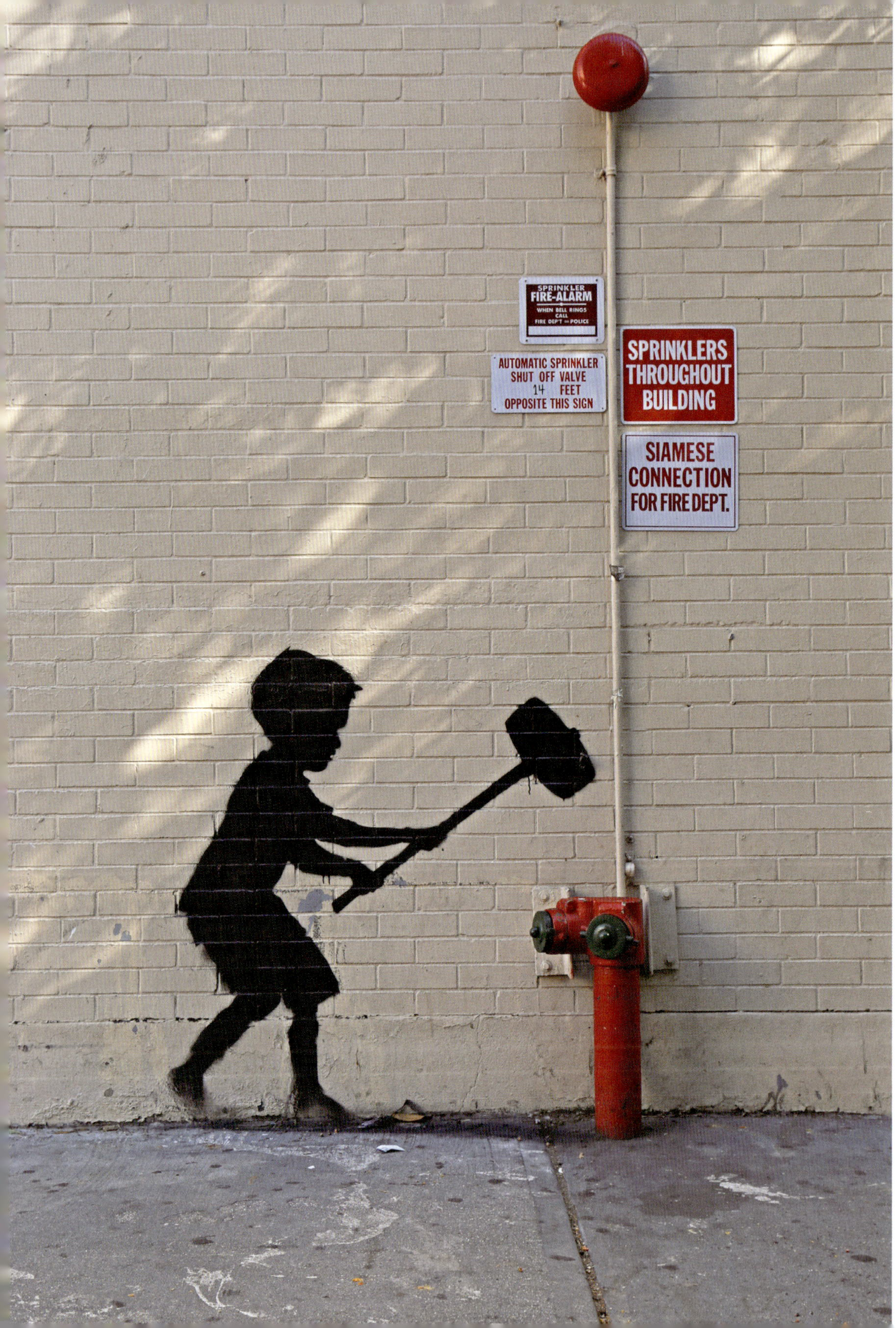
SPRINKLER
FIRE-ALARM
WHEN BELL RINGS
CALL
AUTOMATIC SPRINKLER
SHUT OFF VALVE
14 FEET
OPPOSITE THIS SIGN
SPRINKLERS
THROUGHOUT
BUILDING
SIAMESE
CONNECTION
FOR FIRE DEPT.

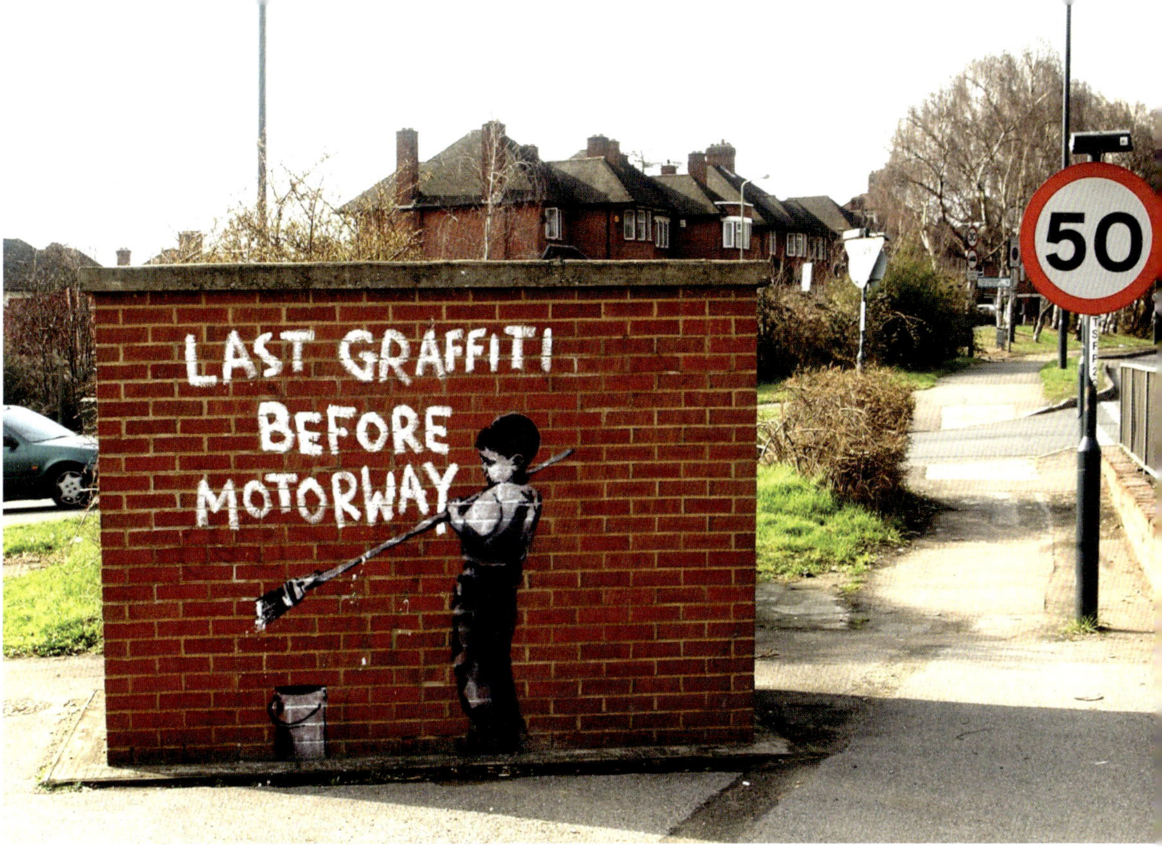

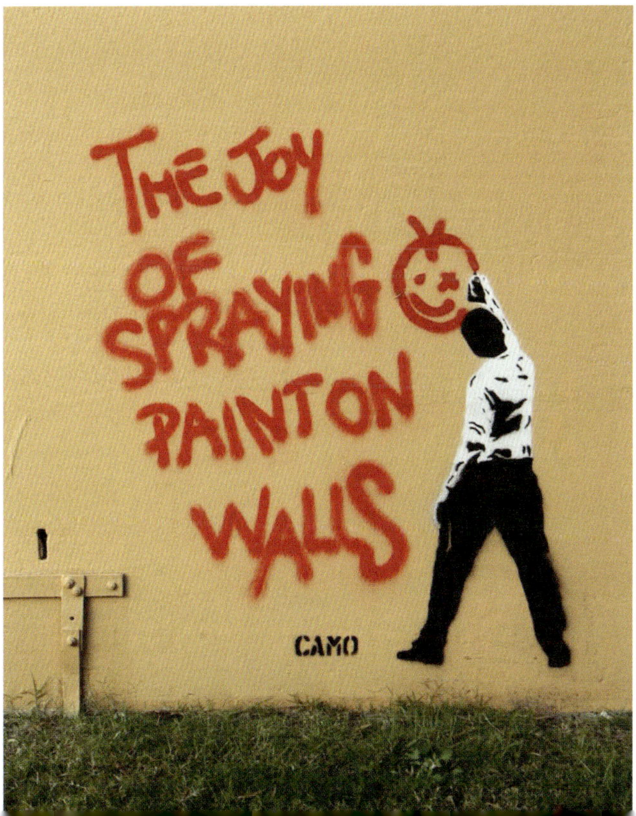

»Wir brauchen einfach mehr Farbe auf den Straßen; von Tags bis riesigen Wandbildern und alles dazwischen.«

CAMO

Gegenüber: Banksy, New York, USA, 2013.

Oben: Banksy, London, England, 2009.

Links: Camo, Botany, NSW, Australien, 2012.

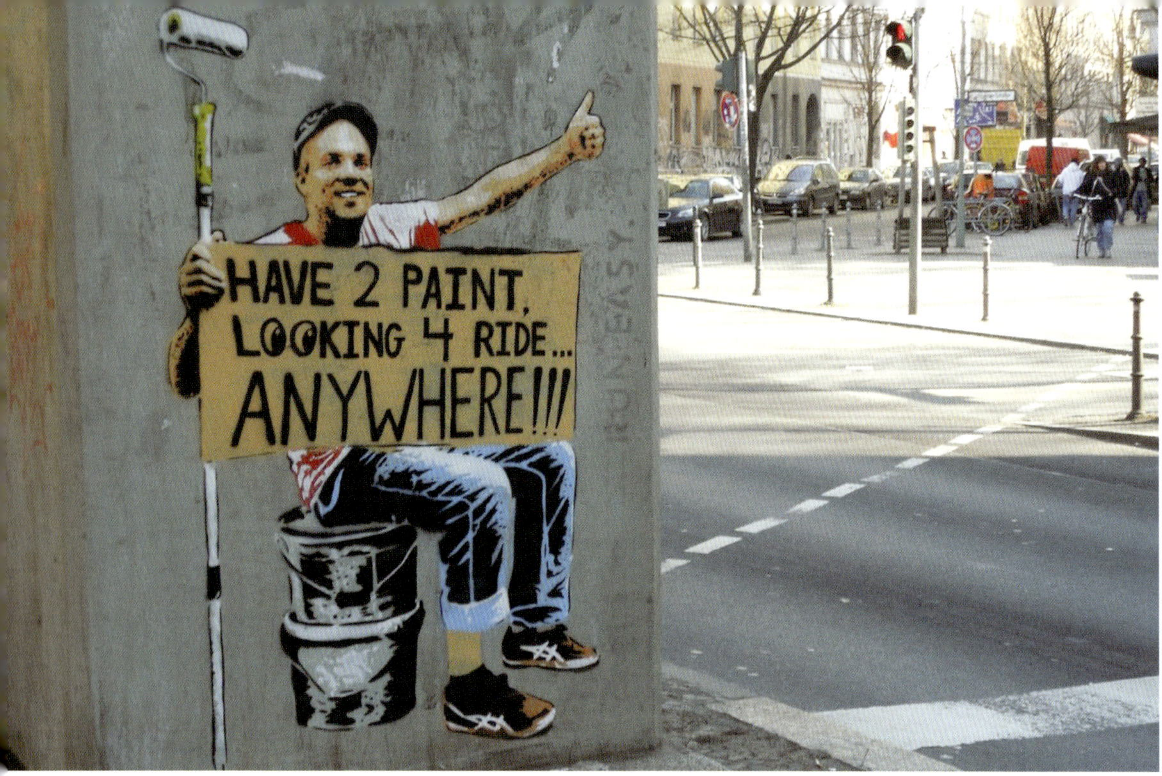
HAVE 2 PAINT,
LOOKING 4 RIDE...
ANYWHERE!!!

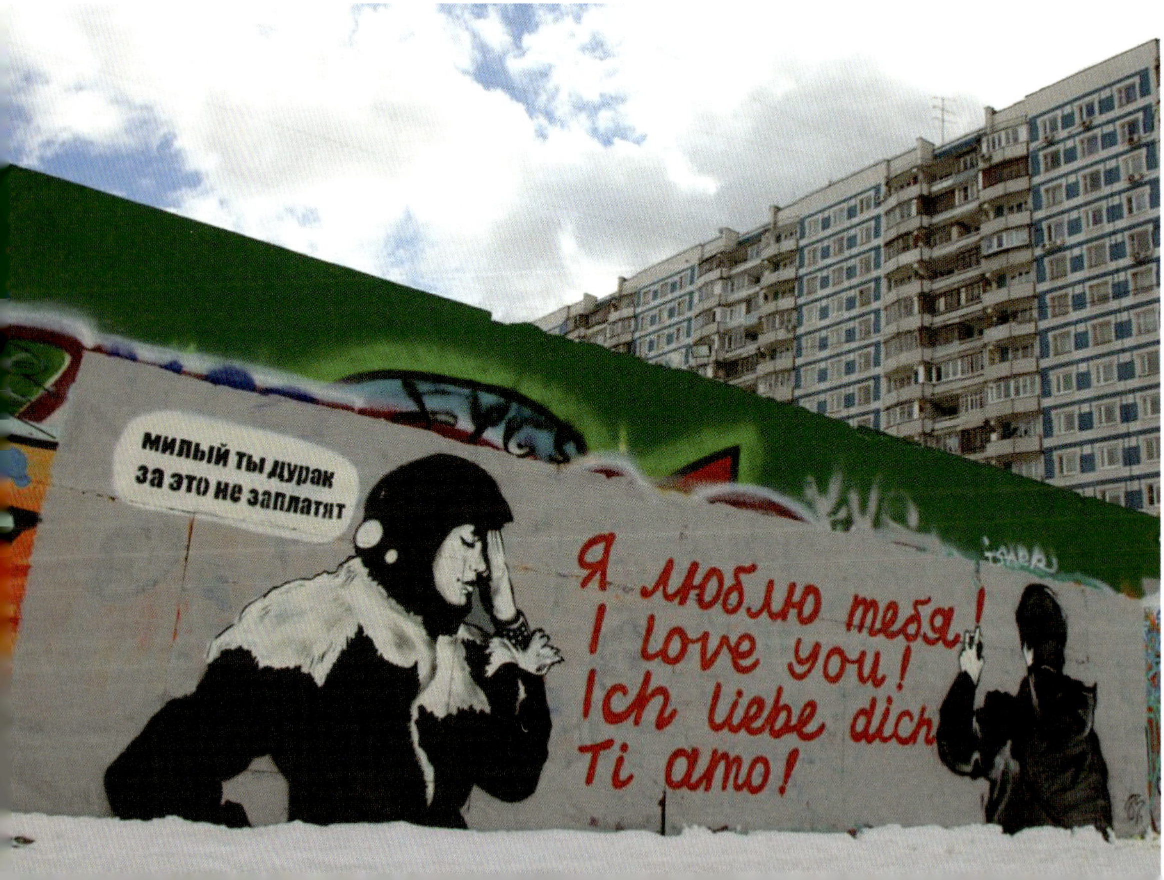
милый ты дурак
за это не заплатят
Я люблю тебя!
I love you!
Ich liebe dich
Ti amo!

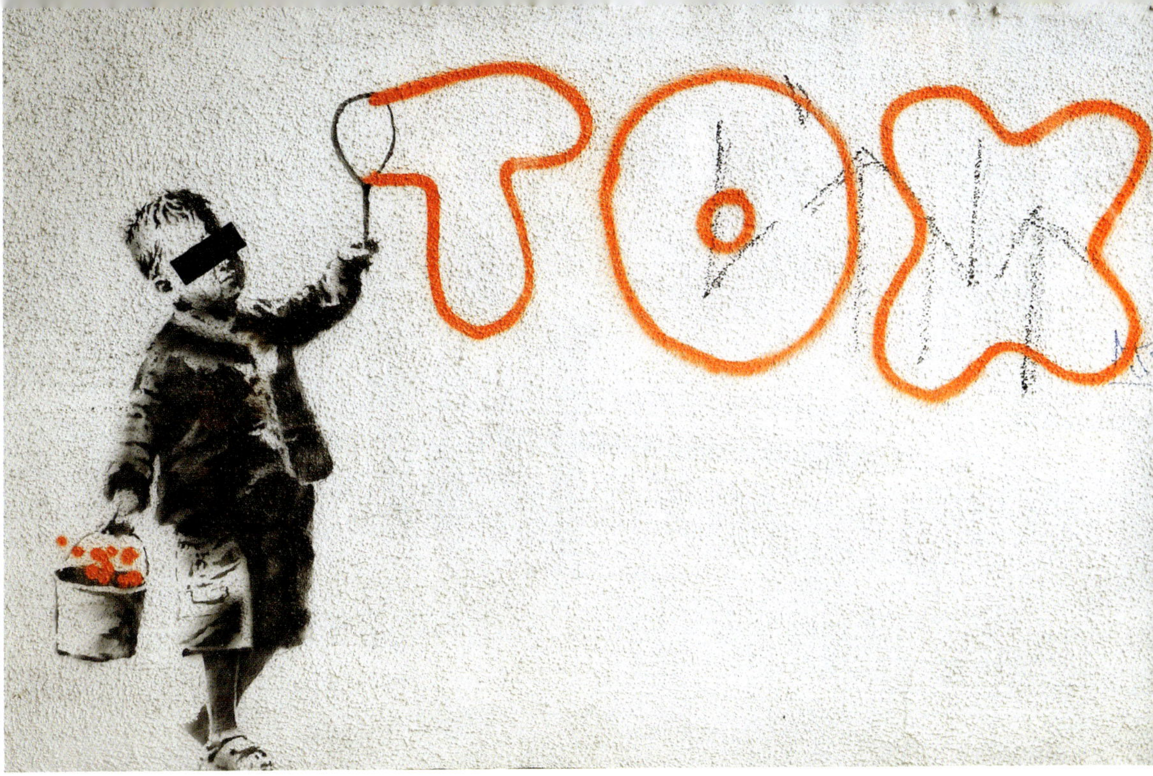

Oben links: Above, Berlin, 2012.
Foto: Julia Tulke
Links: P183, Moskau, Russland, 2011.
Oben: Banksy, London, England, 2011.
© *Jim Dyson / Getty Images*

»Man muss ihn [Banksy] dafür schätzen, dass er so bekannt geworden ist für das, was er tut, für seinen Stil und seine intelligenten Konzepte. Unabhängig davon, ob man seine Arbeit mag oder nicht, muss man die Menge an Arbeit, die frischen Bilder und die ganze Bewegung der Künstler respektieren, die zu ihm aufschauen. Er war eines meiner Vorbilder, um auf der Straße zu malen …«

CAMO

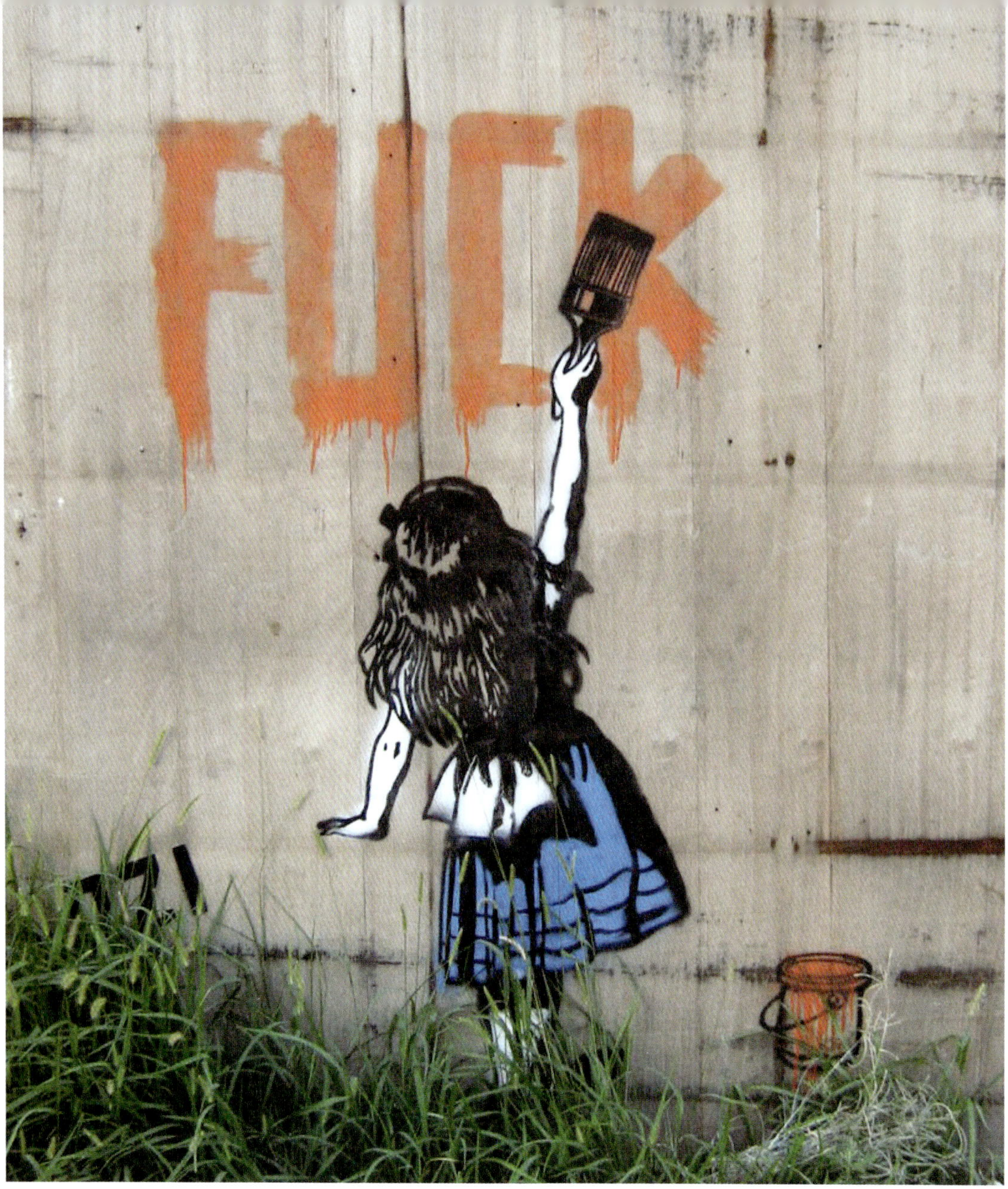

Oben: Ozi, São Paulo, Brasilien, 2012.

Gegenüber
Oben: Unbekannter Künstler, Brooklyn, New York, USA, 2012.
Foto: KET
Unten: Ben Eine, Vandals, Miami, Florida, USA, 2011.

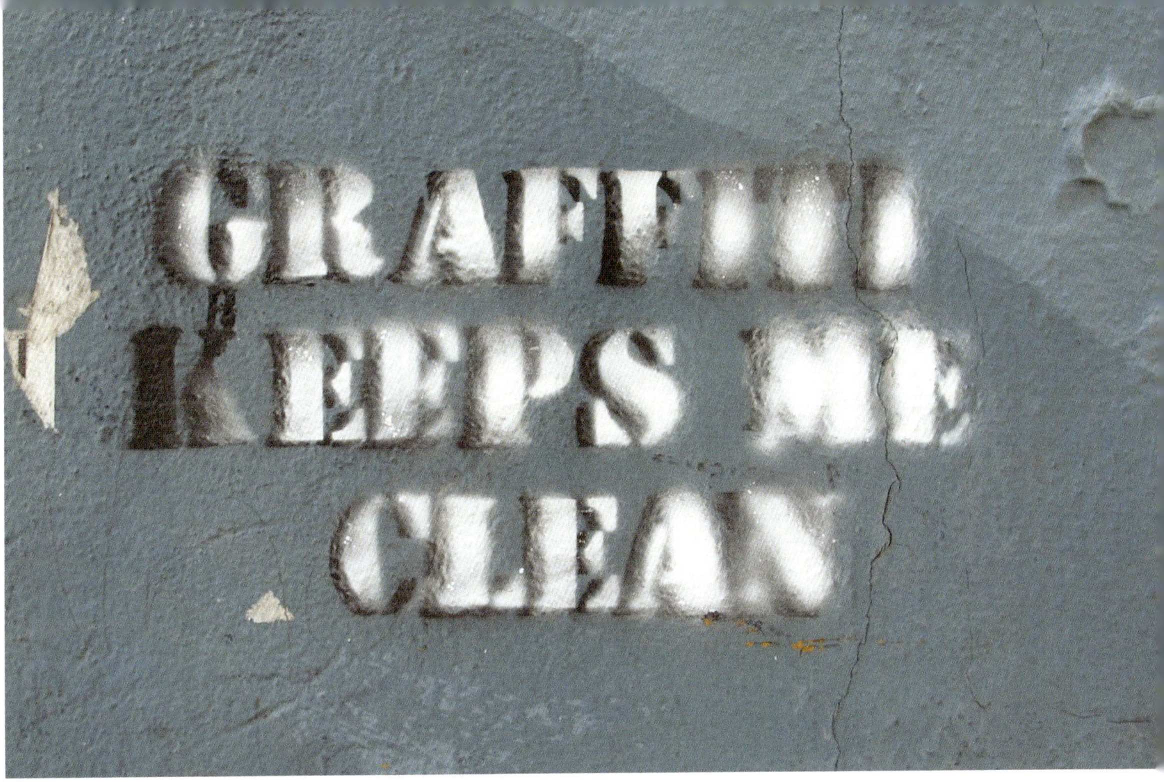
GRAFFITI
KEEPS ME
CLEAN

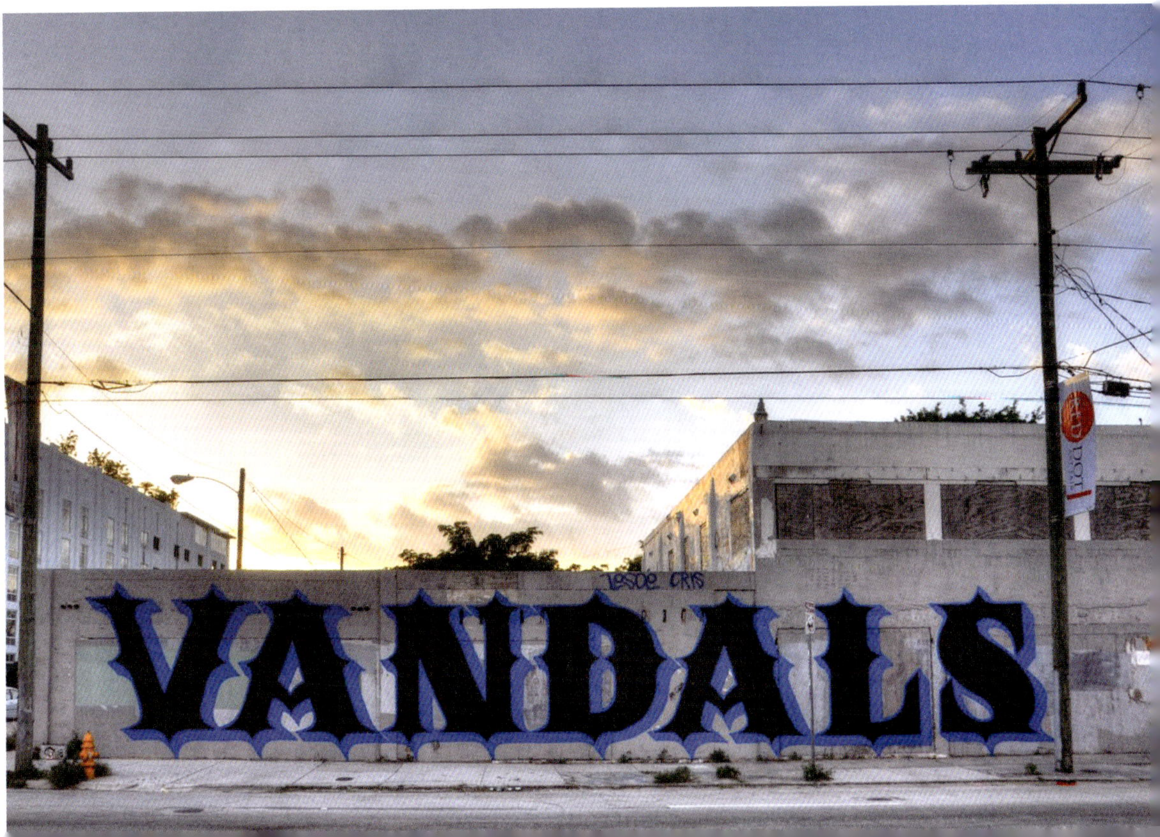
VANDALS

Unten: Common Cents, Los Angeles, Kalifornien, USA, 2012. *Rechts:* Banksy, New York, NY, USA, 2008. © *REX / Sipa Press*

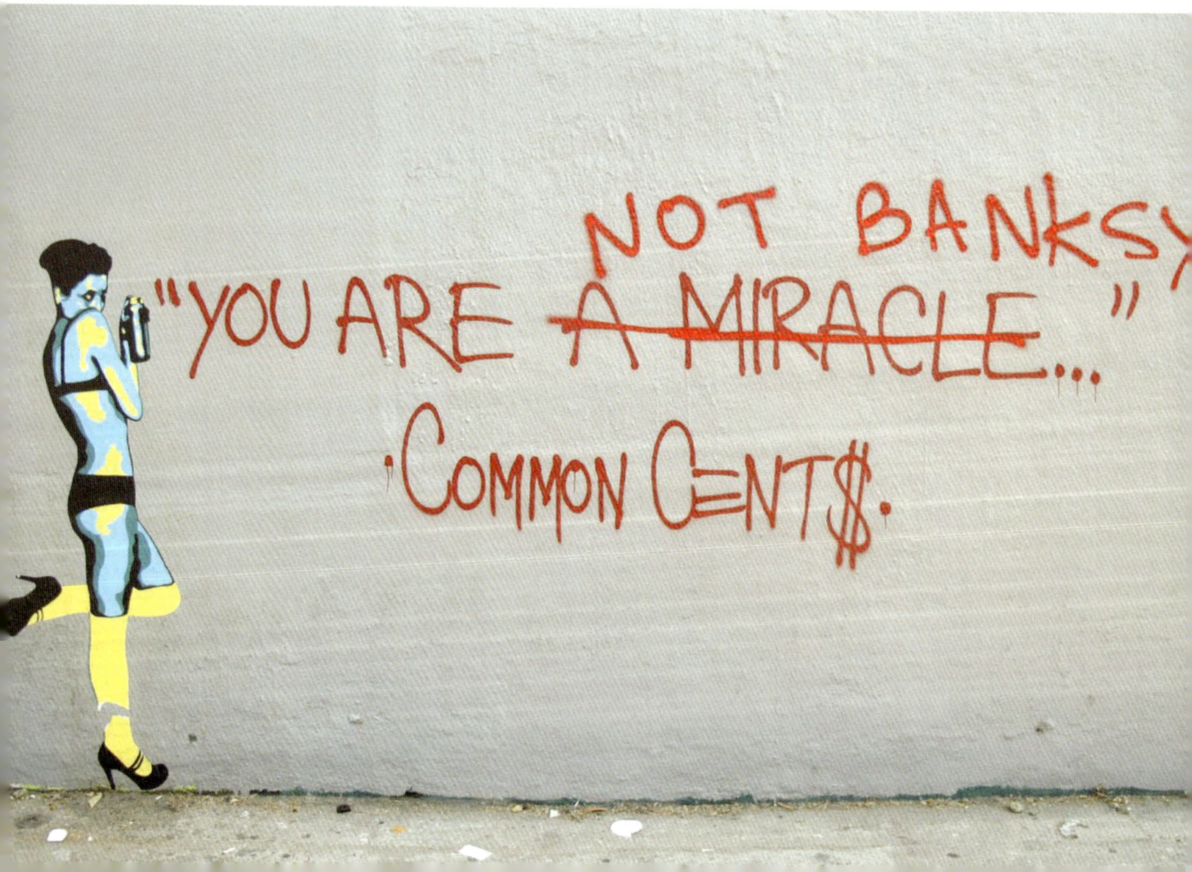

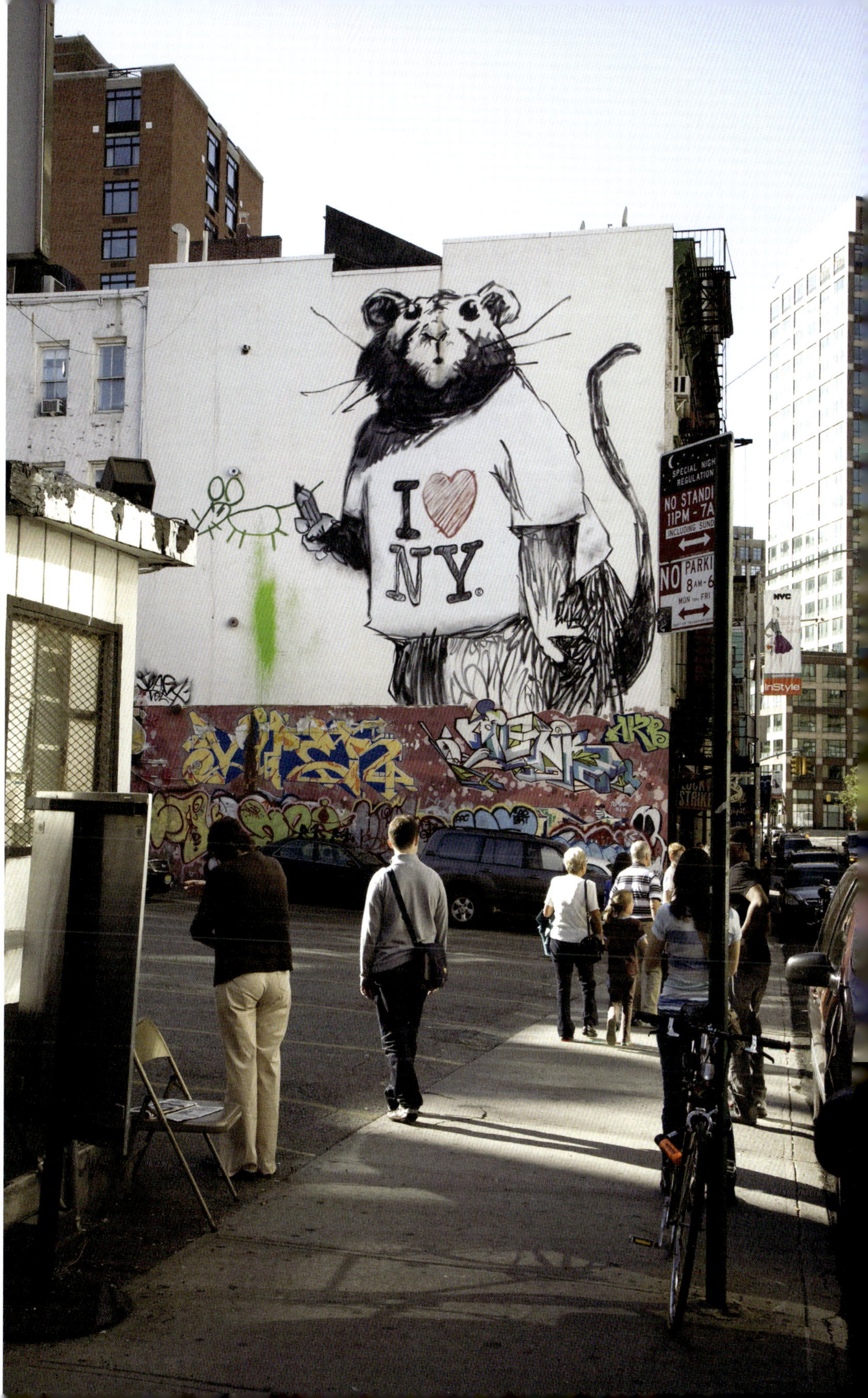
I ♥ NY
NYC
InStyle

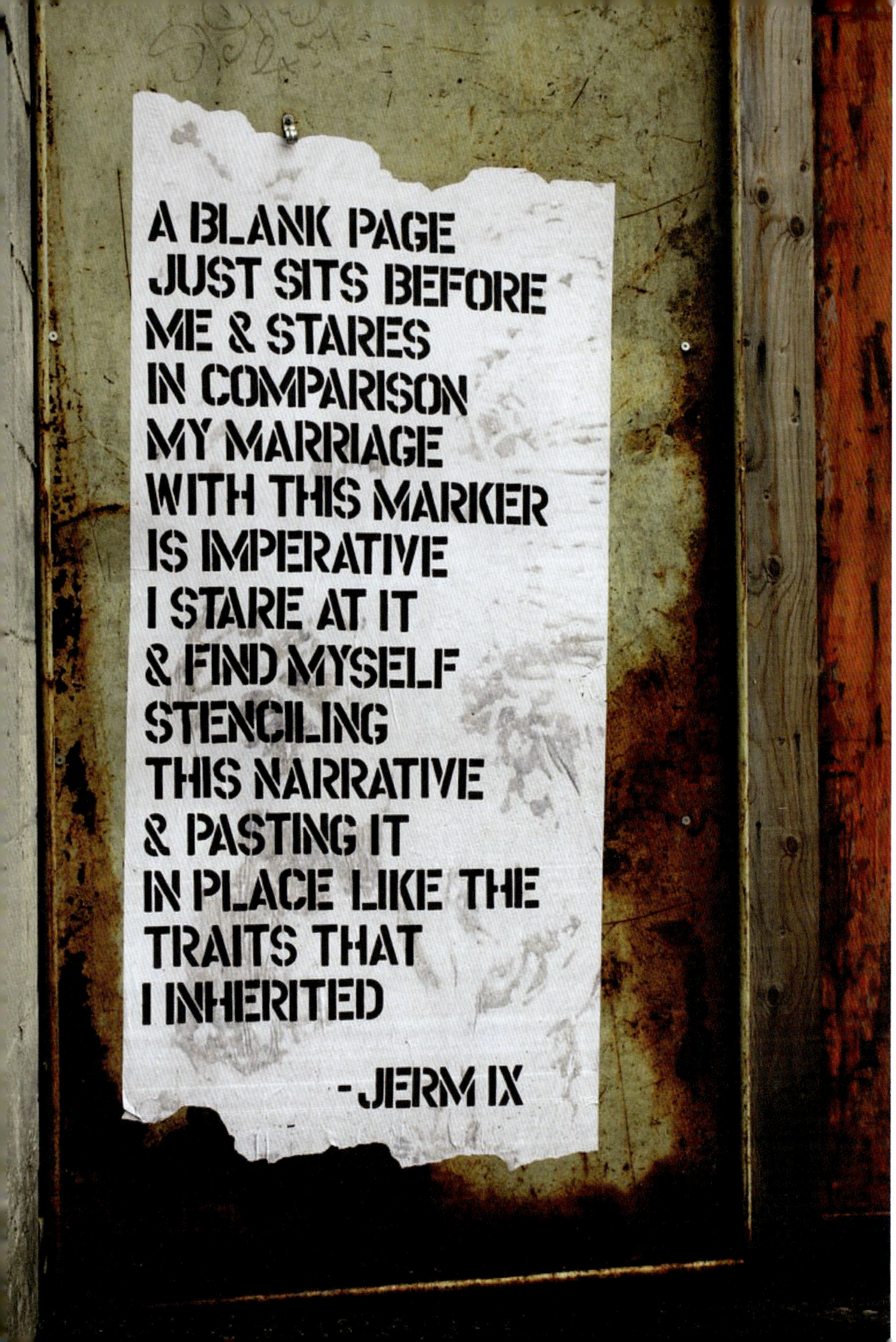
A BLANK PAGE
JUST SITS BEFORE
ME & STARES
IN COMPARISON
MY MARRIAGE
WITH THIS MARKER
IS IMPERATIVE
I STARE AT IT
& FIND MYSELF
STENCILING
THIS NARRATIVE
& PASTING IT
IN PLACE LIKE THE
TRAITS THAT
I INHERITED
- JERM IX

»Die Poetry Scrolls bestehen aus Fragmenten meiner Gedichte und Lieder, die mit Permanent-Markern Buchstabe für Buchstabe auf Papierrollen schabloniert wurden. Die Gedichte werden von der Rolle abgerissen und in den Straßen aufgeklebt. Die Rollen sind ohne Zweifel die offenste und ehrlichste Form der Street Art, die ich je gemacht habe. Ich öffne mein Herz und lasse es auf diesen Seiten ausbluten. In den Scrolls geht es in erster Linie um meine inneren Kämpfe, um meine tiefsten Geheimnisse und Ängste, um die Auseinandersetzung mit meinen inneren Dämonen. Was Wachstum und Selbstoptimierung angeht, sind die Scrolls das Wichtigste, was ich je getan habe, gleichrangig mit dem Schreiben und Aufnehmen der Songs meines Debütalbums ›Jerm Warfare‹, von dem viele dieser Scrolls entweder stammen oder mich zum Schreiben inspiriert haben.«

JERM IX

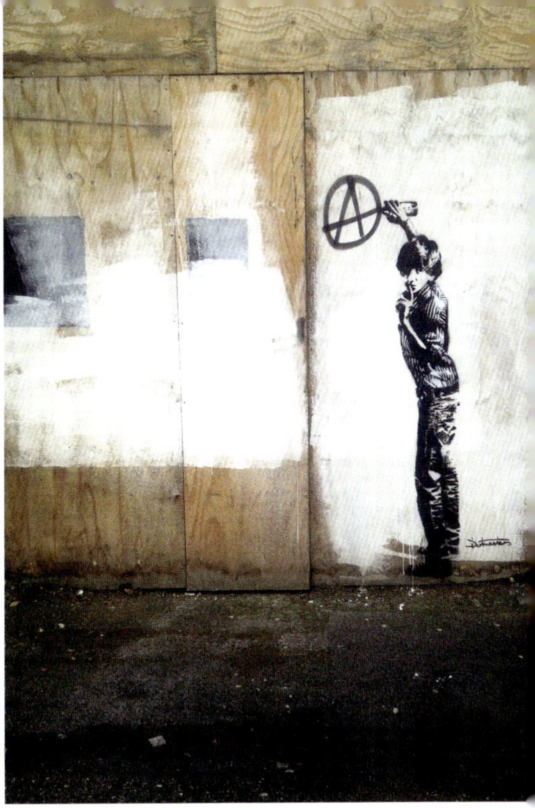

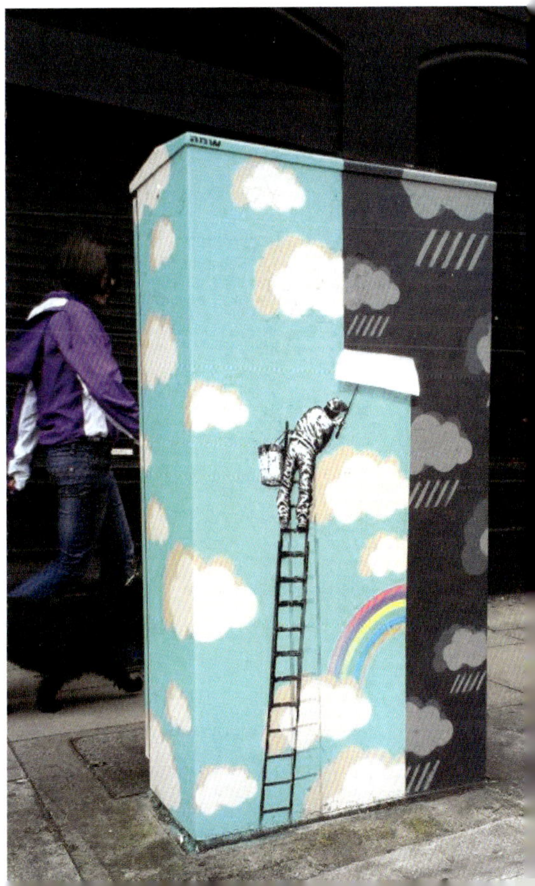

Links: Jerm IX, A Blank Page, Vancouver, Kanada, 2010.
Oben rechts: The Dotmasters, London, England, 2012.
Rechts: ADW, I'll Paint Rainbows All Over Your Blues, Dublin, Irland, 2013.

recht und gesetz

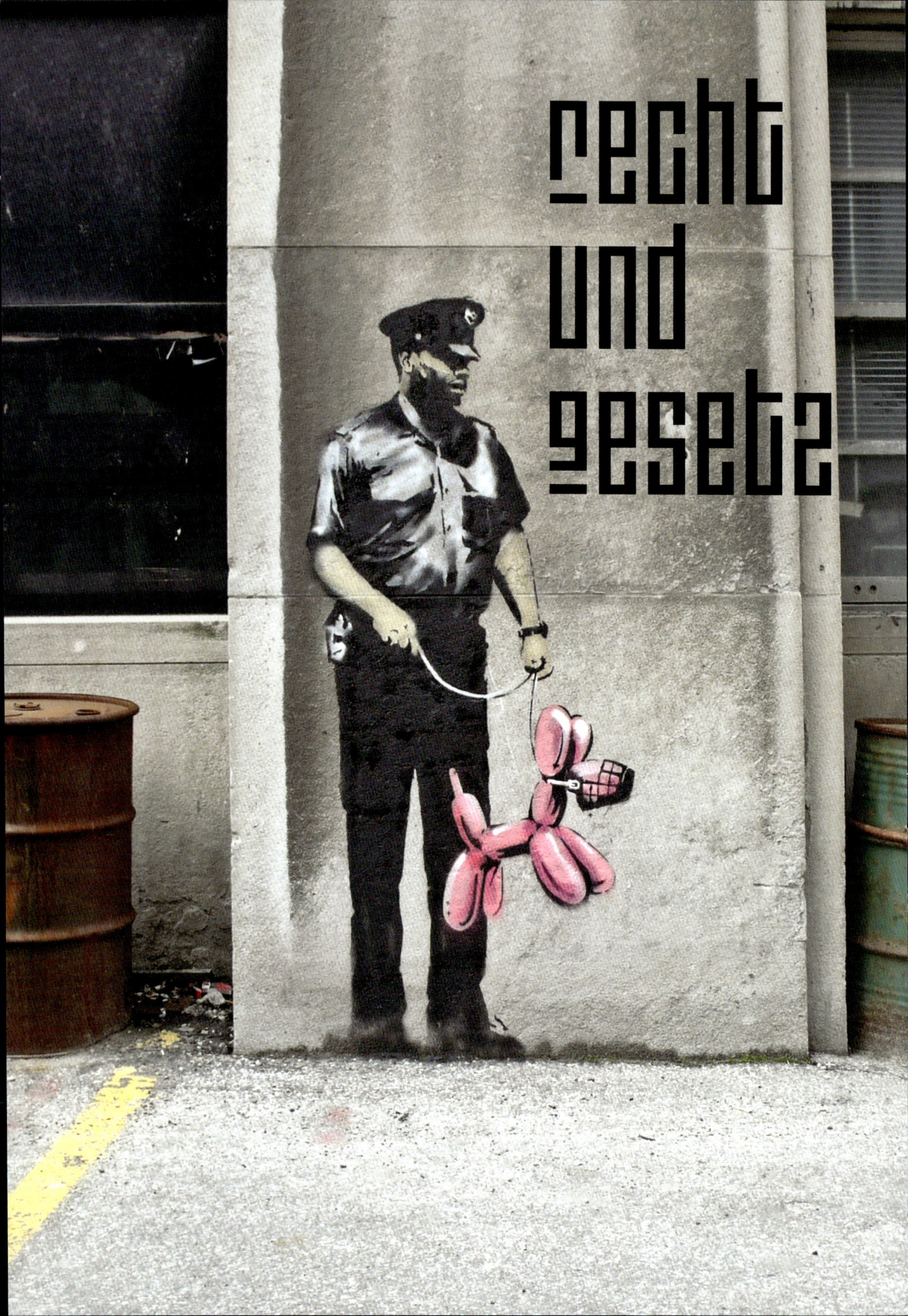

Ein beliebtes Ziel für viele Street-Art-Künstler sind die Polizei und andere Staatsorgane. Es versteht sich von selbst, dass sich die beiden Gruppen diametral gegenüberstehen, wobei Polizei und Regierung normalerweise Street Artists ins Visier nehmen, um sie zu verhaften. Street Artists auf der ganzen Welt haben sich in ihren Bildern über die Polizei lustig gemacht, weil sie es auf so geringfügige Verbrechen wie Graffiti und Street Art abgesehen hat. Banksy und andere sind sogar noch einen Schritt weiter gegangen und haben Bilder geschaffen, die die Ungerechtigkeit und das Leid, das Zivilisten durch die Behörden erfahren, veranschaulichen. Diese künstlerischen Interventionen sind besonders dreist in Städten wie New York City und Kairo, wo die Behörden in der Vergangenheit und Gegenwart für ihre Brutalität bekannt sind und Künstler ermordet haben (Michael Stewart in New York und Ahmed Basiony in Kairo).

Links: Banksy, Toronto, Kanada, 2010. Photo by KET

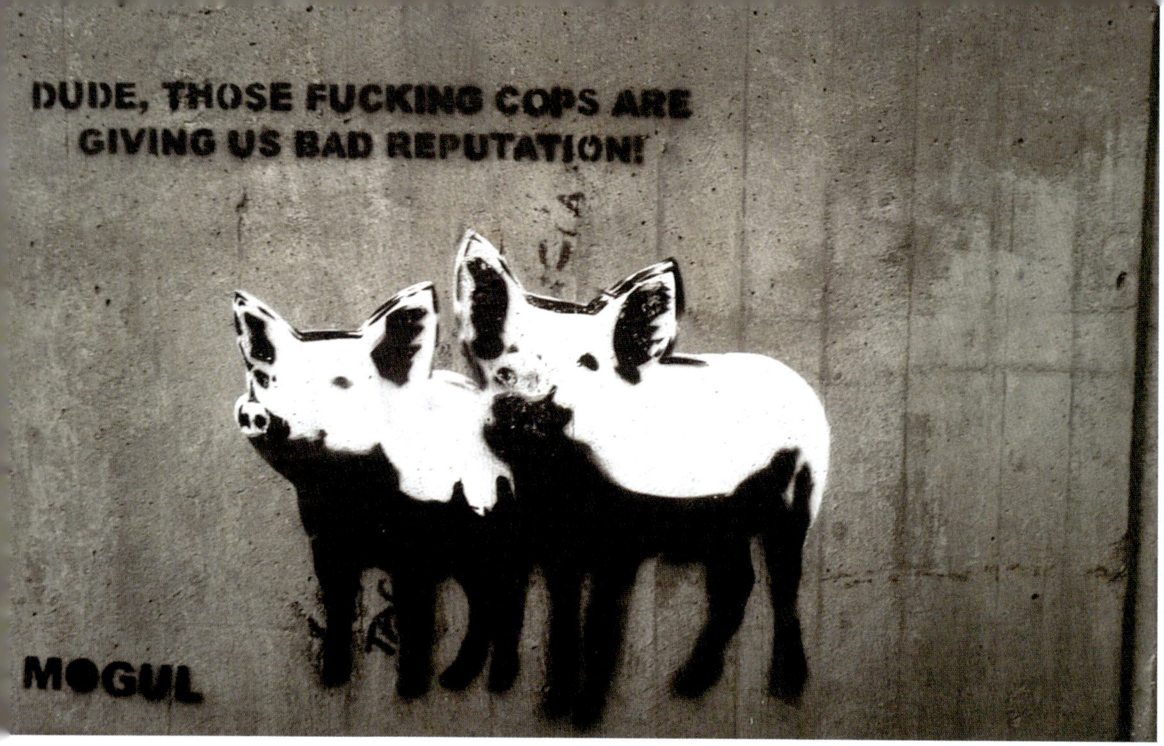

Oben: Mogul, Stockholm, Schweden, 2012. Foto: Thomas Olsson
Unten: Banksy, Turf War Exhibition, London, England, 2003. © *Ian West / PA Images*

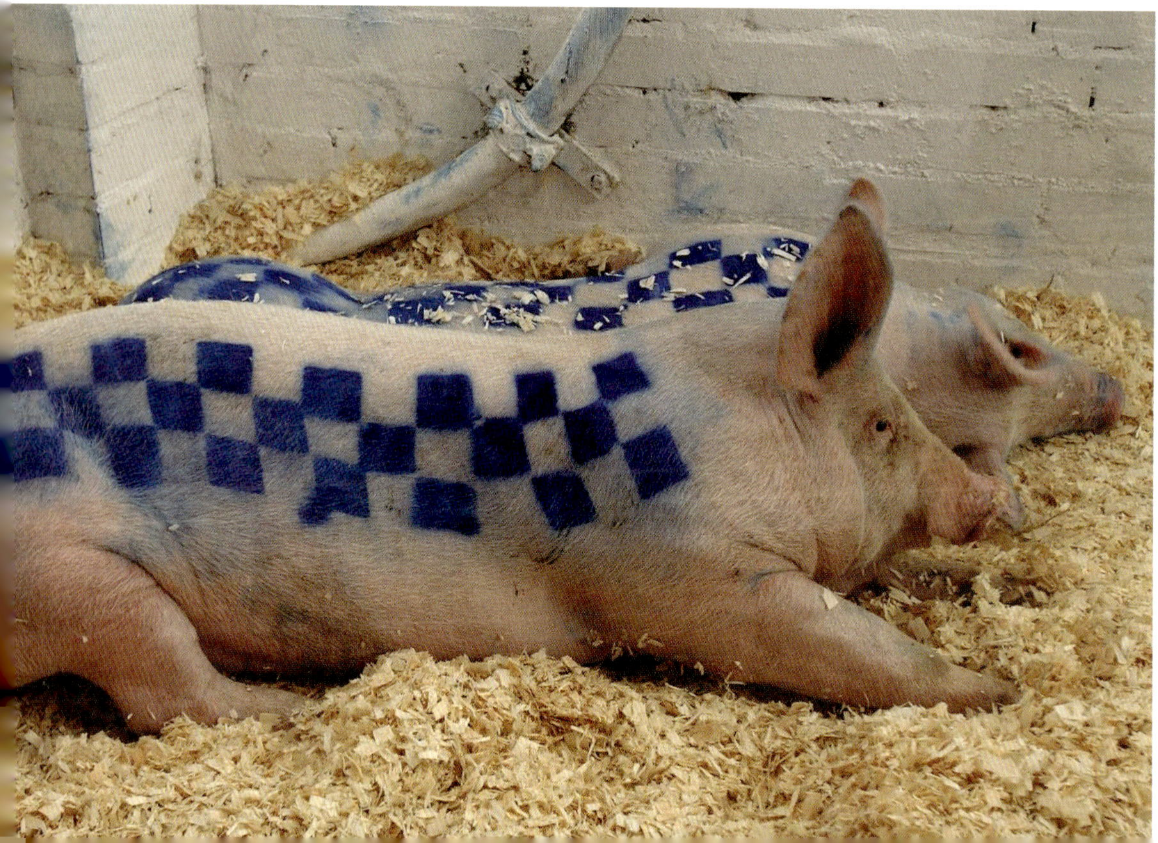

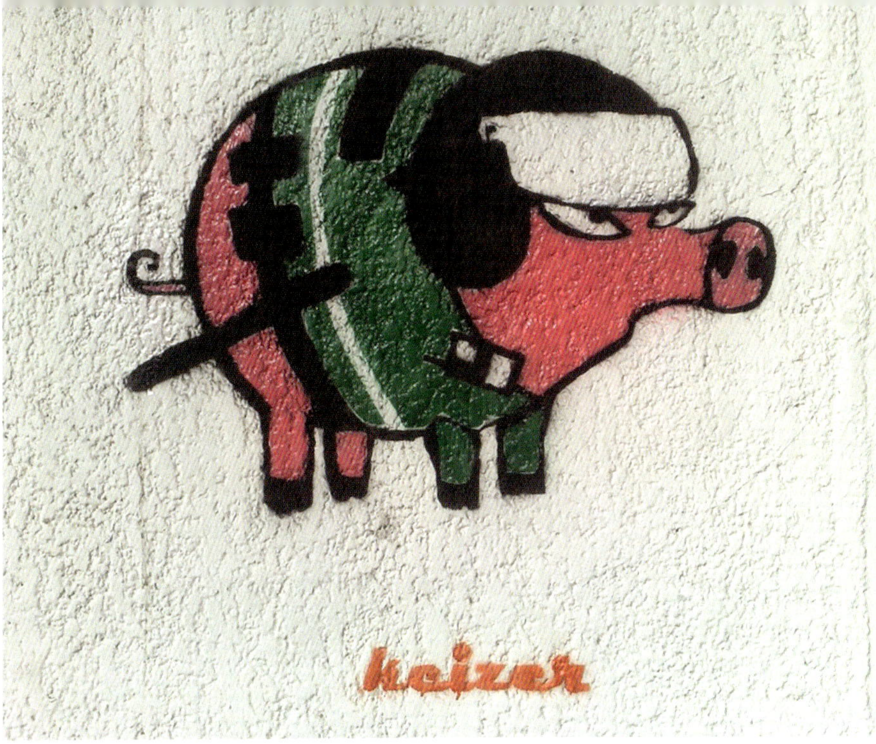

»[Ich teile mit, dass] wir jeden Tag von totalitären Regierungen und überholten religiösen Institutionen verarscht und belogen werden, und das alles, während wir dazu bringen, über unsere Kunst zu lächeln und sie auf Instagram zu teilen.«

E.L.K.

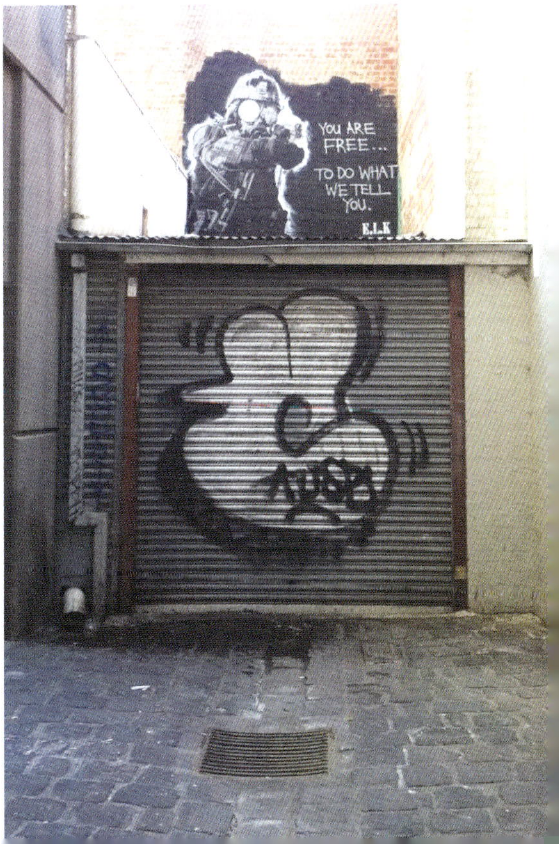

Oben: Keizer, SCAF Pig, Landwirtschaftsministerium, Dokki, Gizeh, Ägypten, 2011.
Rechts: E.L.K, Melbourne, Australien, 2011.

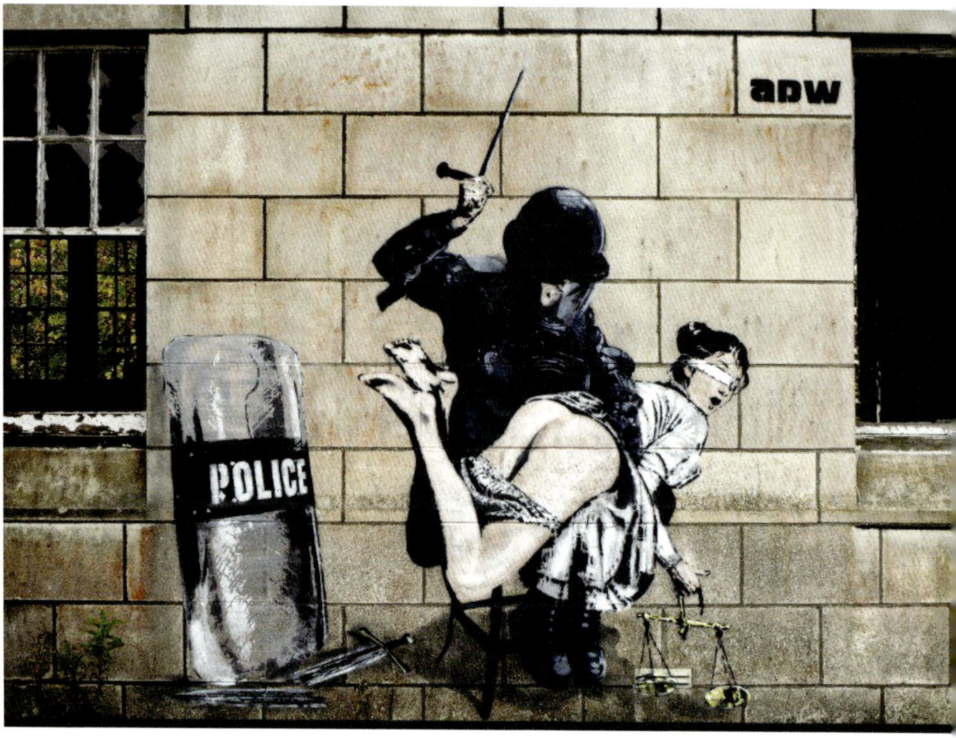

Oben: ADW, There Is No Justice, There's Just Us, Dublin, Irland, 2013. *Rechts*: Banksy, »Barely Legal« Exhibition, Los Angeles, USA, 2006. © *REX / Sipa Press*

»In einer Gesellschaft, in der es einfacher ist, Menschen zu etikettieren und in Schubladen zu stecken, werden unsere Individualität und Einzigartigkeit zu einer bloßen Statistik reduziert.«

ADW

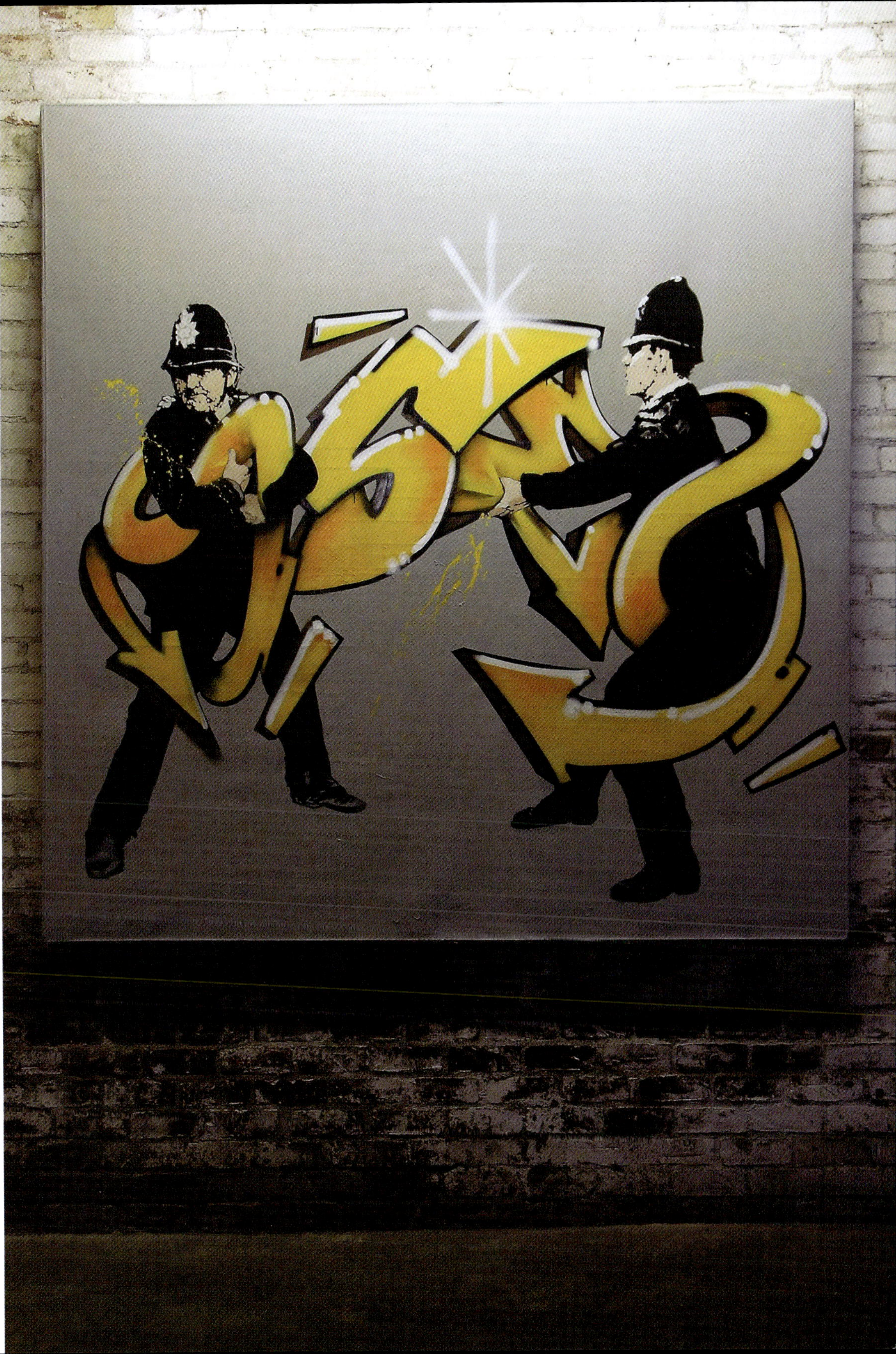

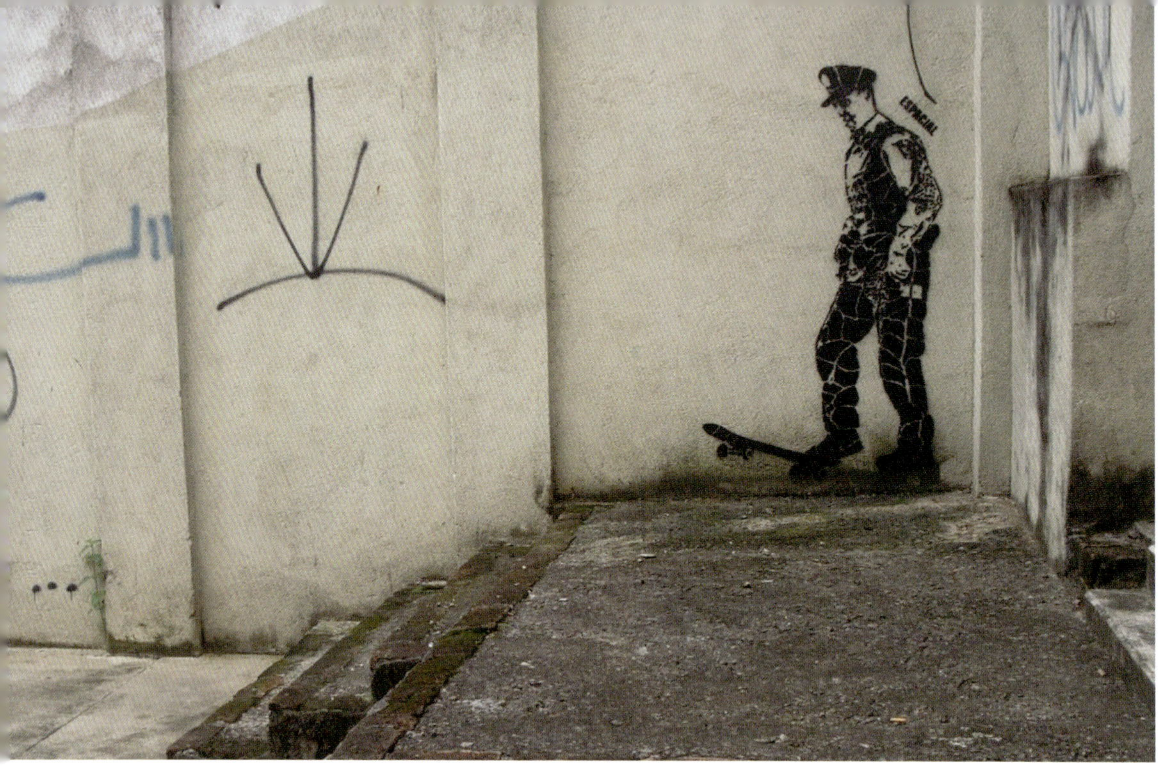

Oben und unten: Matias Espacial Picón, Rua 5, São Paulo, Brasilien, 2012.
Rechts: Banksy, Brighton, England, 2005. © *Roger Bamber / Alamy*

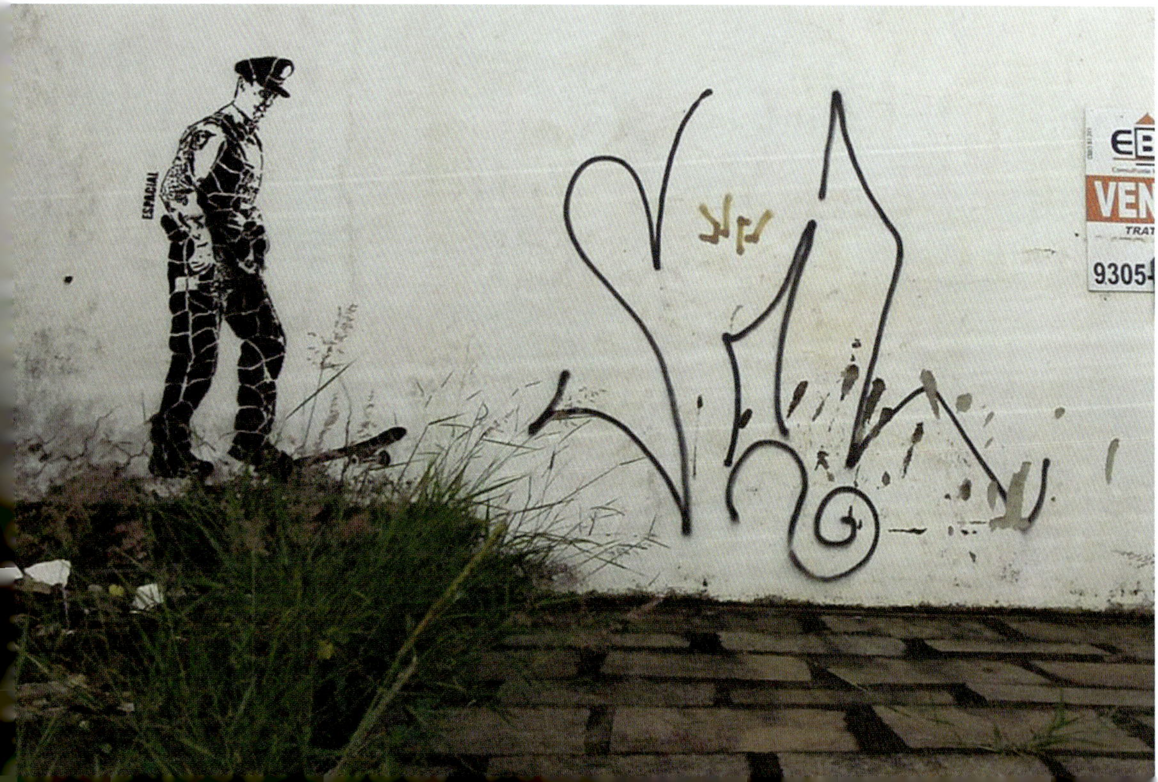

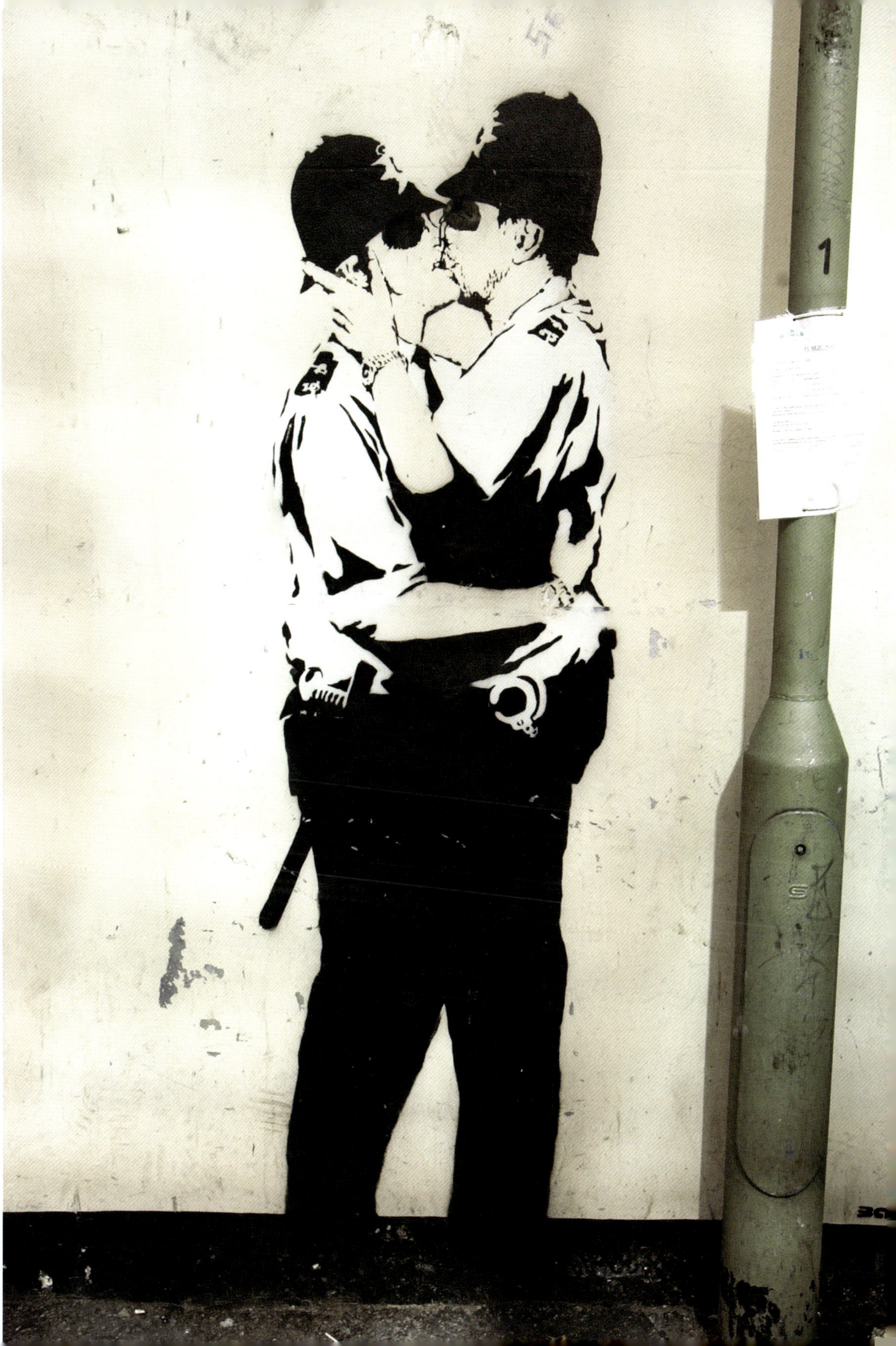
1

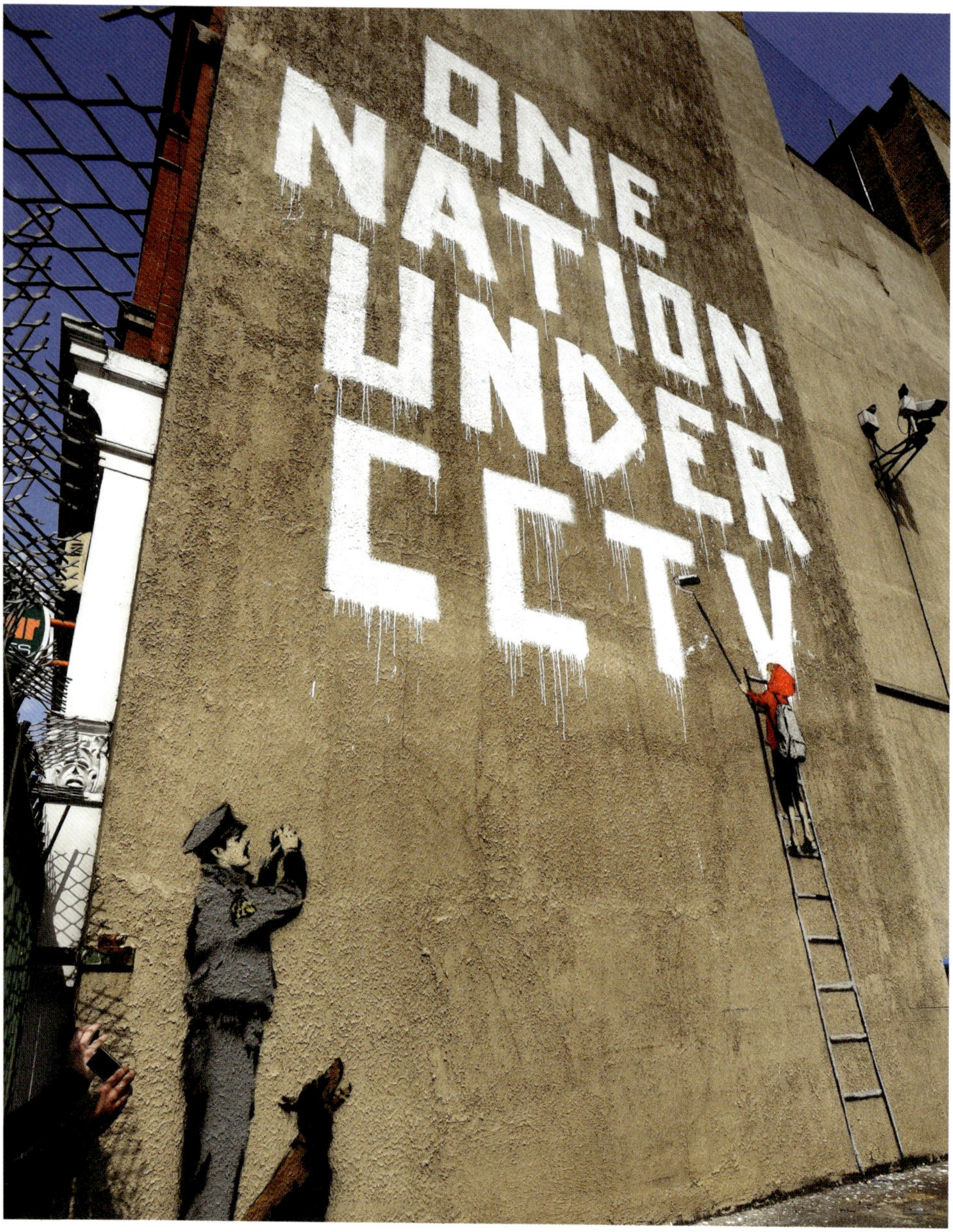

Oben: Banksy, London, England, 2008. © *Fiona Hanson / PA Images*
Rechts: Banksy-Kunstwerk, übermalt von der Westminster Council, London, England, 2009. © *Mark Phillips / Alamy*

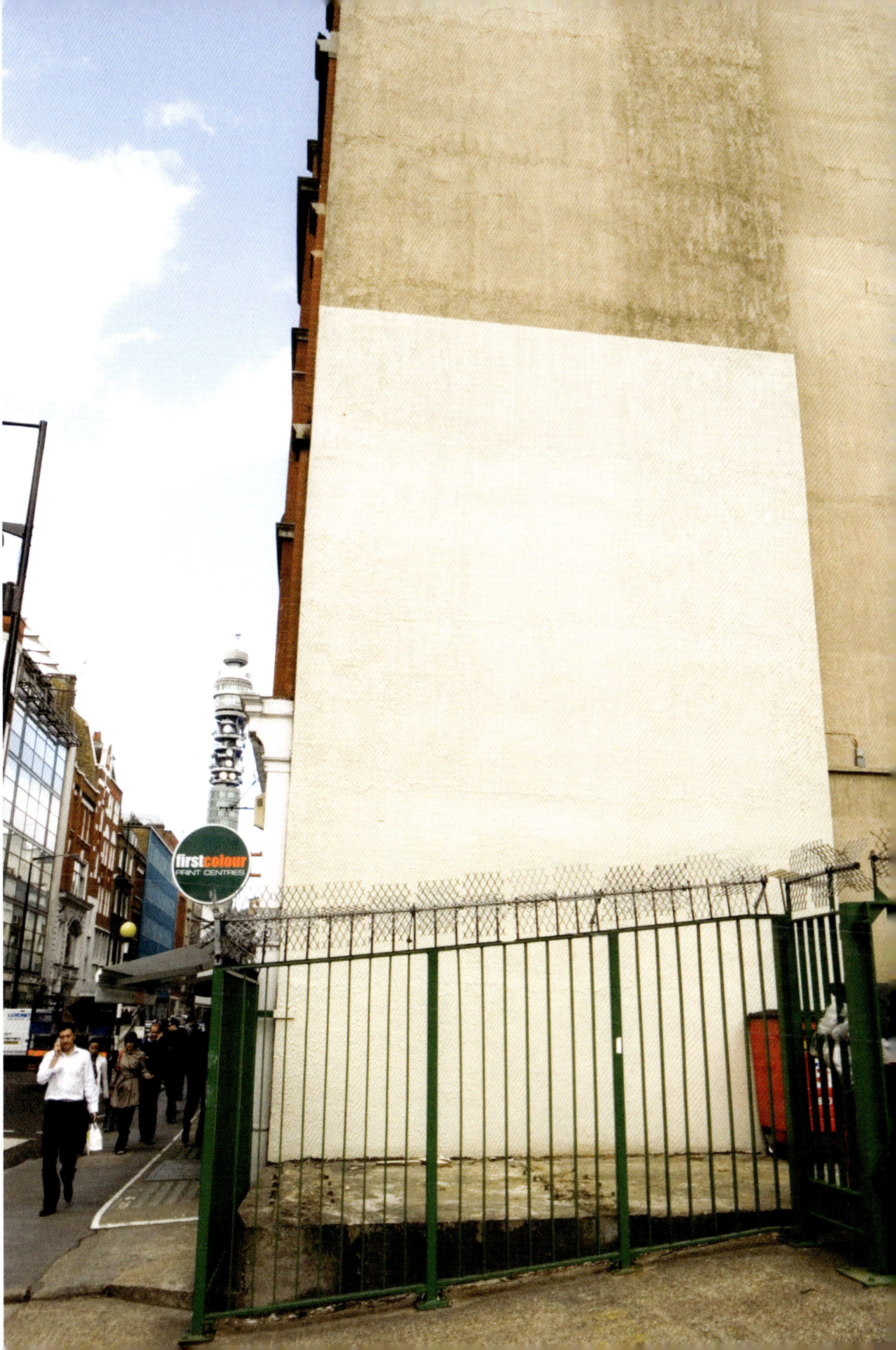
firstcolour
PRINT CENTRES

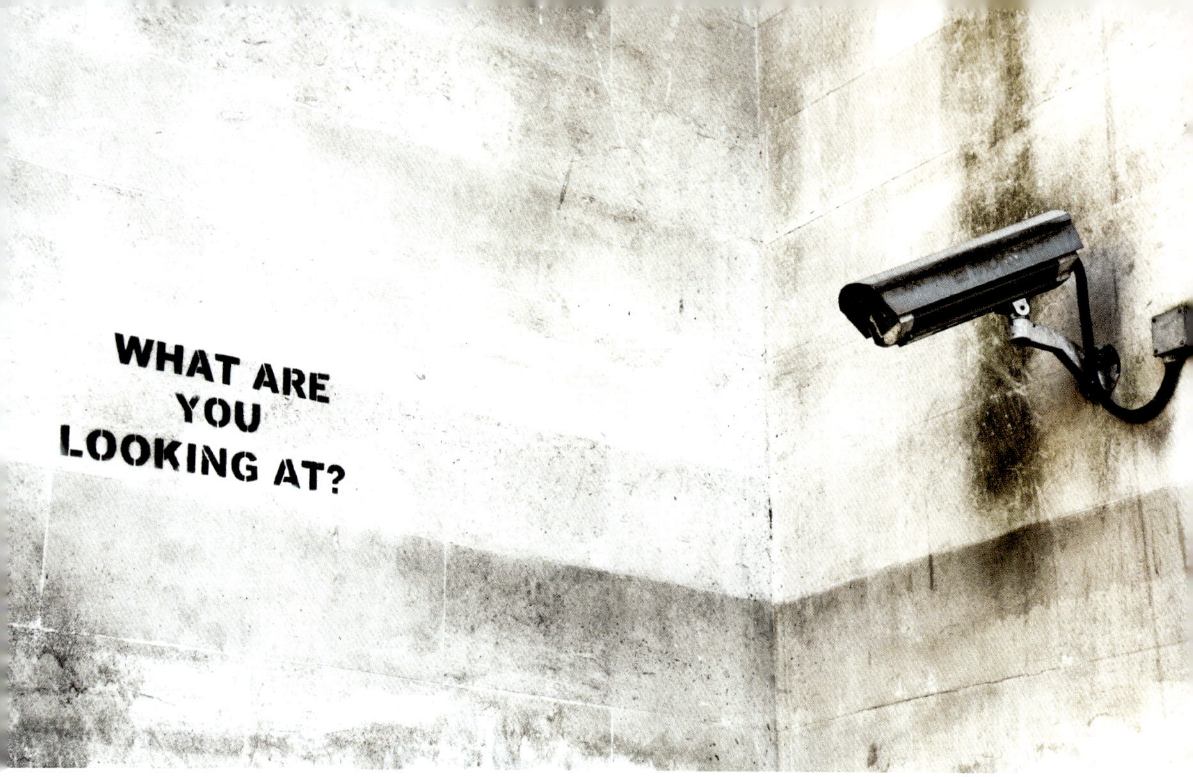

Oben: Banksy, London, England, 2007.
© *Jeremy Reddington / Shutterstock*
Oben rechts: Zabou, London, England, 2013.
Rechts: Sajjad Abbas, We can see you (looking at the politicians in the green zone), Bagdad, Irak, 2013.

»Mit diesem Beitrag möchte ich die Aufmerksamkeit auf die Überwachung und das CCTV-System lenken. Die Allgegenwart der Überwachung in unserem täglichen Leben ist beeindruckend und gefährlich; leider vergessen wir zu leicht, dass alle unsere Handlungen ausspioniert und aufgezeichnet werden.«

ZABOU

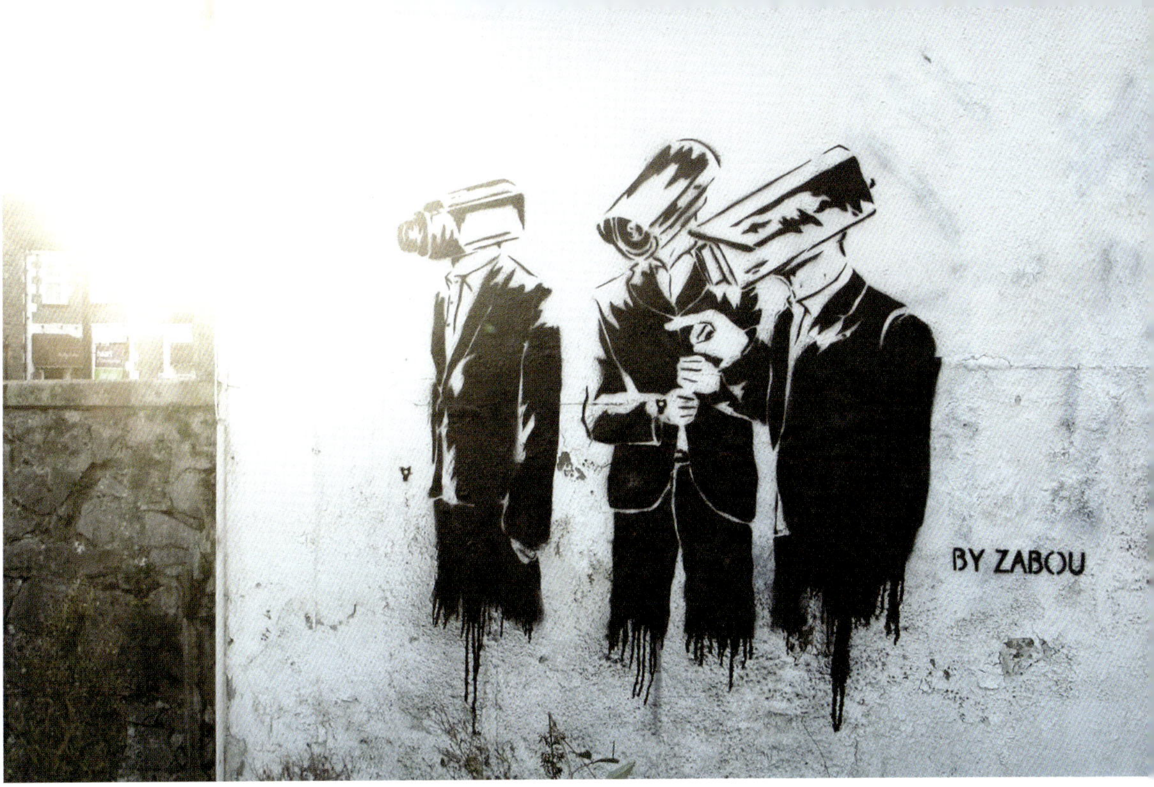
BY ZABOU

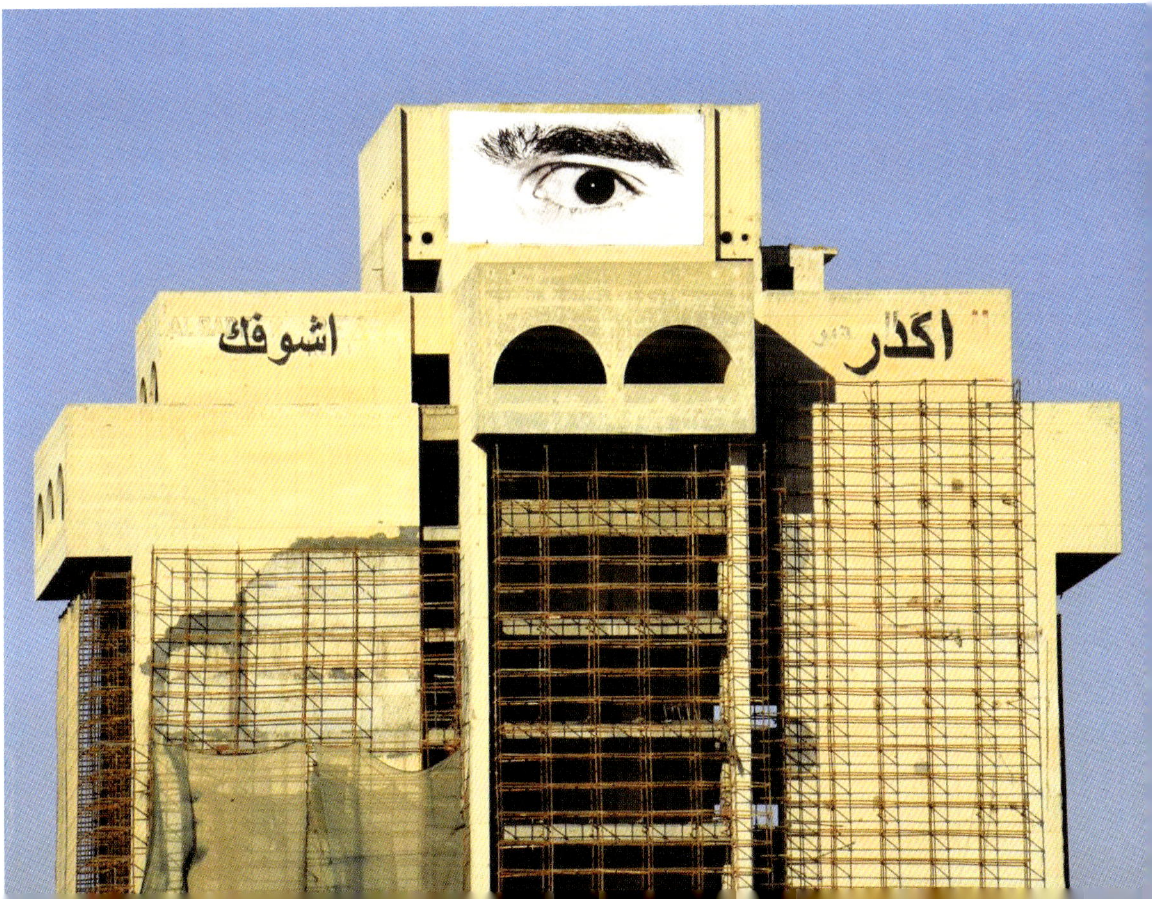
اشوفك
اكدر

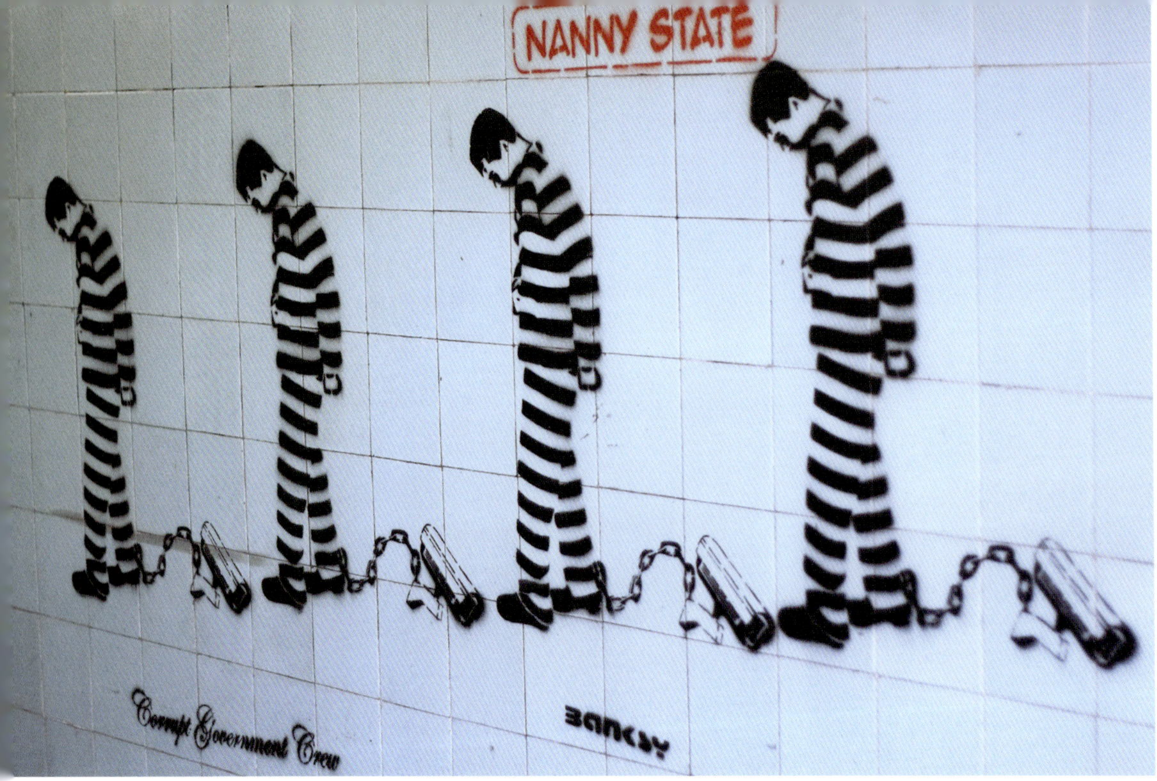

Oben: Banksy, London, England, 2008. © *Sean Francis / Alamy*
Unten: Dr D, GCHQ, London, England, 2010.

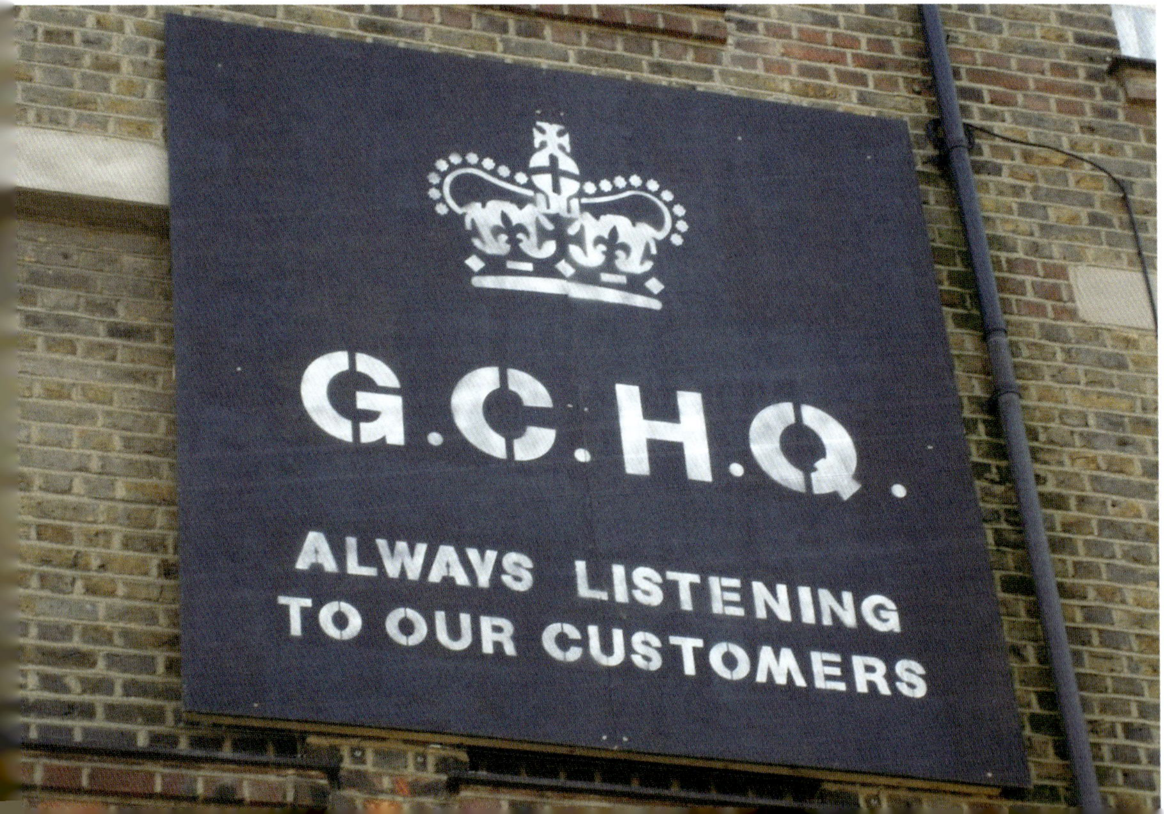

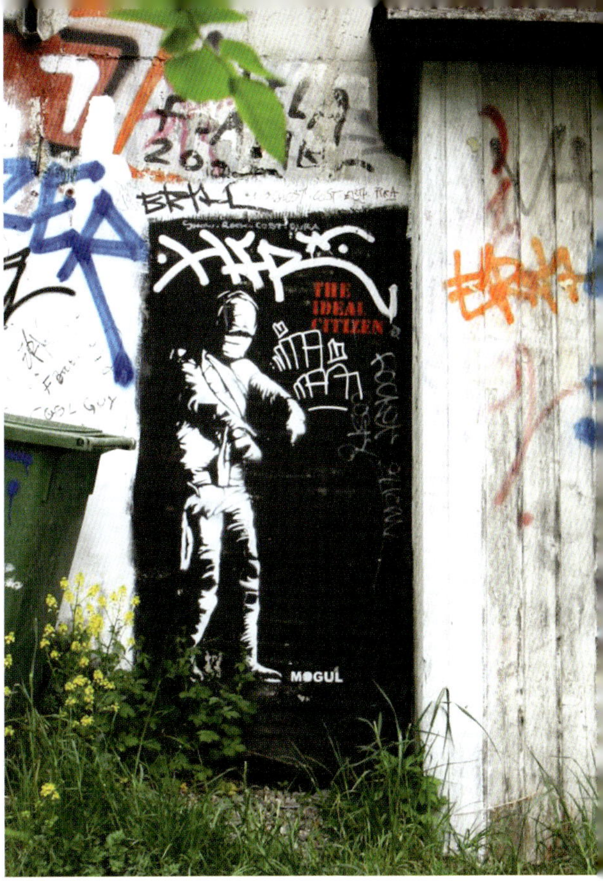

Rechts: Mogul, Stockholm, Schweden, 2012.
Unten: Dr D, I'd Feel Safer If You Left Me Alone, London, England, 2010.

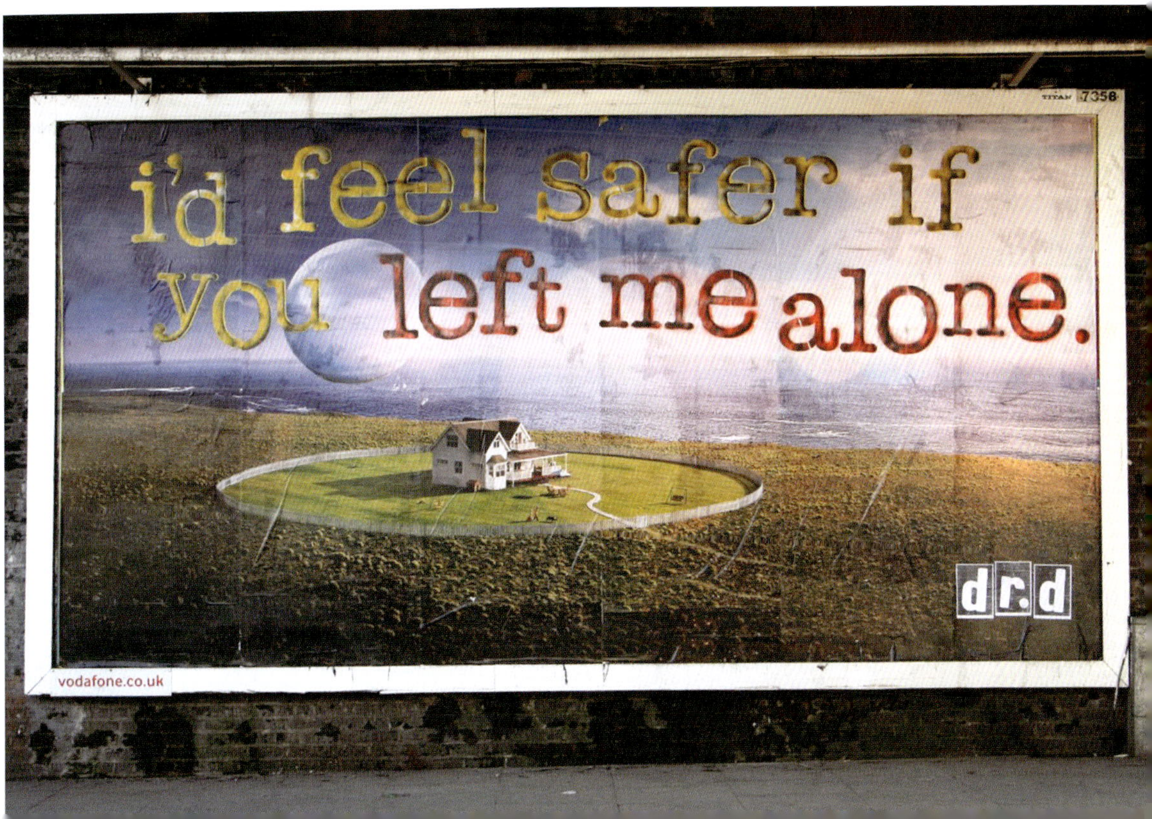

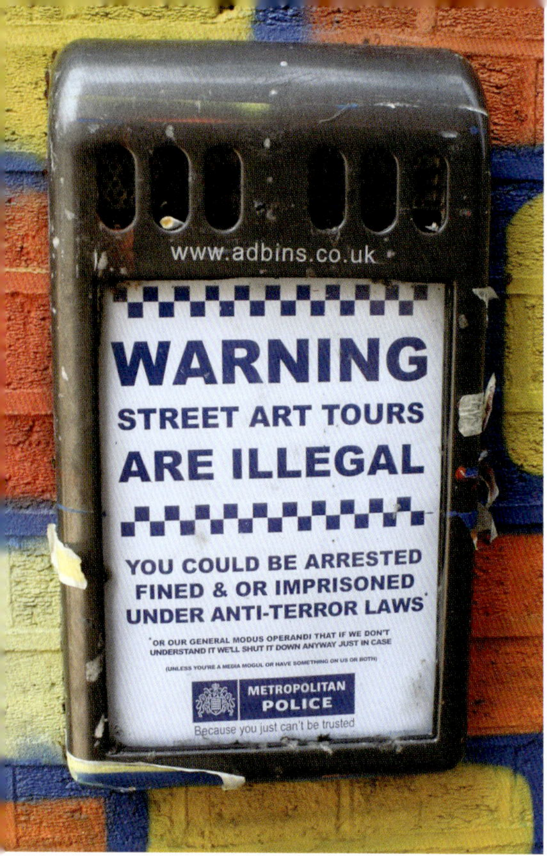

Links: Dr D, Warning, London, England, 2012.
Unten: EPS, Power to the People, White Wall Project, Beirut, Libanon, 2012.

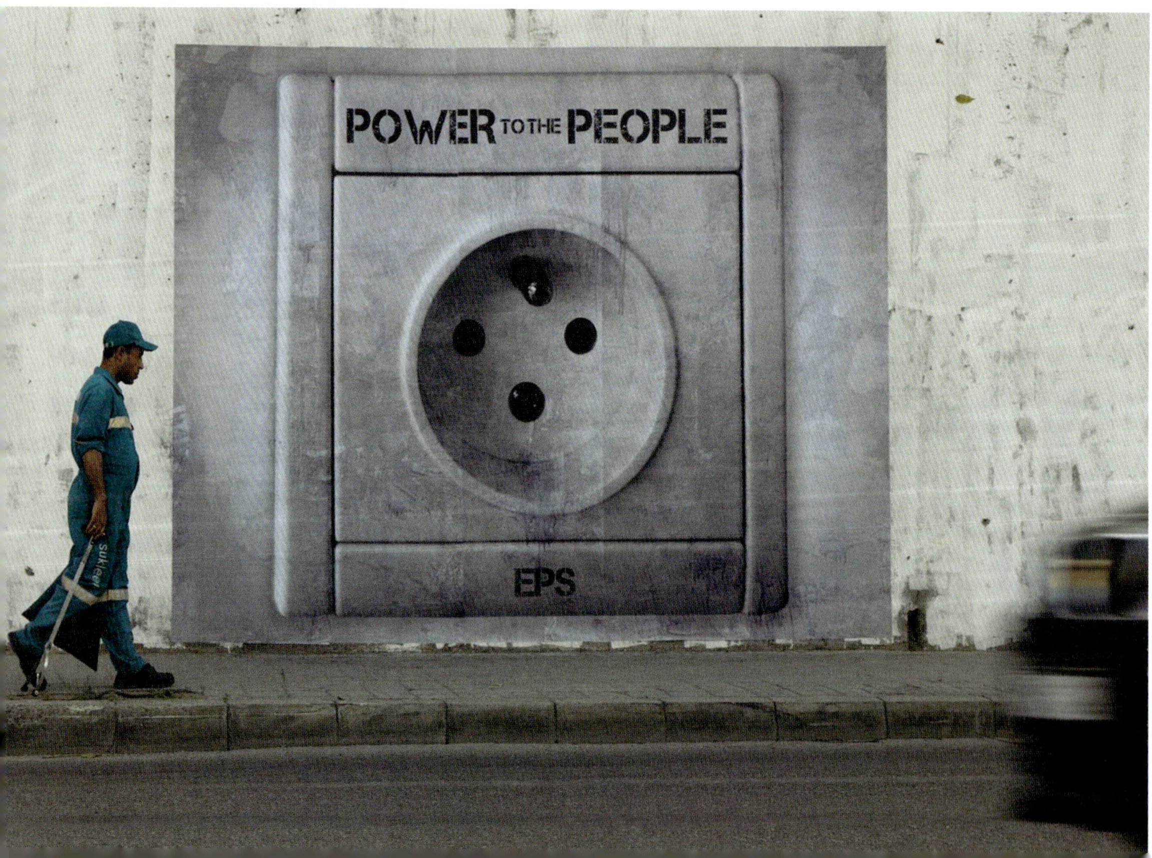

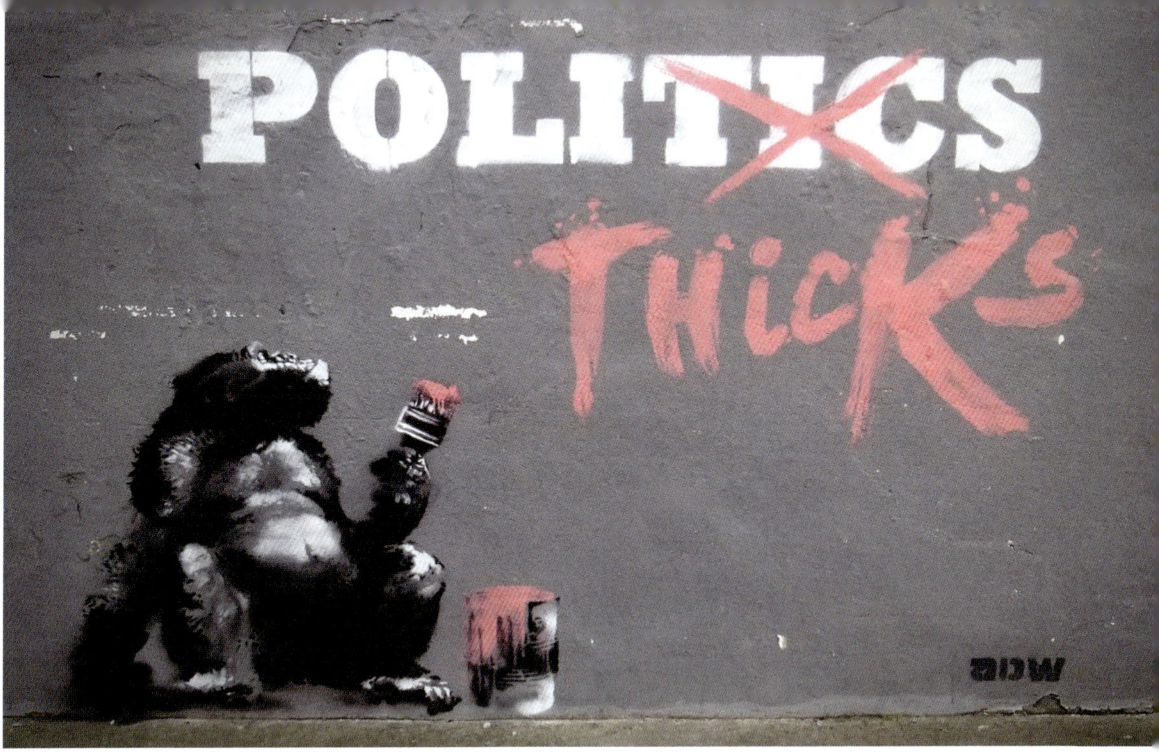

Oben: ADW, poliTHICKS, Dublin, Irland, 2013.
Unten: Mogul, Stockholm, Schweden, 2013.

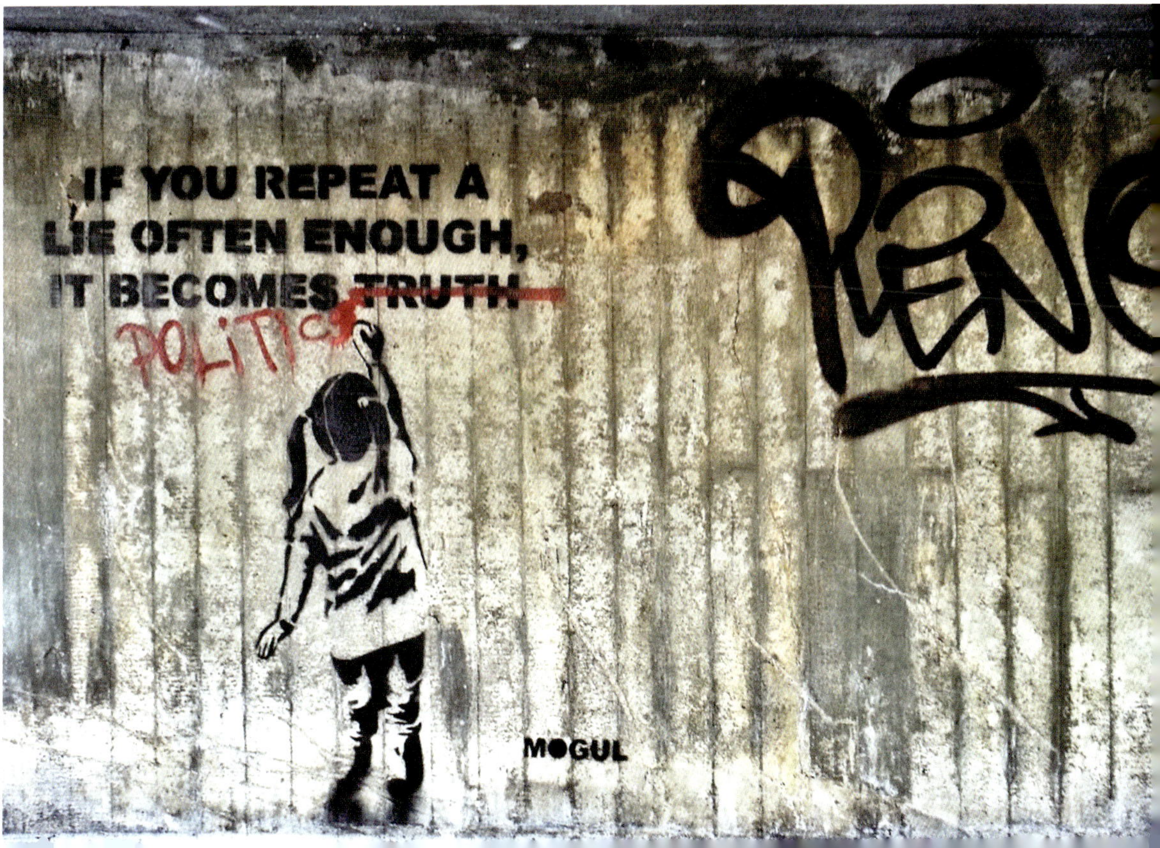

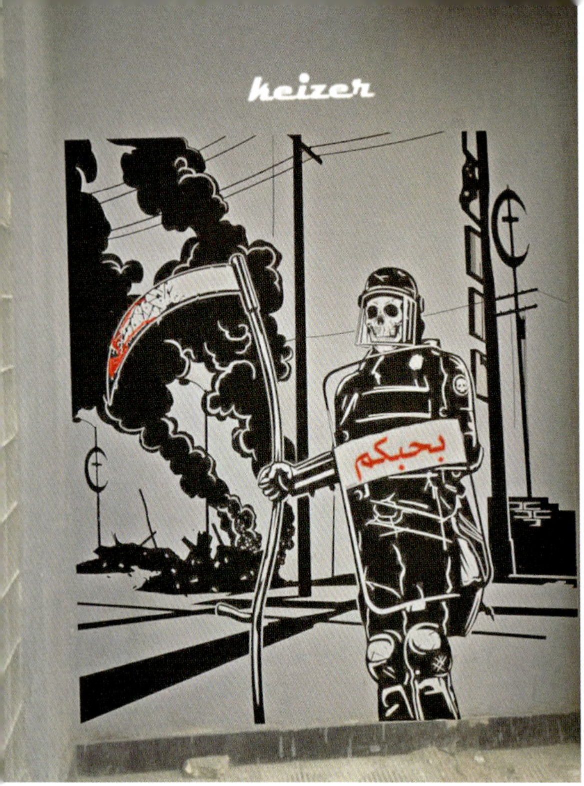
keizer
بحبكم

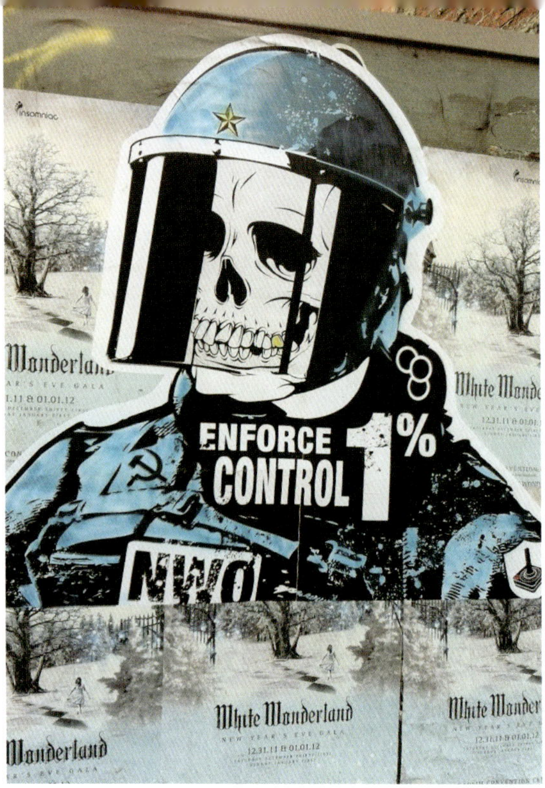
ENFORCE CONTROL 1%
NWO
White Wonderland

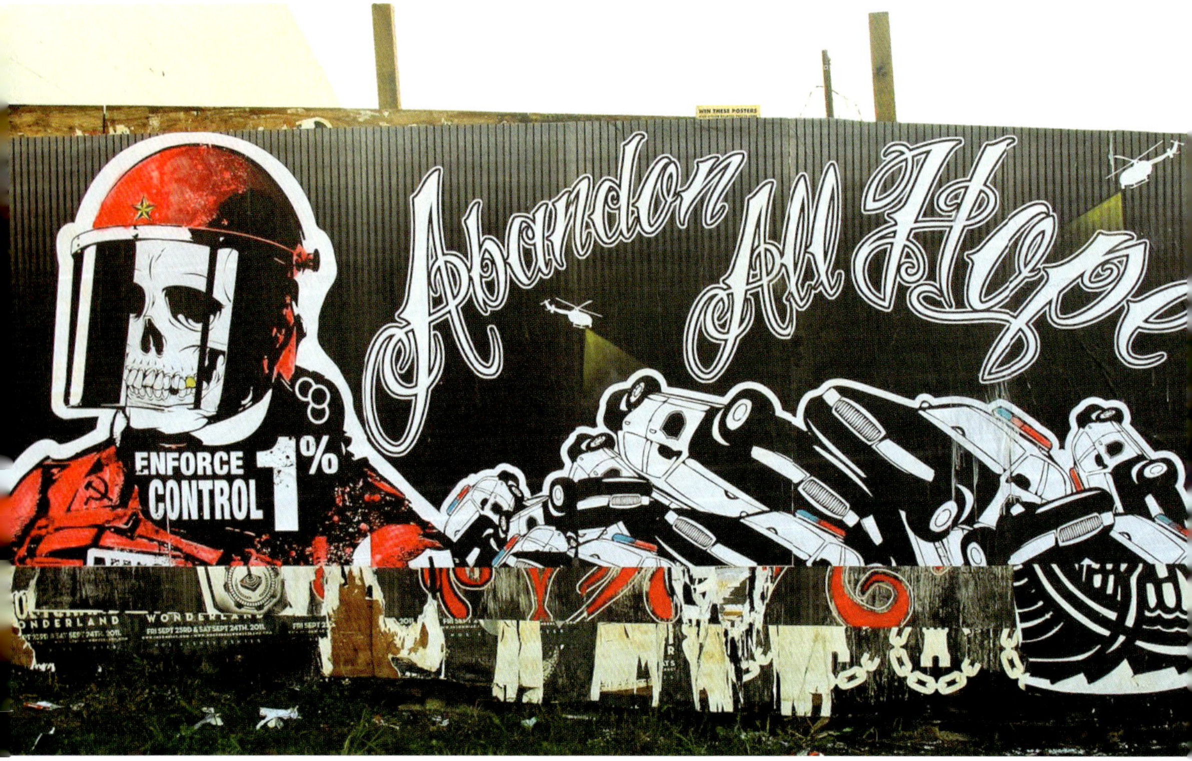
ENFORCE CONTROL 1%
Abandon All Hope

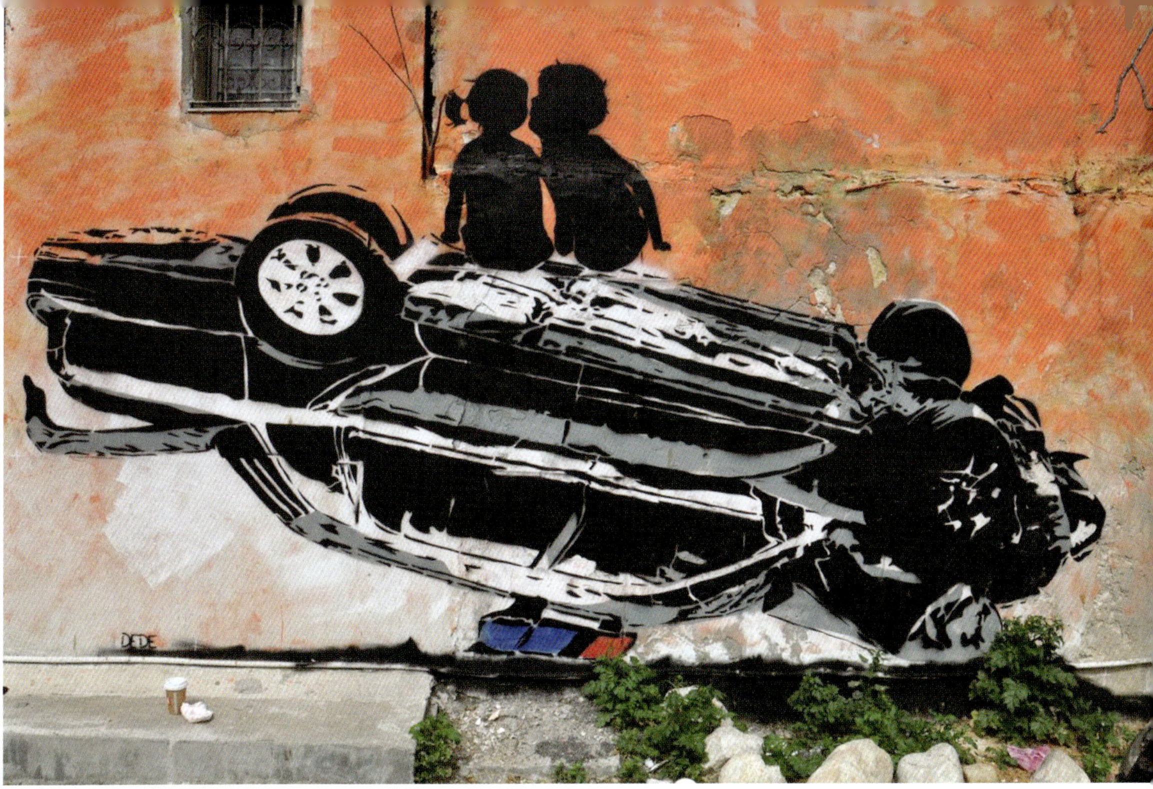

»Während der Occupy-Bewegung drehte sich vieles in der Street Art um die 99 %. Ich habe mich entschieden, mit dem Finger auf die 1 % und ihre Vollstrecker der Tyrannei zu zeigen – die Bereitschaftspolizei.«

DESTROY ALL DESIGN

Oben: Dede, Tel Aviv, Israel, 2011.
Foto: Milli Katz

Gegenüber
Oben links: Keizer, Maspero, Ägypten, 2012.
Oben rechts: Destroy All Design, Los Angeles, Kalifornien, USA, 2012.
Unten: Destroy All Design, Los Angeles, Kalifornien, USA, 2012.

zeichen der zeit

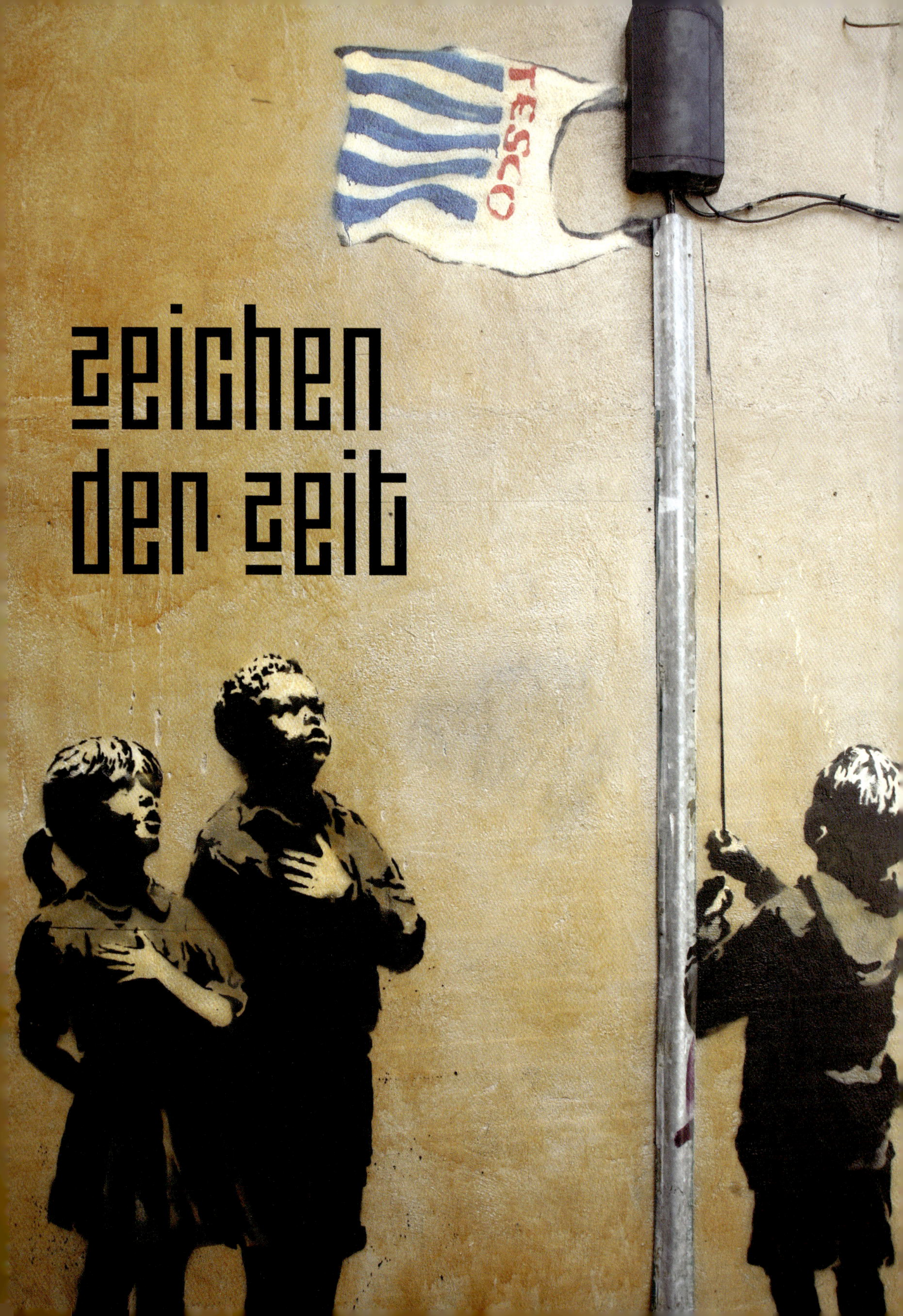

Street Artists rund um den Globus thematisieren die Probleme, mit denen die Menschen heute konfrontiert sind. Sie sind moderne visuelle Botschafter, die auf den Kampf hinweisen, der international mit der Korruption und der Gier der Unternehmen, der schwindelerregenden Arbeitslosigkeit, der Ungerechtigkeit gegenüber den Armen und der Arbeiterklasse und einer wachsenden Klassenspaltung, die viele Menschen auf der Strecke lässt, geführt wird. Street Artists verstärken die Stimmung einer Arbeiterklasse, die darum kämpft, über die Runden zu kommen, und der vielen, die Hoffnung haben auf eine bessere Welt. Wo könnte man die Menschen besser erreichen als auf der Straße? Nach den Worten des kolumbianischen Künstlers Toxicómano Callejero ist der öffentliche Raum, die Straße, der ideale Ort, um all das zu vermitteln, woran wir glauben: Die Menschen achten auf das, was sie auf der Straße sehen, und glauben automatisch, dass es wichtig und richtig ist.

Links: Banksy, Islington, London, England, 2008. © *Chris Dorney / Shutterstock*

Rechts: ADW, Infected, Dublin, Irland, 2012.
Unten: Banksy, Occupy-Demo gegen die Banken, London, UK, 2011.

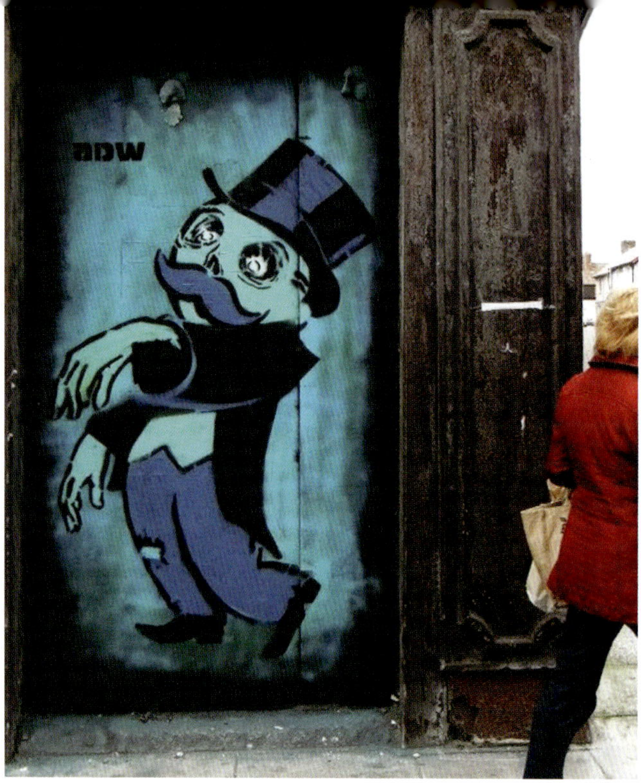

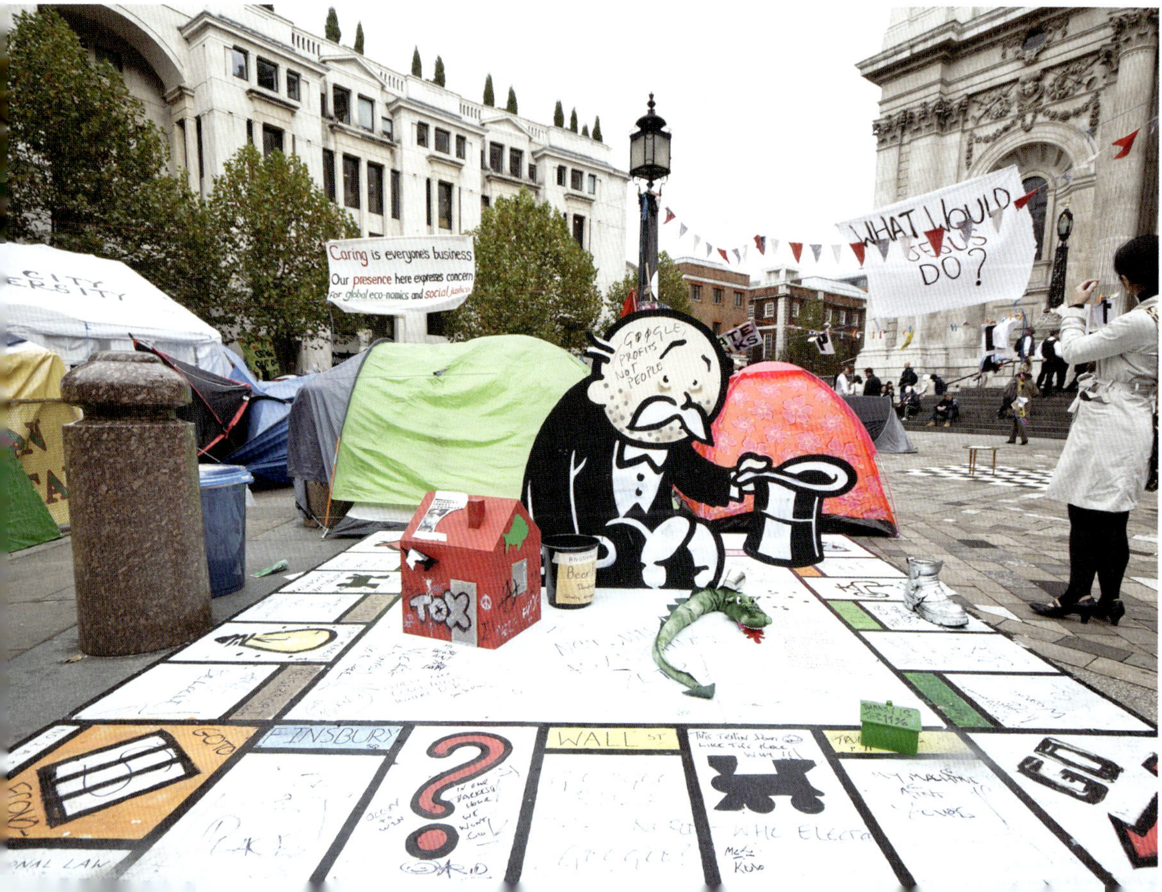

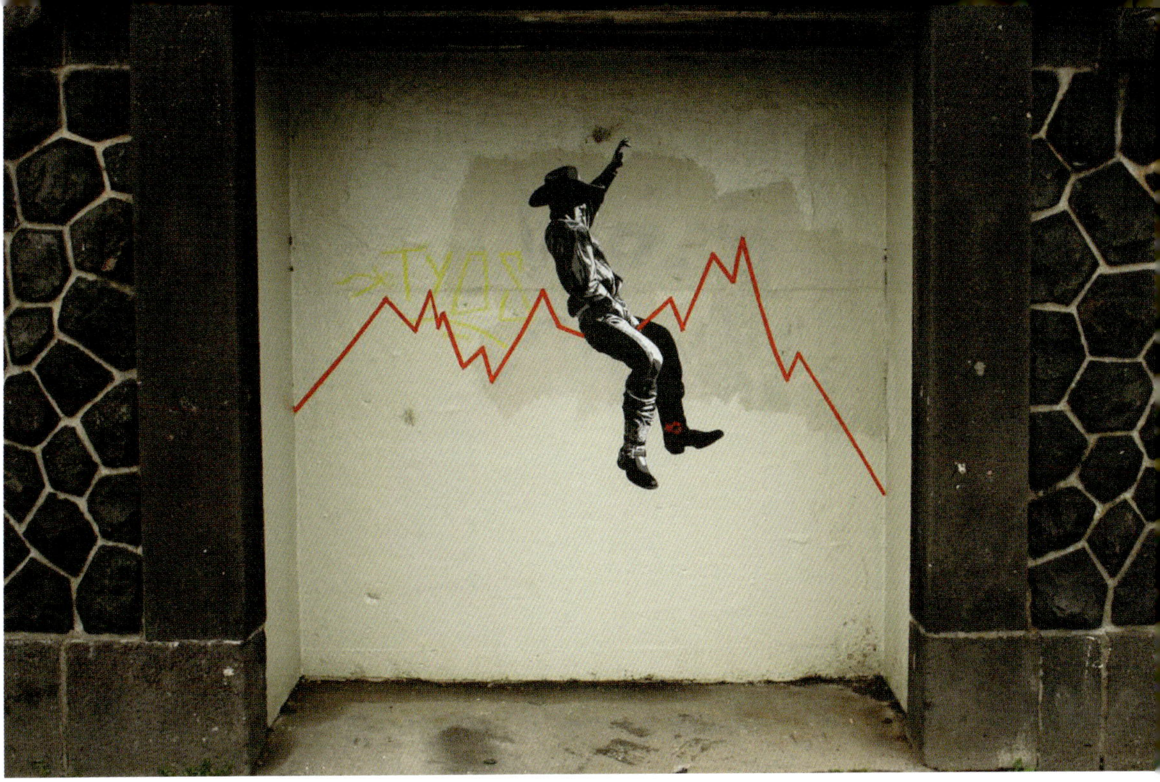

Oben: Decycle, Rodeo Rider, Düsseldorf, 2013.
Unten links: Canvaz www.canvaz.com, Dublin, Irland, 2013.
Unten rechts: Hogre, Rom, Italien, 2012.

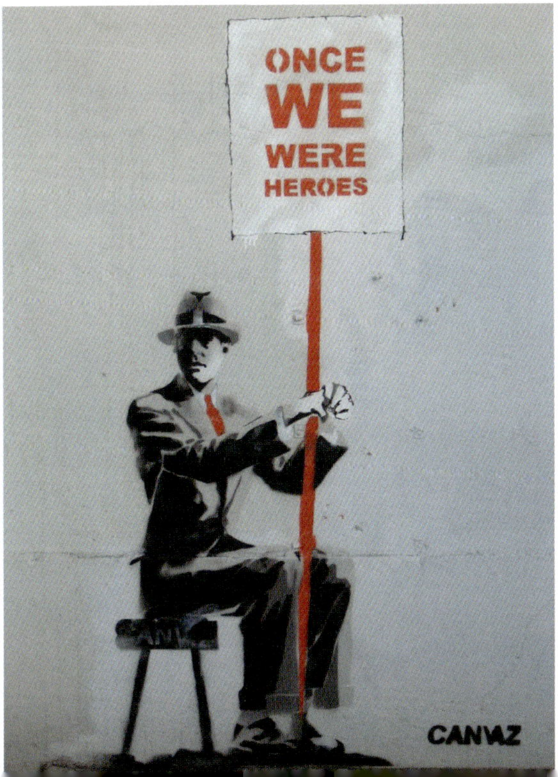

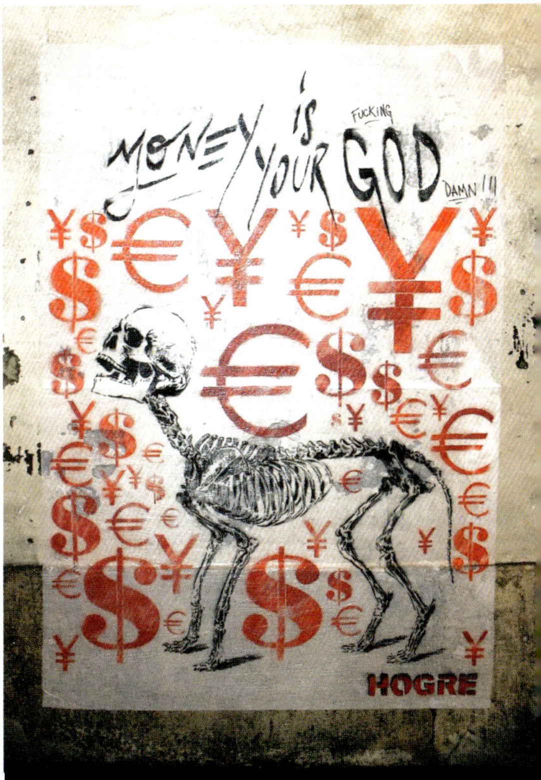

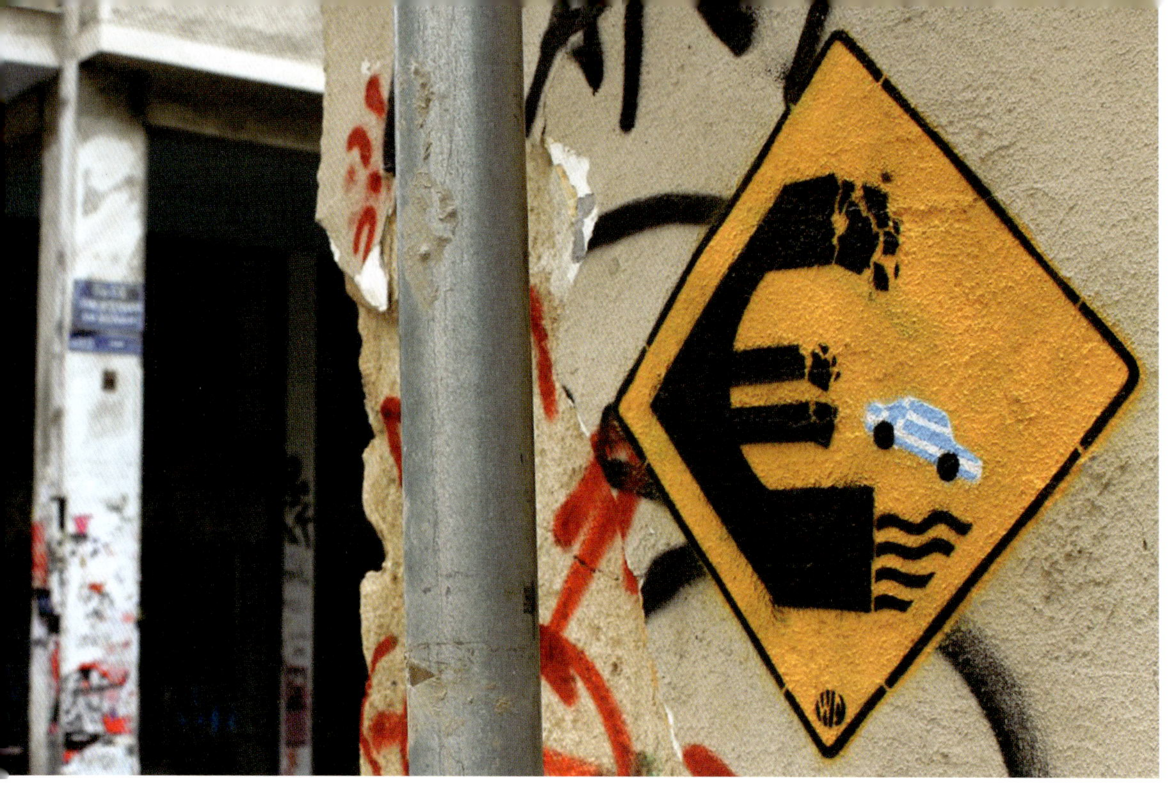

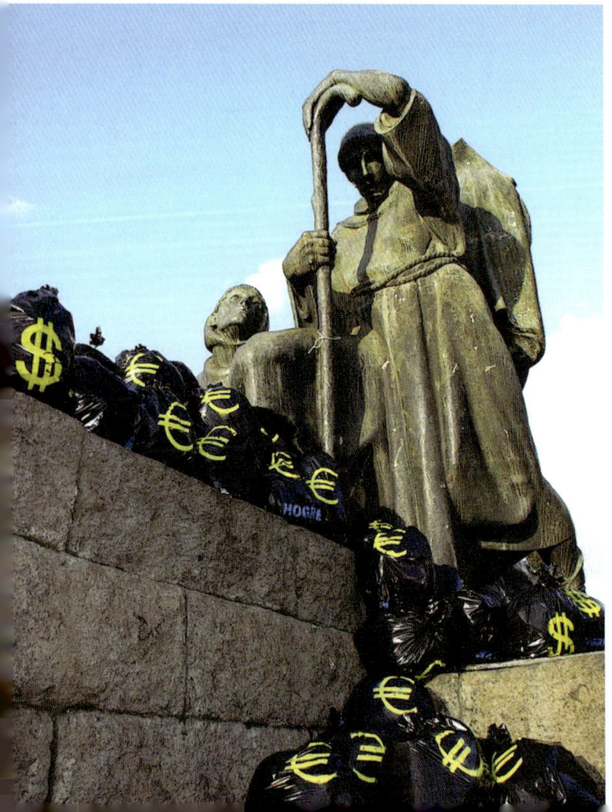

»Ich habe im Jahr 2000 auf Bali angefangen, draußen zu malen (ich stamme aus Bali, Indonesien). 2006 zog ich nach Griechenland und male seither auf den Straßen von Athen. Was die Inspiration angeht, könnte ich sagen, dass mich Lebensstil und soziale Phänomene wie Konsumismus, Arbeitslosigkeit, Ungerechtigkeit usw. am meisten inspirieren.«

WD (WILD DRAWING)

Oben: WD (Wild Drawing), Athen, Griechenland, 2011.
Links: Hogre, Rom, Italien, 2012.

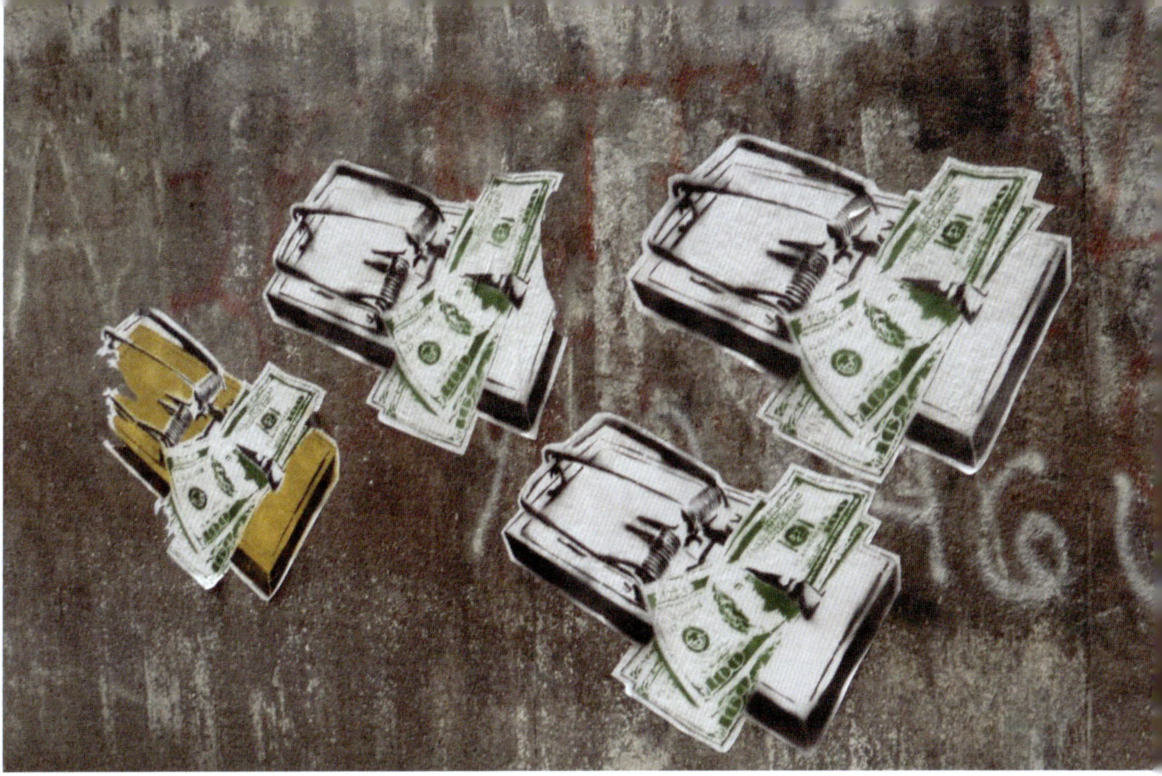

Oben: BS.AS.Stencil, Dollar Tramp, Buenos Aires, Argentinien, 2012.
Unten: T.Wat, Eat the Poor, London, England, 2010.

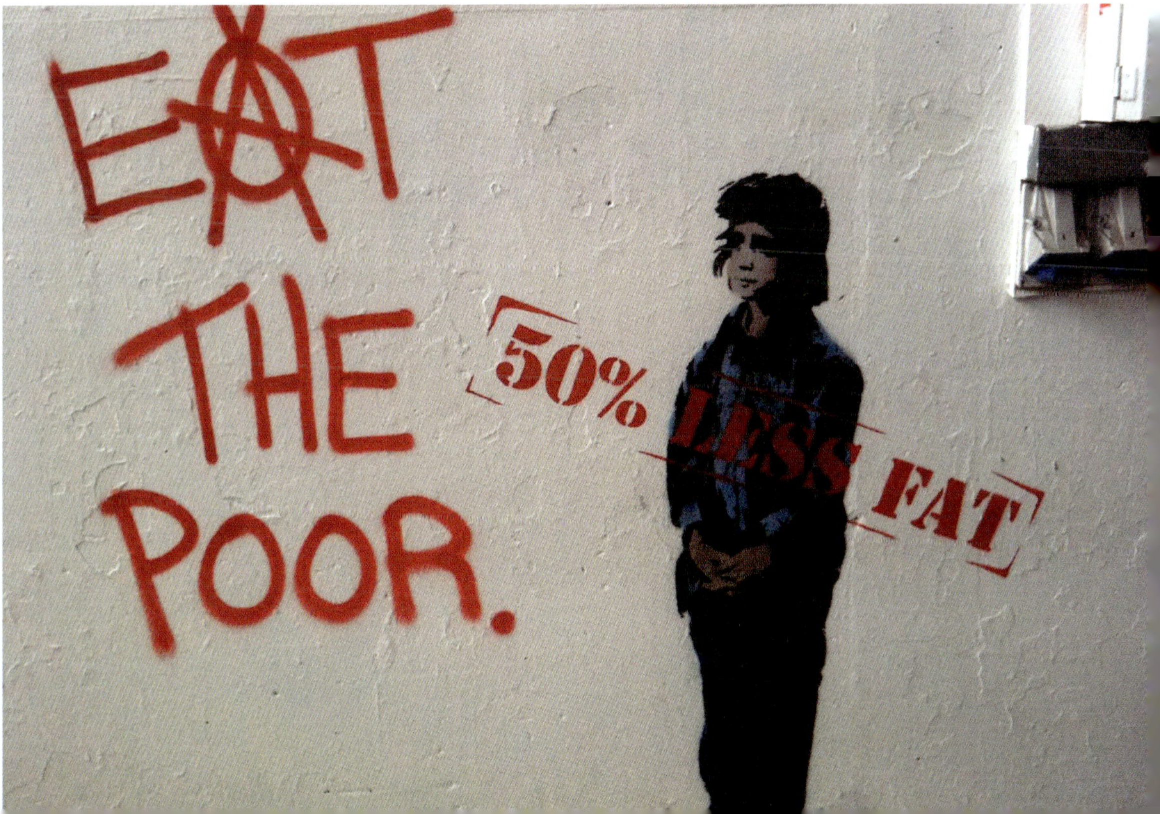

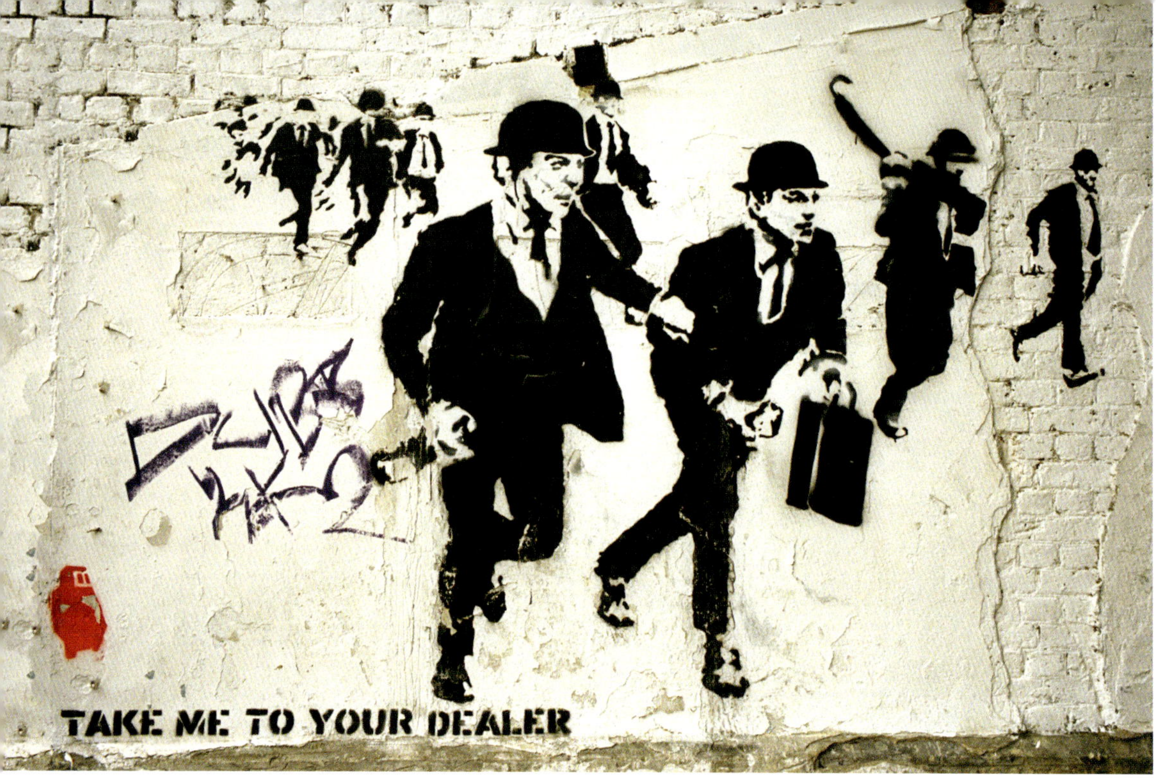
TAKE ME TO YOUR DEALER

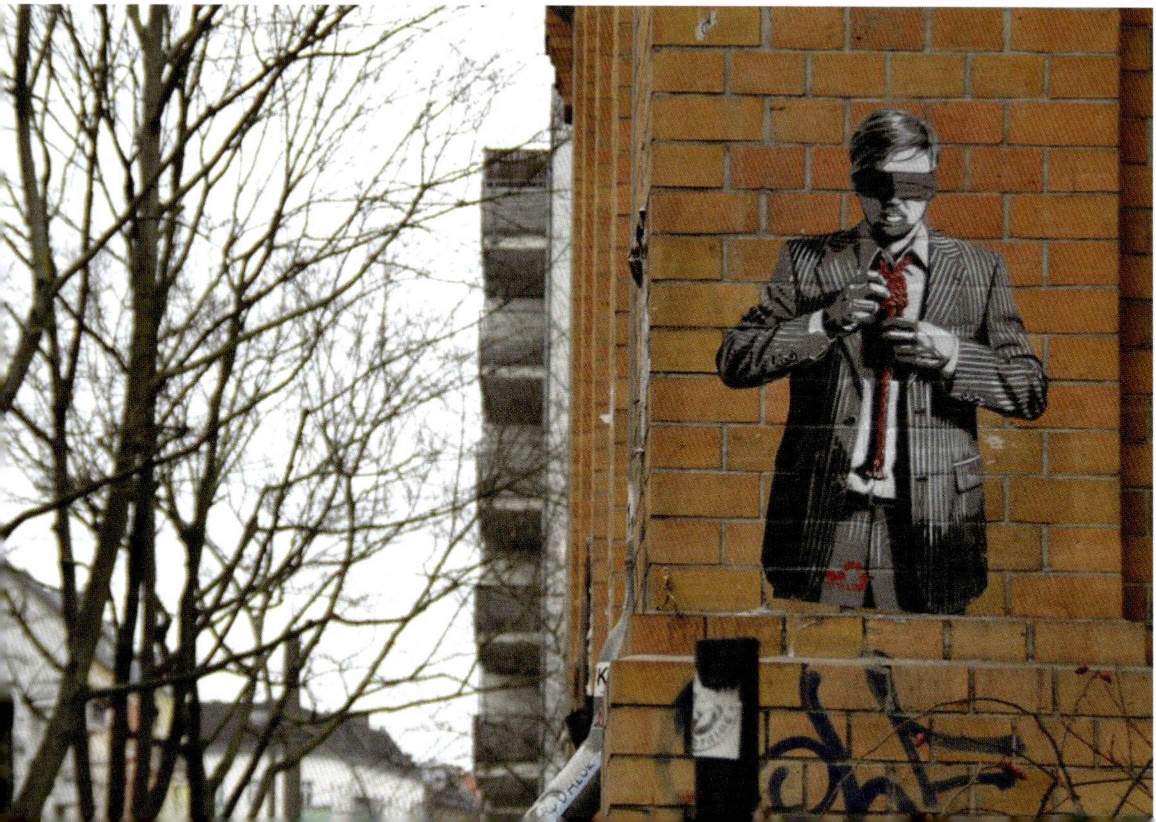

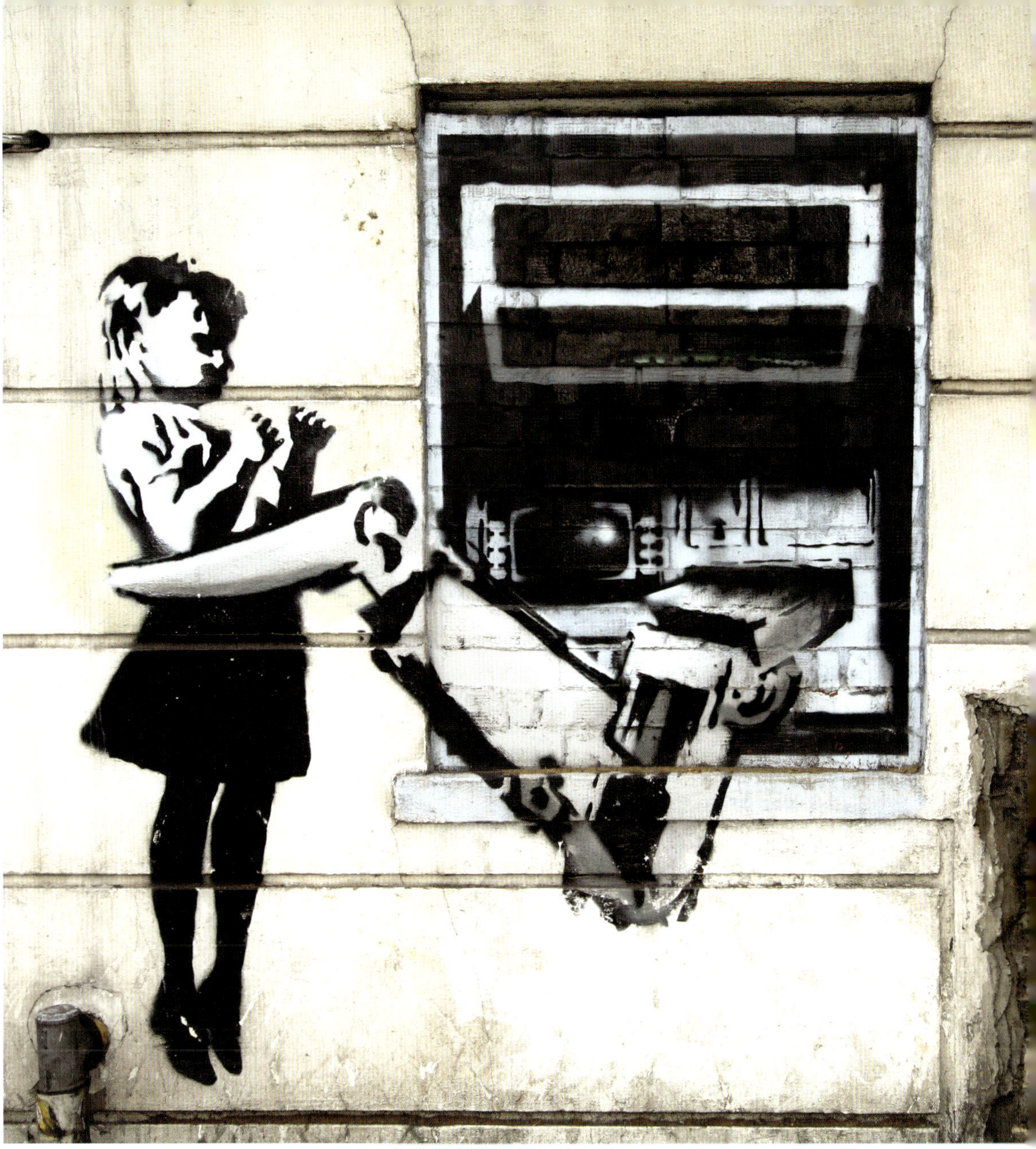

Oben: Banksy, London, England, 2007. © *Chris Dorney / Shutterstock*
Gegenüber
Oben: Banksy, London, England, 2000. © *Tom Stoddart / Getty Images*
Unten: Decycle, Bochum, 2012.

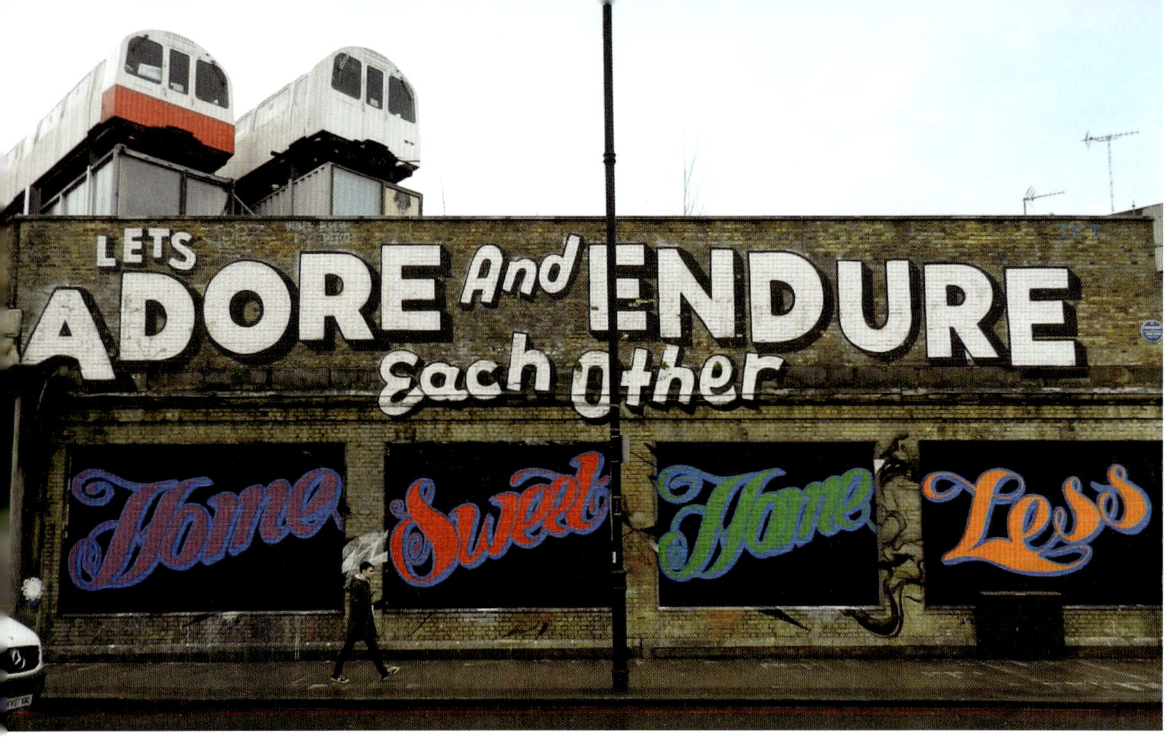
LETS
ADORE And ENDURE
Each Other
Home
Sweet
Home
Less

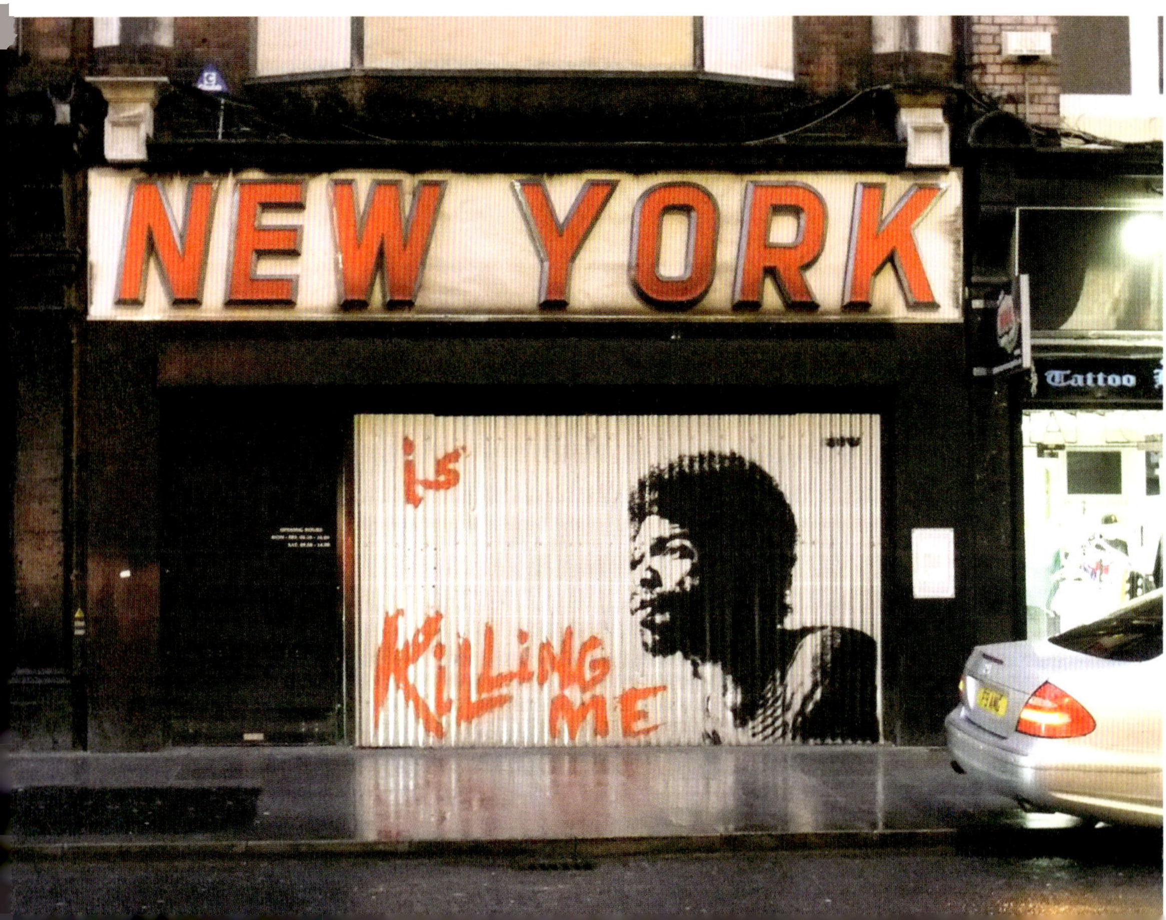
NEW YORK
Tattoo
is
Killing
ME

Links: Ben Eine, Homeless, London, England, 2012. Foto: Myriam Preston
Unten links: ADW, Is Killing Me, Dublin, Irland, 2012.
Unten: Icy and Sot, Brooklyn, New York, USA, 2012.

»Schablonen sind eine gute Möglichkeit, eine klare Botschaft zu vermitteln, und sie sind einfach herzustellen und zu sprühen ... ich vermute, es war die Einfachheit, die mich zuerst süchtig gemacht hat, natürlich wird es mit der Zeit komplizierter, mehr Farben, kompliziertere Details, aber es ist immer noch die Geschwindigkeit, die mich dazu bringt, sie immer noch zu lieben und zu benutzen.«

THE DOTMASTERS

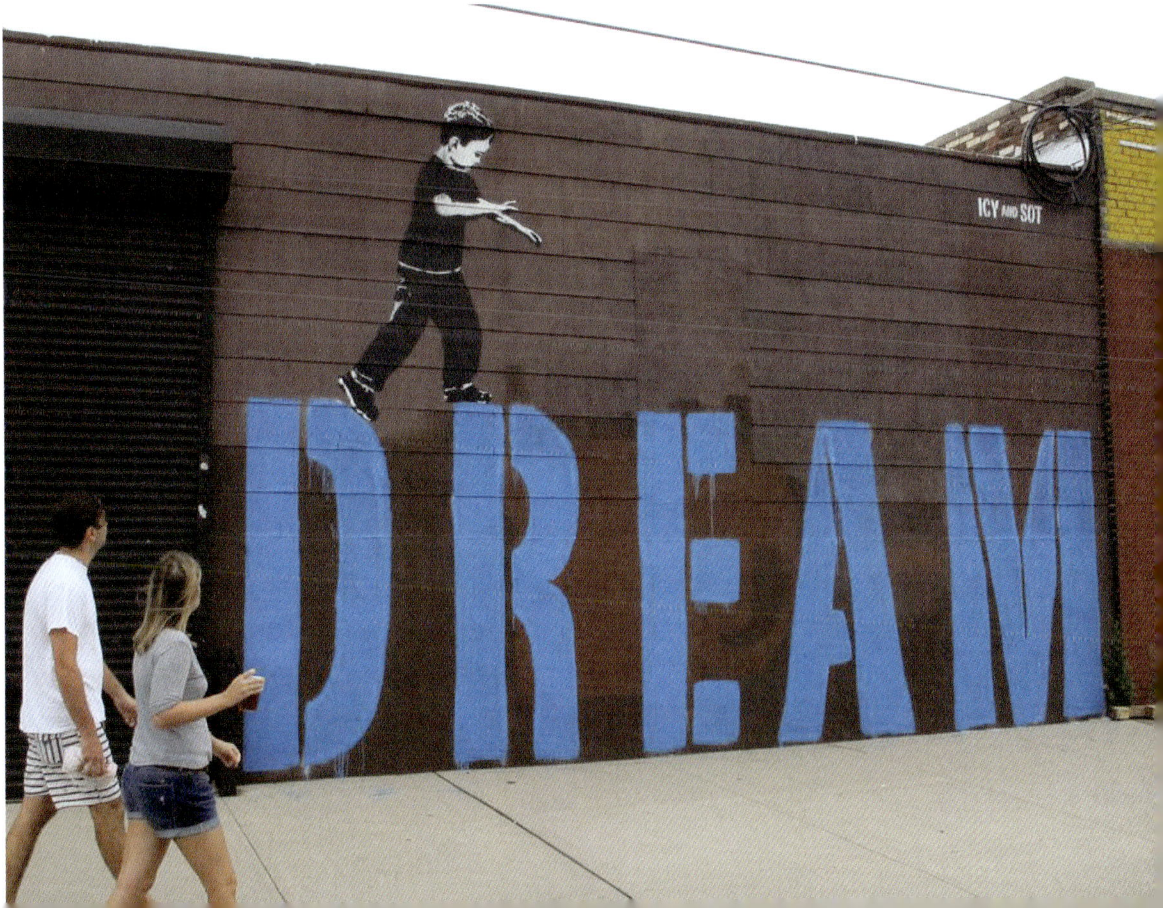

Rechts: WD (Wild Drawing), Athen, Griechenland, 2013.
Unten: Banksy, London Calling, London, England, 2010.

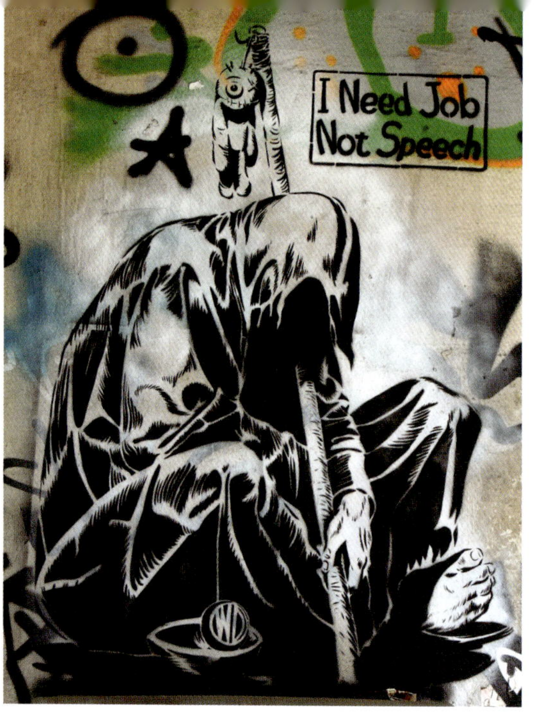

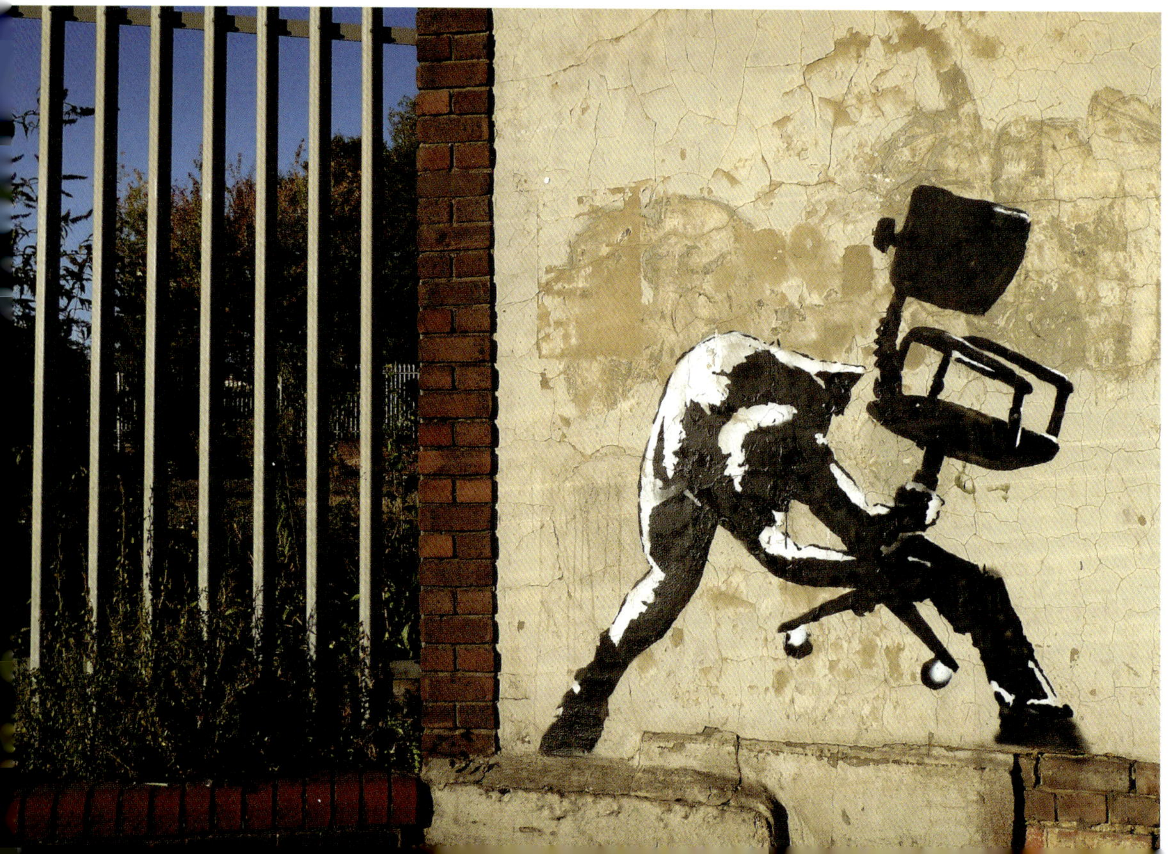

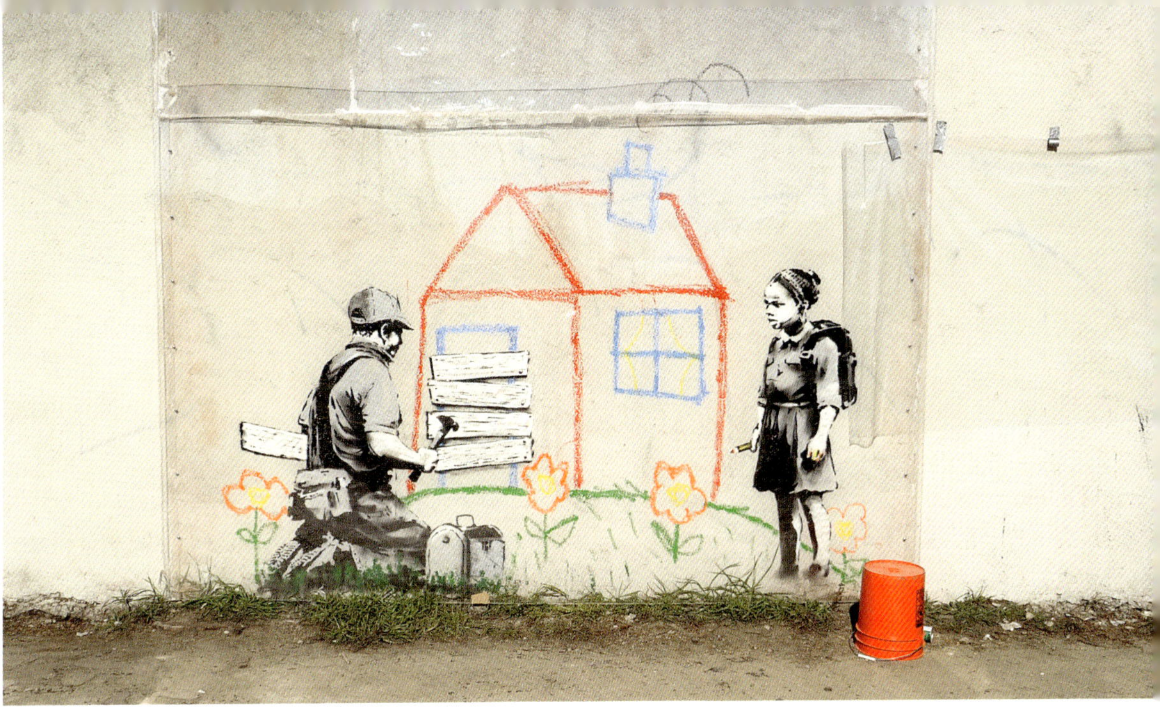

Oben: Banksy, Crayon Foreclosure, Los Angeles, Kalifornien, USA, 2011.

Unten: WD (Wild Drawing), Athen, Griechenland, 2011.

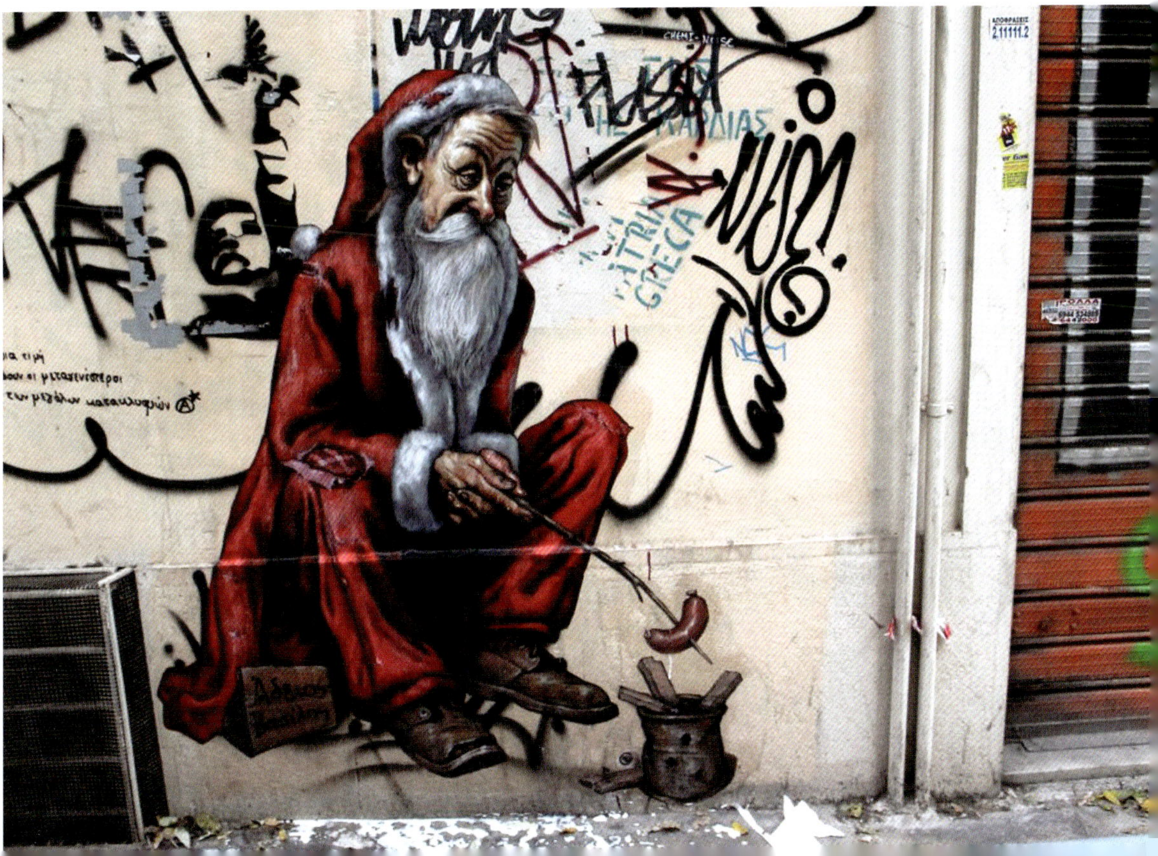

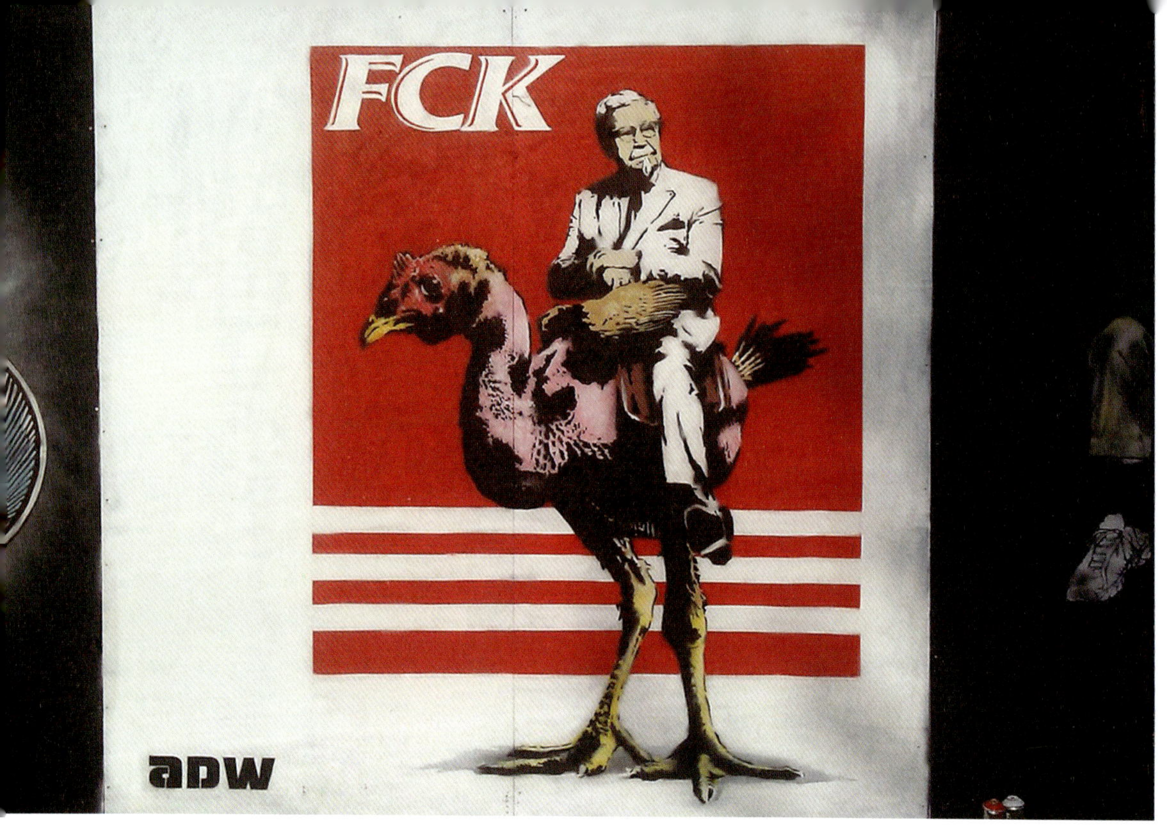

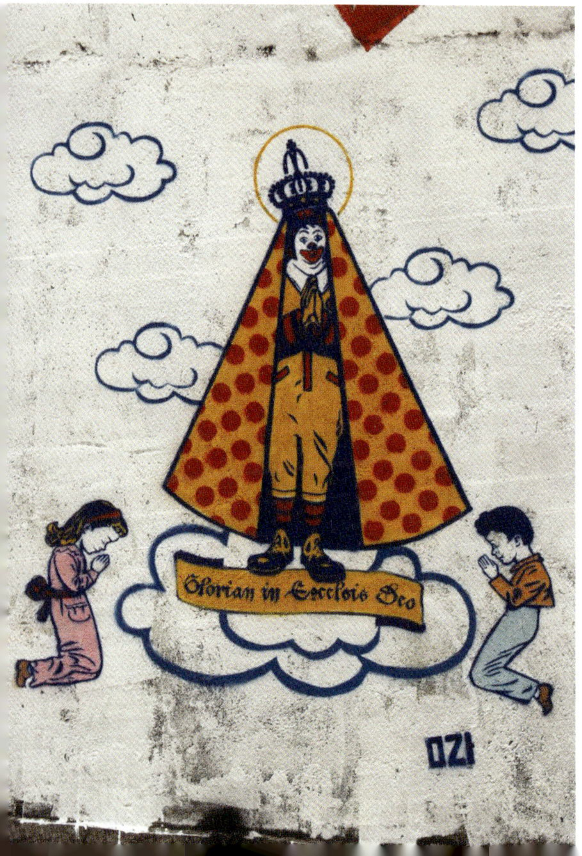

Oben: ADW, Dublin, FCKd, 2011.
Links: Ozi, São Paulo, Brasilien, 2012.
Rechts: T.Wat, Hackney Road, London, England, 2010.

»Heutzutage wird meine Stadt von Graffiti verschluckt, und es wird zur zweiten Haut São Paulos, ich sehe meine Stadt ganz tätowiert ... und die Leute sind mit dieser tätowierten Haut vertraut.«

OZI

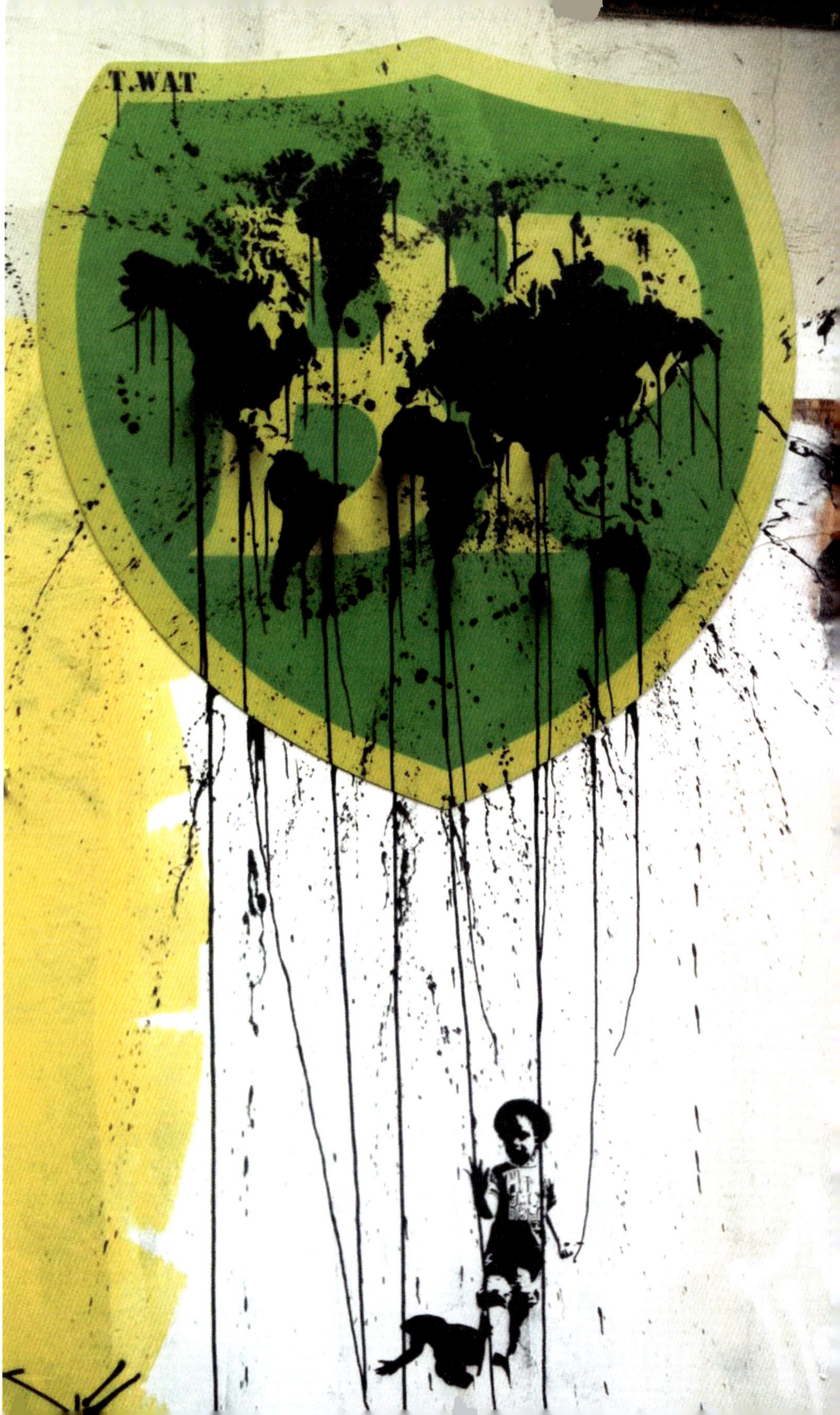
T.WAT

»Ich stelle mir die Rolle eines Street Artists so vor, als hätte man seinen eigenen (Piraten-)Radiosender. Dabei geht es jedoch nicht um die Präzision der Informationen (der Wahrheit). Für mich liegt das große Potenzial der Street Art in der Erkundung eines Fantasieraums, der die Realität und die menschliche Vorstellungskraft vereint.«

BBROTHER

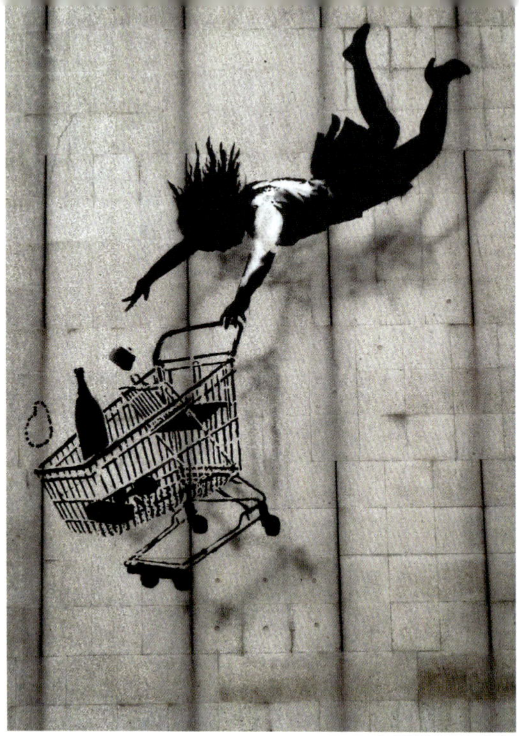

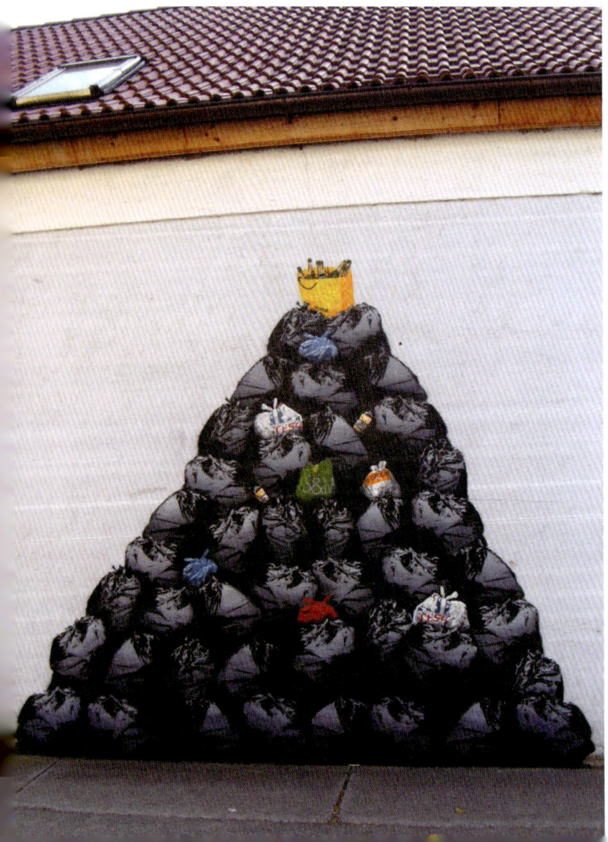

Oben: Banksy, London, UK, 2011.
© *Jim Dyson / Getty Images*
Links: The Dotmasters, München, 2012.

»Alles Mögliche bringt mich dazu, zu malen, Rechte zu verletzen und generell ein wenig Humor in unsere langweiligen Straßen zu bringen. Oft ist es ein kindischer politischer Gedanke und manchmal ist es einfach nur, weil ich ein dreckiges Mundwerk habe.«

THE DOTMASTERS

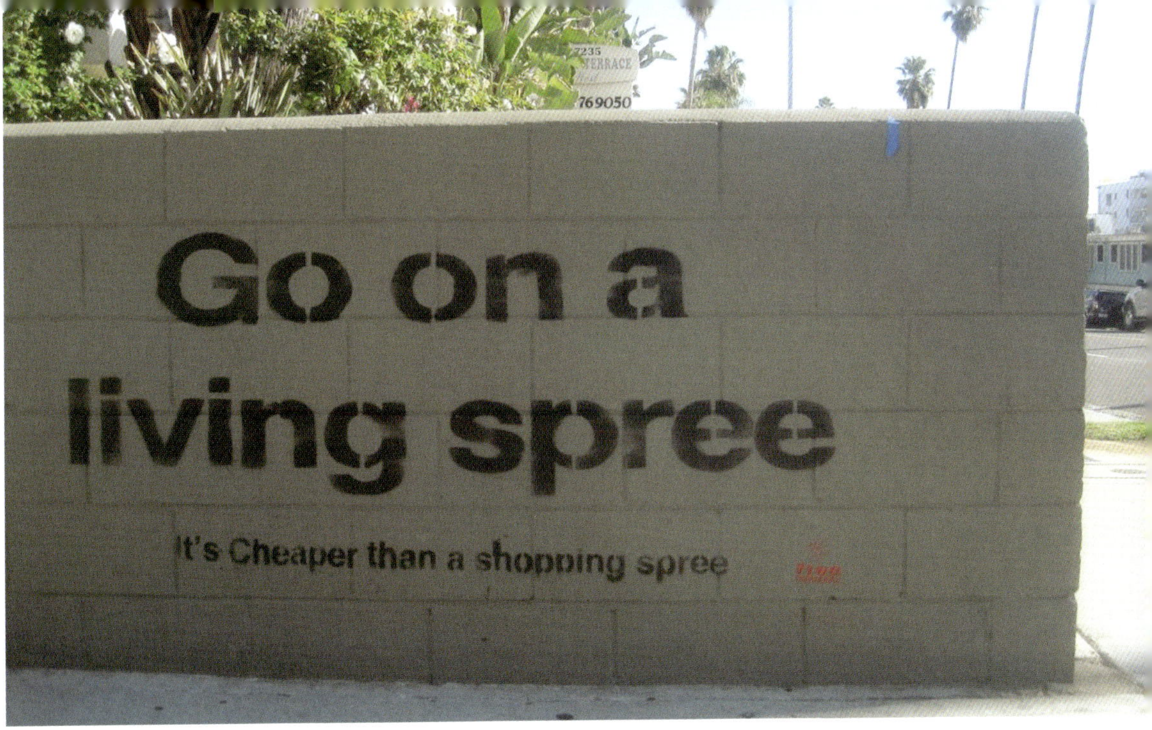

Oben: Free Humanity, Los Angeles, Kalifornien, USA, 2013.
Unten: Banksy, London, England, 2011. © *Jim Dyson / Getty Images*

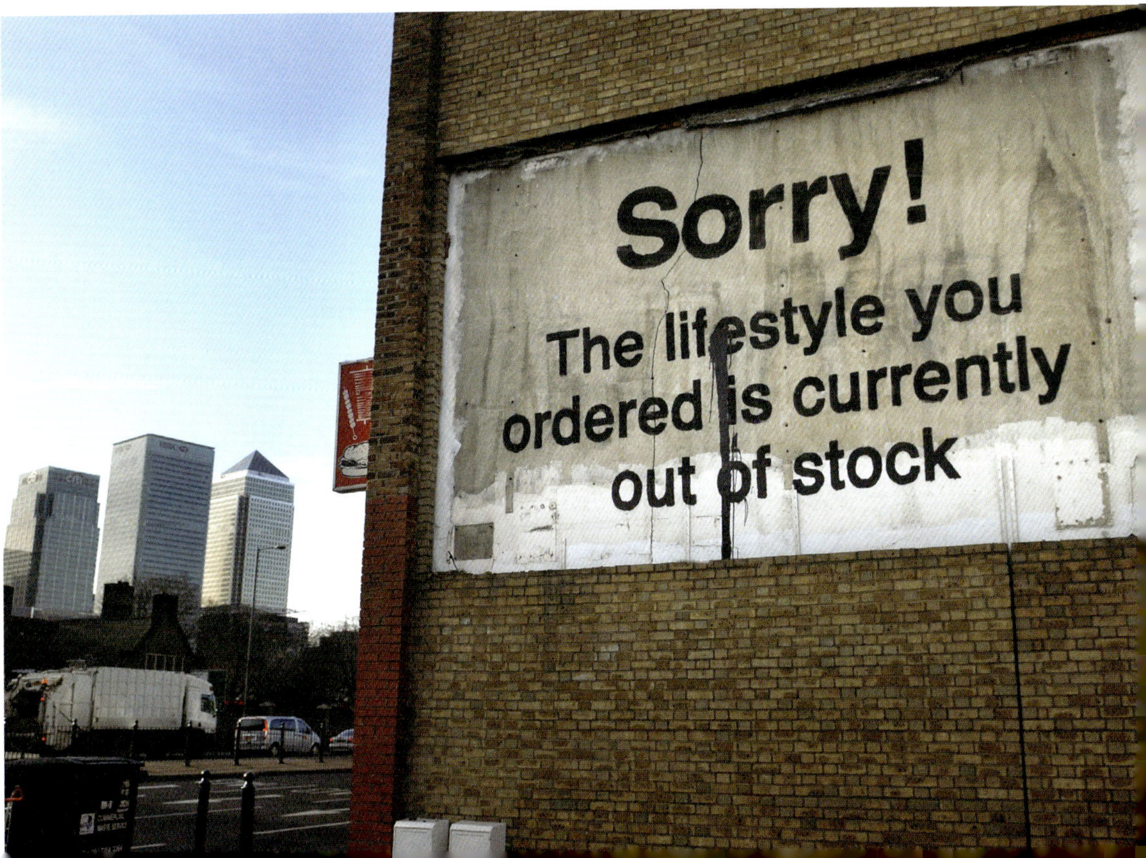

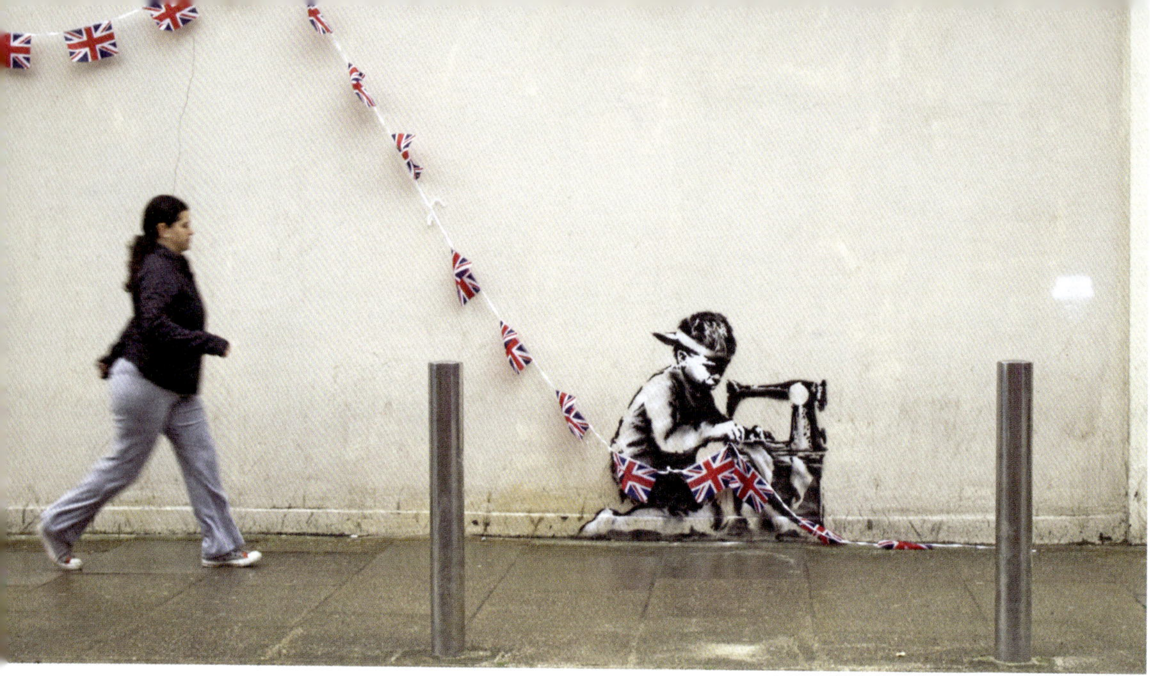

Oben: Banksy, London, England, 2012.
Unten: Bbrother, Cow, Taipei, Taiwan, 2009.
Rechts: ADW, Labelz are for Jars, Dublin, Irland, 2012.

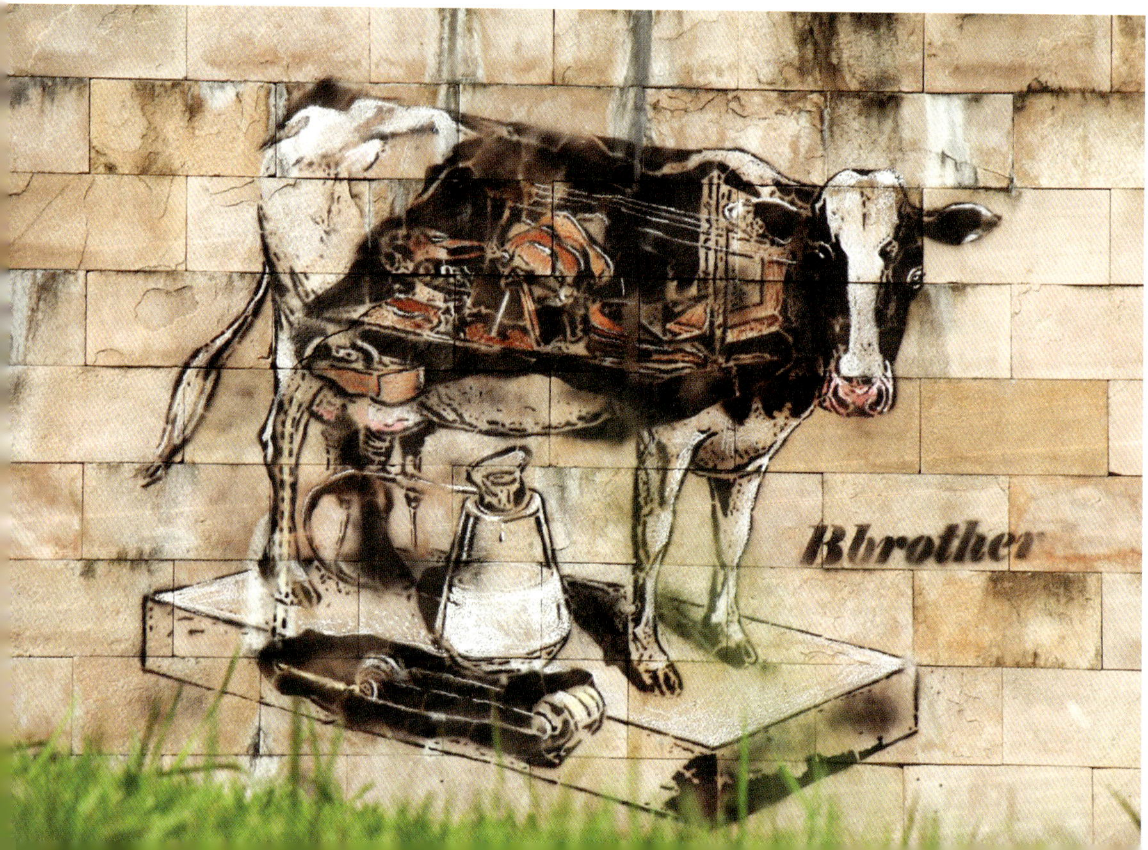

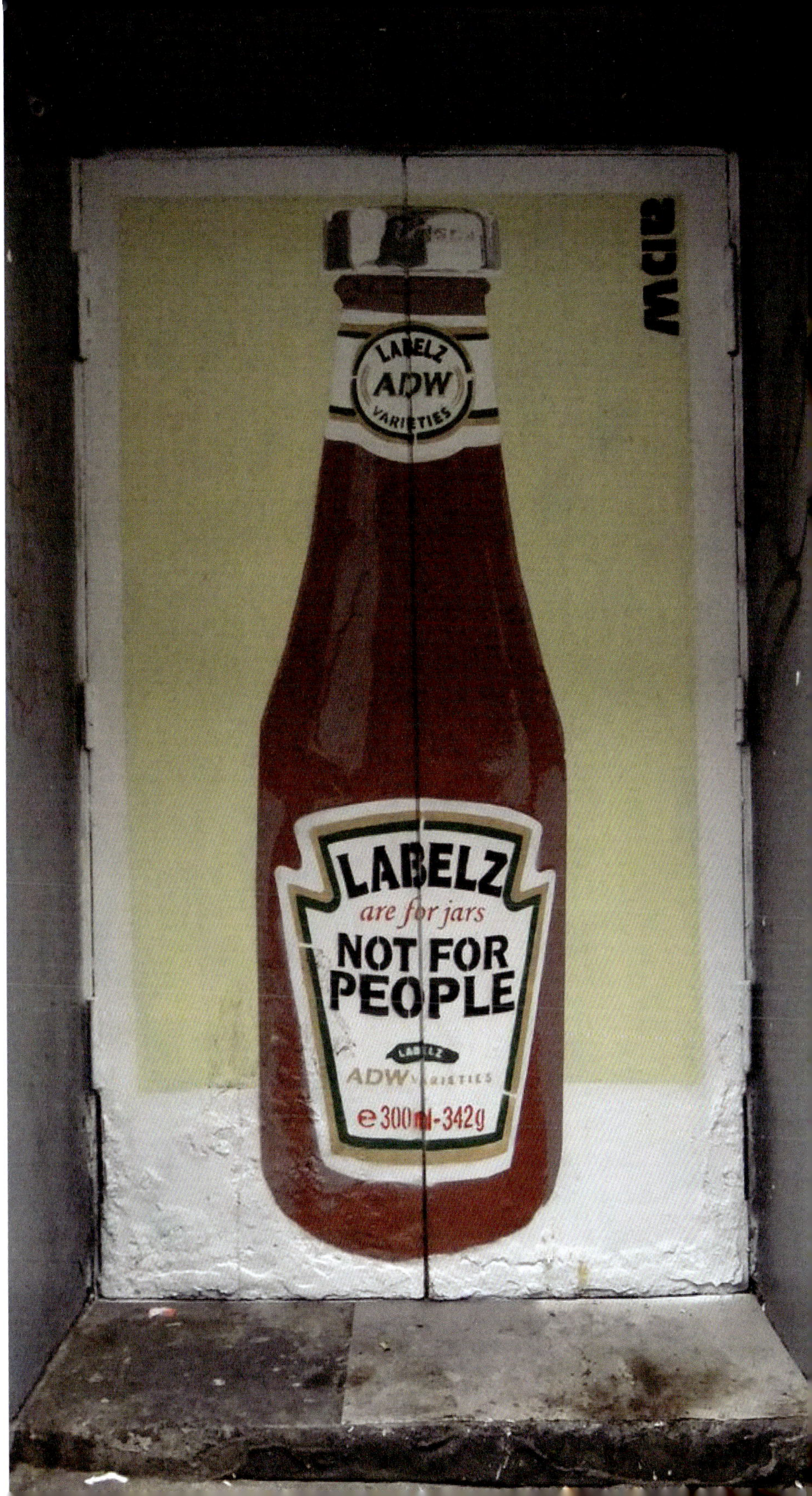
LABELZ
ADW
VARIETIES
LABELZ
are for jars
NOT FOR
PEOPLE
ADW VARIETIES

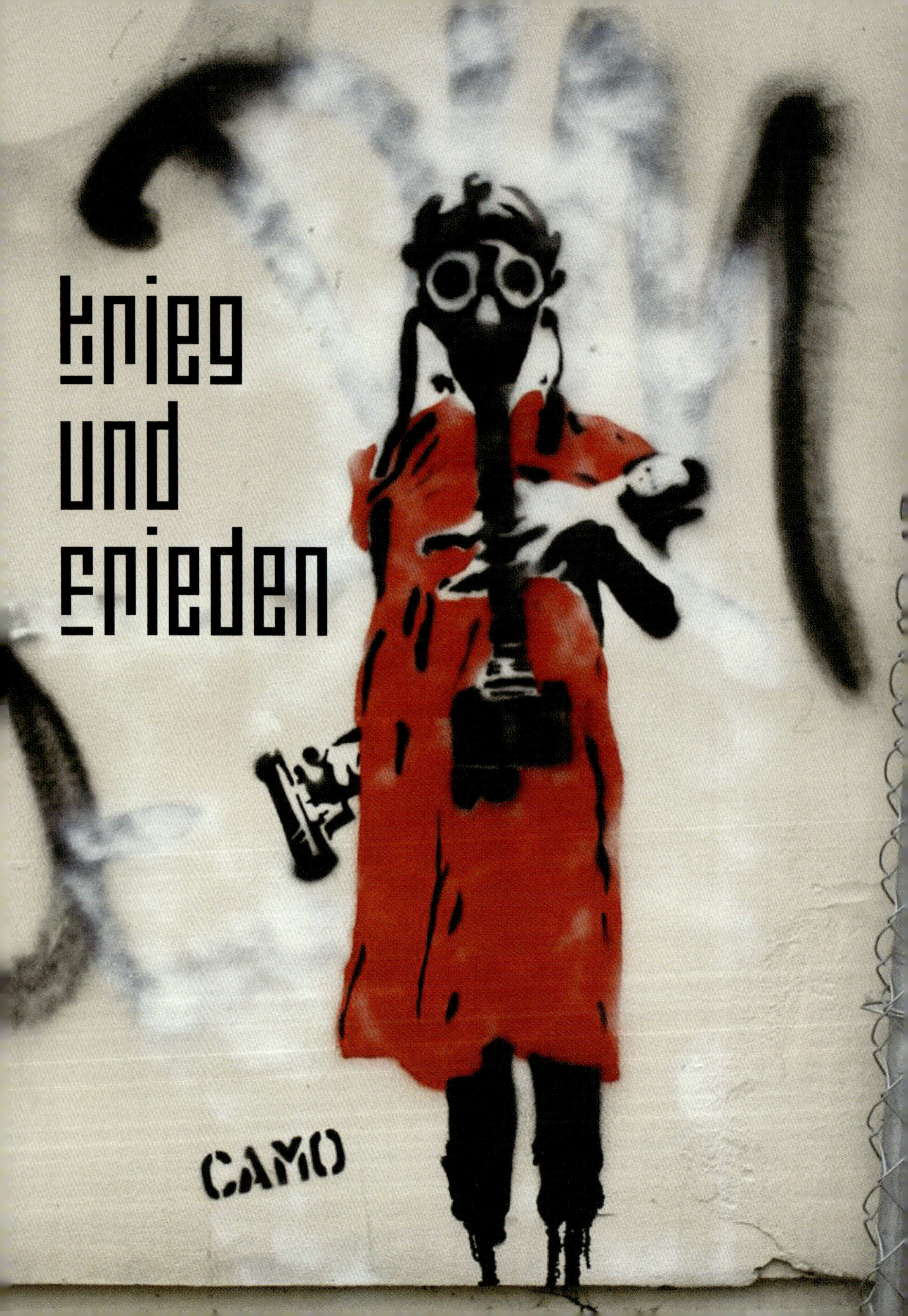
krieg
und
frieden
CAMO

Überall auf der Welt führen Regierungen Krieg, und die Menschen in Konfliktgebieten kämpfen ums Überleben. Es gibt ein wachsendes Bewusstsein und eine Anti-Kriegs-Stimmung, die sich weltweit ausbreitet. Viele glauben nicht, dass Krieg sein muss, und sehen sich gezwungen, für den Frieden zu protestieren. Bei Kundgebungen kanalisieren wir unseren inneren Künstler, um Protestschilder zu gestalten. In ähnlicher Weise haben Künstler über Jahrhunderte hinweg Krieg, Ungerechtigkeit und Korruption offen kritisiert und sind sogar für ihre politischen Überzeugungen gestorben, während viele von ihnen auch heute noch weltweit verfolgt werden.

In der heutigen Zeit werden Krieg und Kriegstreiber von Künstlern wie dem berühmten Robbie Conal mit seinen Straßenplakaten beim Namen genannt. Es waren jedoch Künstler wie Banksy und Code FC, die diese Botschaft auf den Kopf gestellt haben, indem sie fesselnde Bilder von Kindern beim Umgang mit Sprengsätzen schufen, von Soldaten, die sich gegen die Obrigkeit auflehnen, oder von Opfern, die sich gegen die Unterdrückung durch die Regierung erheben. Durch die Bilder von Zivilisten und Soldaten auf der Straße wird der Krieg von einem abstrakten, weit entfernten Ereignis zu einem, mit dem wir alle etwas anfangen können. Wir werden in das Bild hineingemalt. Viele der Bilder scheinen den Krieg ins Lächerliche zu ziehen, sodass wir oft so weit davon entfernt sind, dass der Krieg wie ein schlechter Scherz erscheint – eine Karikatur des Grauens. Andere Künstler stellen Menschen mit Gasmasken dar, als würden sie sich auf Krieg und Zerstörung vorbereiten.

Die hier gezeigten Künstler sind mutige Aktivisten für eine bessere Welt, und ihre Botschaft ist an den Wänden um uns herum zu sehen. Einige von ihnen setzen in Ländern wie Ägypten, Irak und Syrien ihr Leben aufs Spiel, um ihren Standpunkt zu vertreten.

Links: Camo, Alexandria, Australien, 2012.

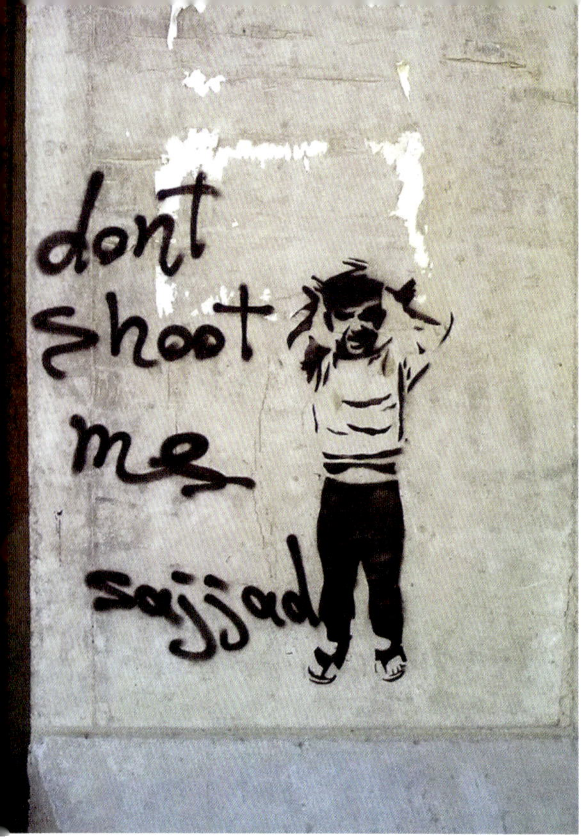

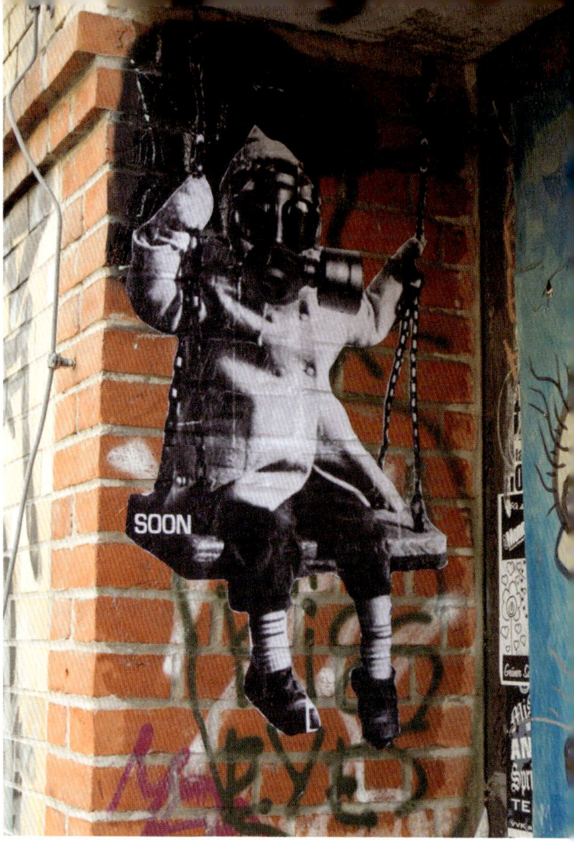

»Ich liebe das Malen mehr als alles auf der Welt. Es gibt mir eine Simme, ohne die ich verloren wäre.«

SOLUS

Oben links: Sajjad Abbas, Bagdad, Irak, 2011.
Oben rechts: Soon, Berlin, 2013.

Gegenüber
Oben: Solus, Dublin, Irland, 2013.
Unten: Alias, Hamburg, 2011.
Foto: Theo Bruns

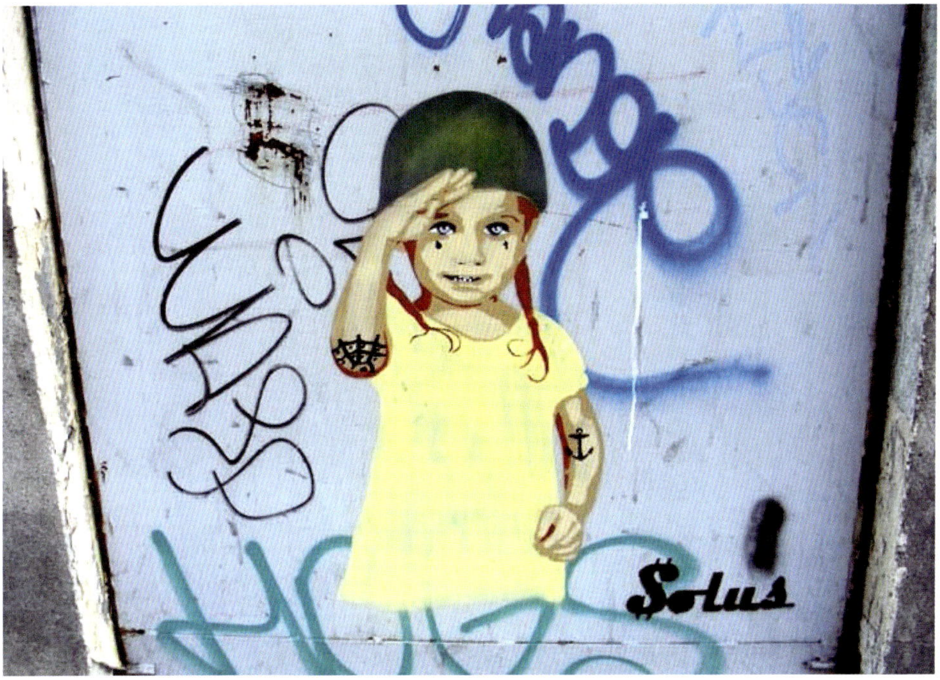
Solus

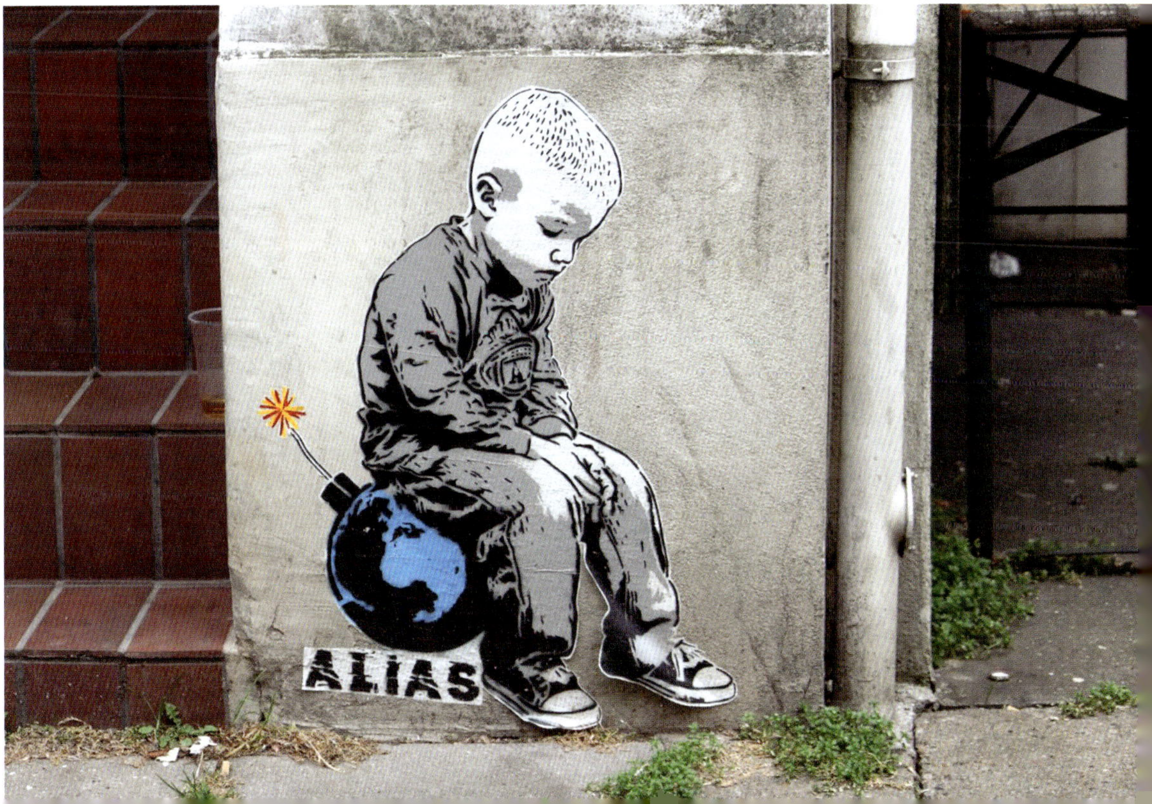
ALIAS

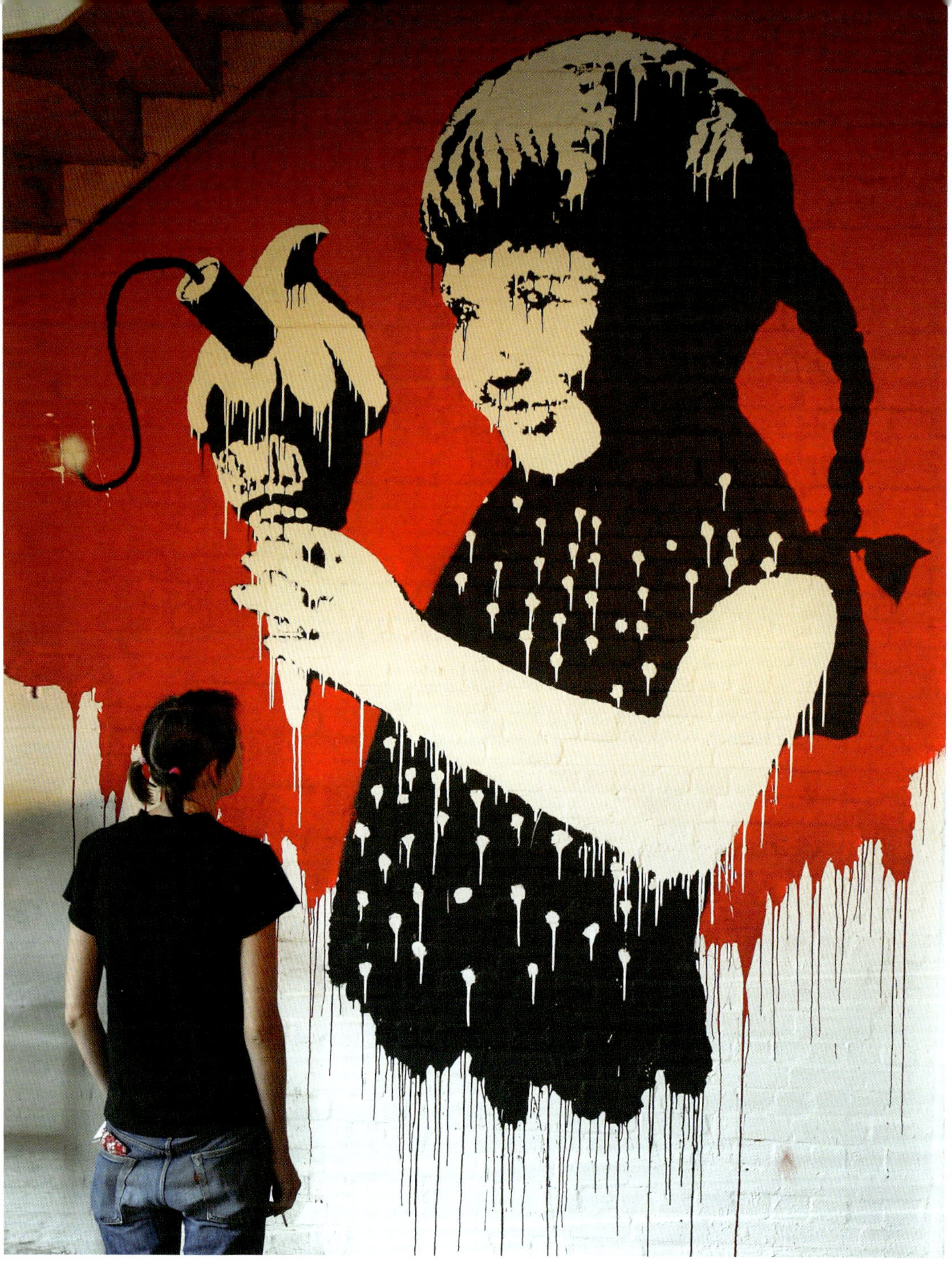

Oben: Banksy, »Turf War«- Exhibition, London, England, 2003. © *REX*

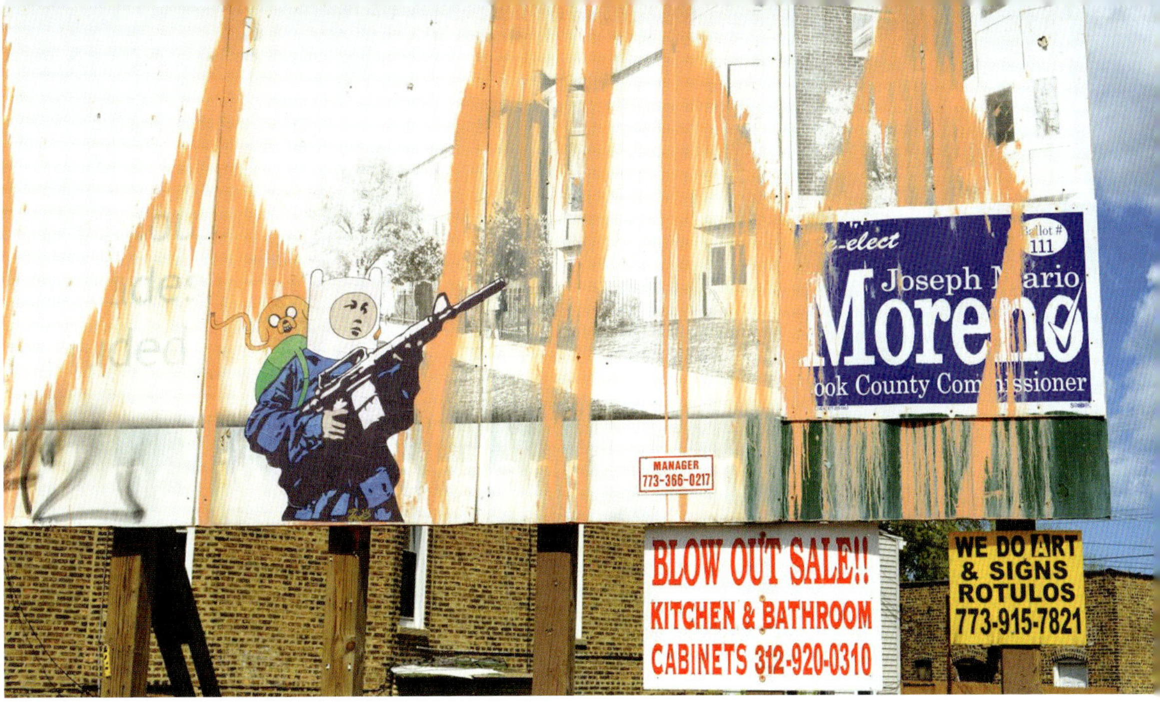

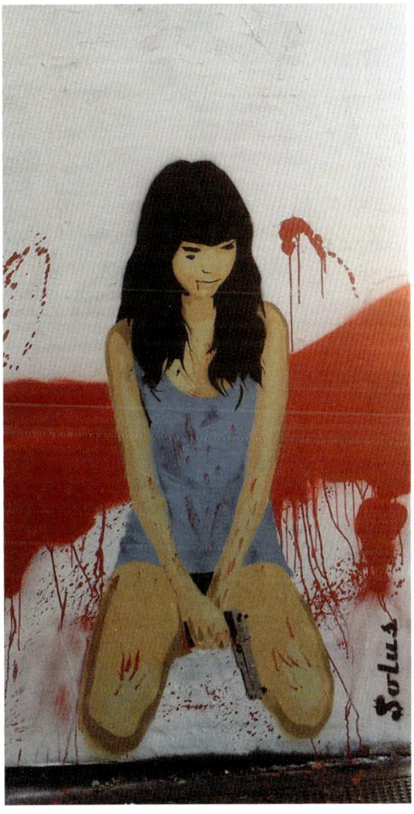

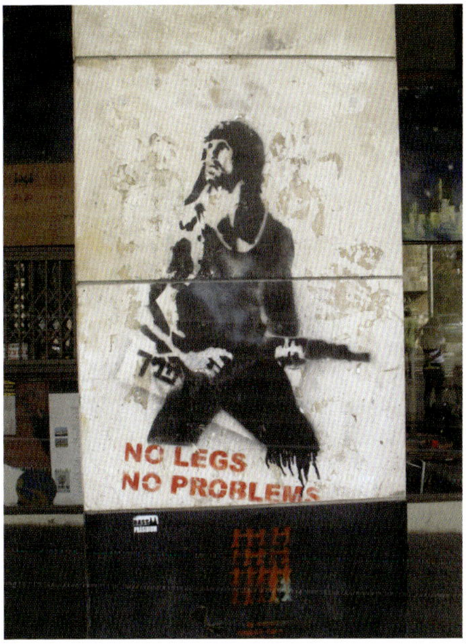

Oben: Jay Jasso, Adventure Time, Chicago, Illinois, USA, 2013.
Oben links: Solus, Dublin, Irland, 2013.
Foto: David Johnson
Oben rechts: Unbekannter Künstler, Tel Aviv, Israel, 2013.
Foto: Julia Tulke

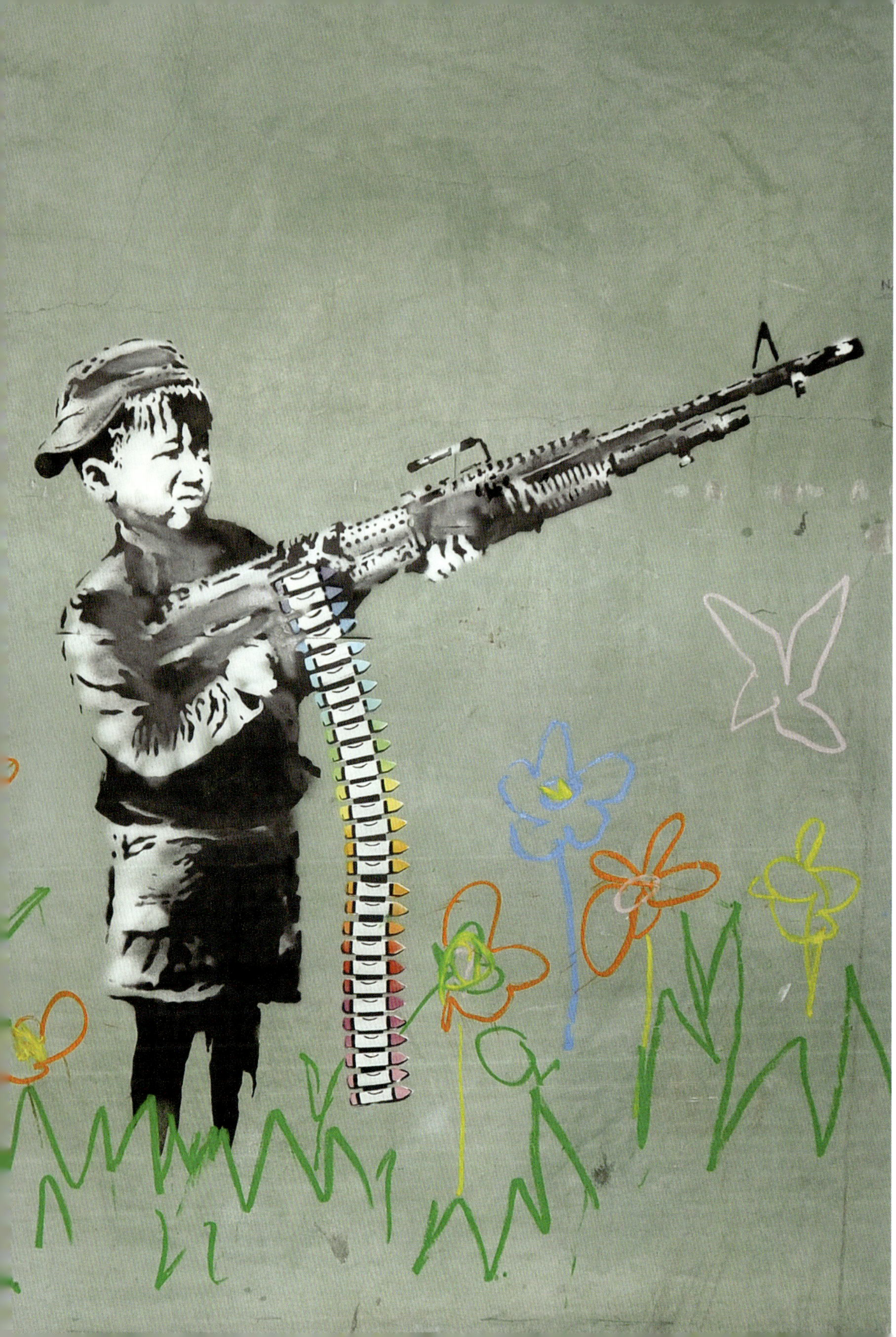

Links: Banksy, The Crayola Shooter, Los Angeles, Kalifornien, USA, 2011. © *Jason Laveris / FilmMagic / Getty Images*

Unten links: Keizer, Grenade, Kairo, Ägypten, 2011. Foto: Hend AbduAllah
Unten rechts: Soon, Berlin, 2013. Foto: Julia Tulke

»Banksy ist sehr intelligent und ich fühle eine Affinität zu einigen seiner Ideen, die eher eine allgemeine Kritik an der Gesellschaft und den Menschen sind als Angriffe auf Politiker. Er verstand es, Ideen einzufangen, die in der Luft schwebten und an die viele dachten, aber er drückte sie zuerst aus.«

RUN DONT WALK

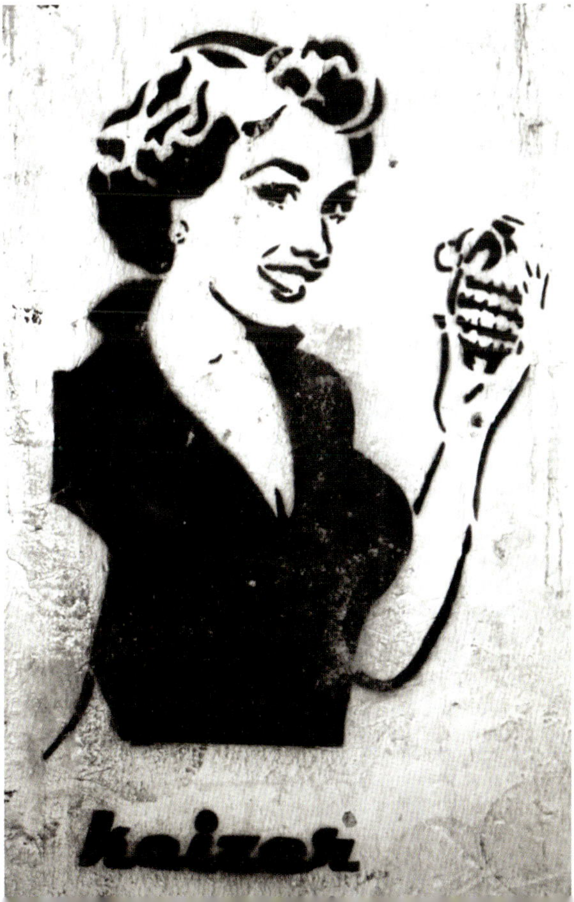

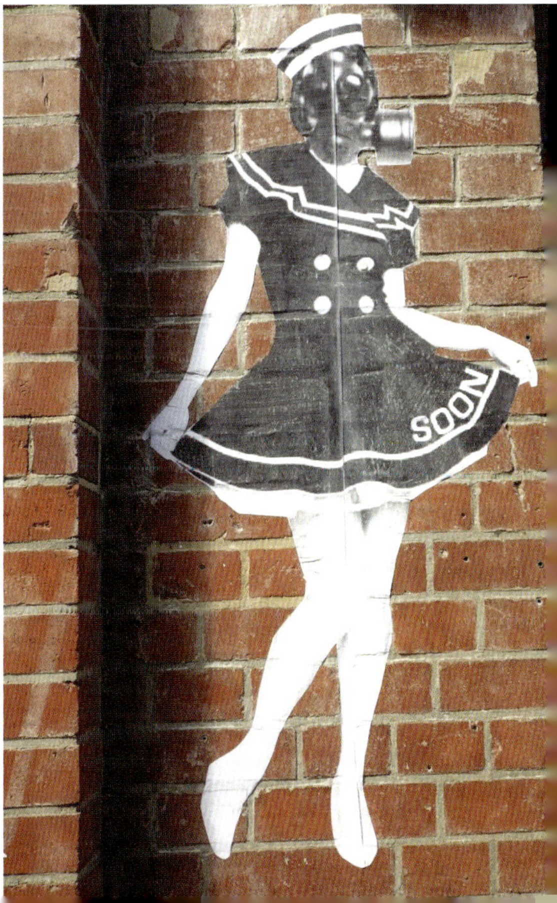

Rechts: Noir, My Spraycan Your Molotov, Athen, Griechenland, 2013.
Foto: Julia Tulke
Unten: Alias, Berlin, 2012.
Foto: Lucky Cat

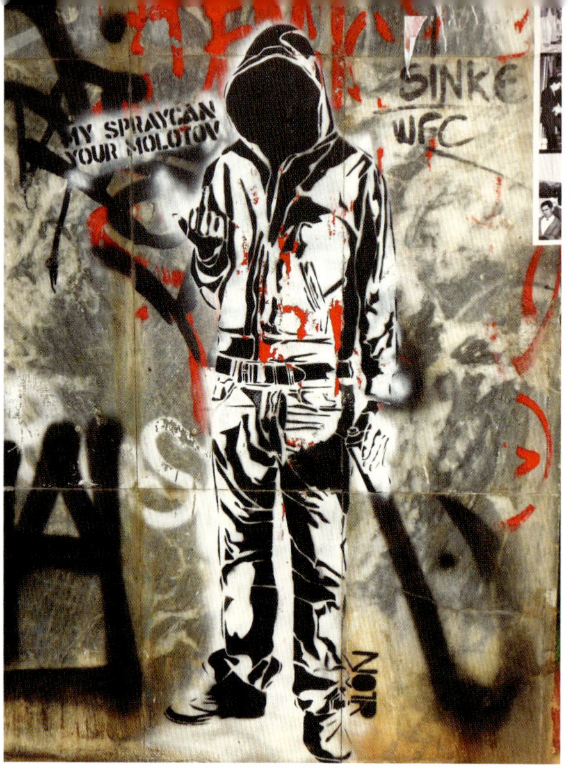

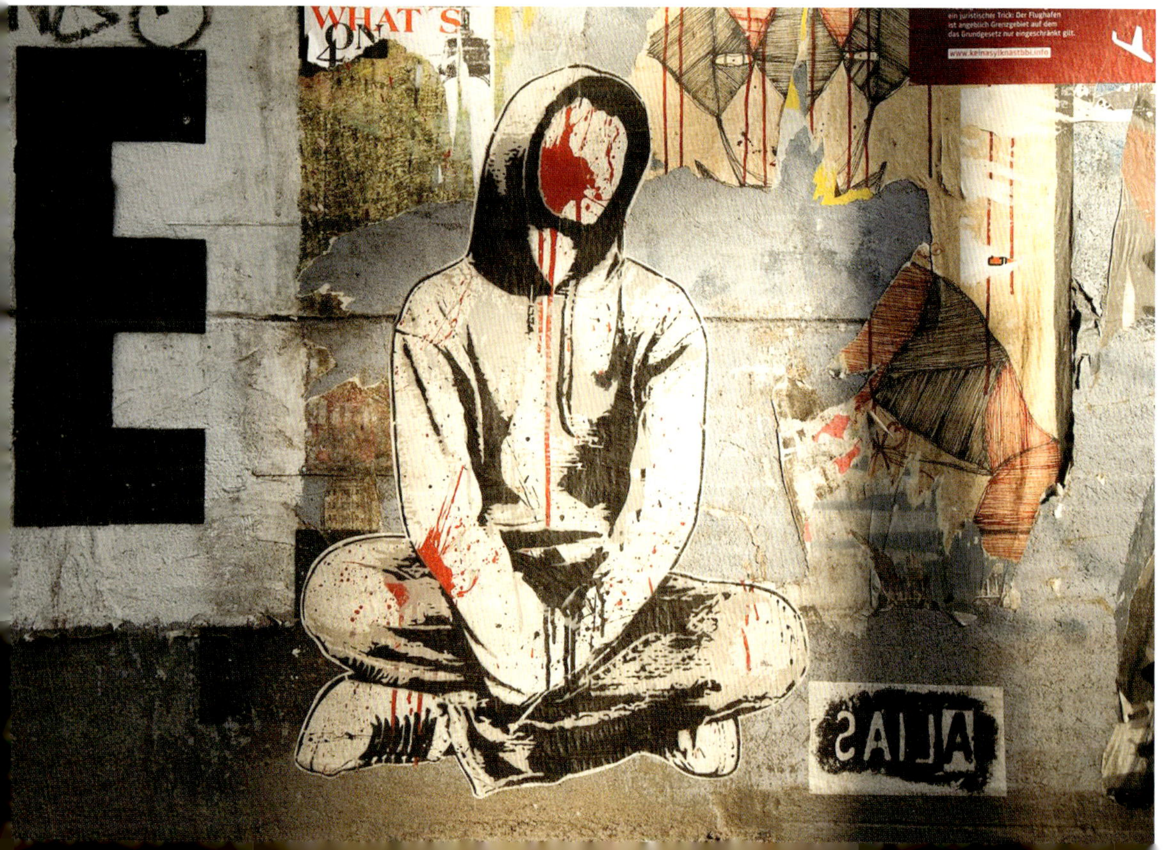

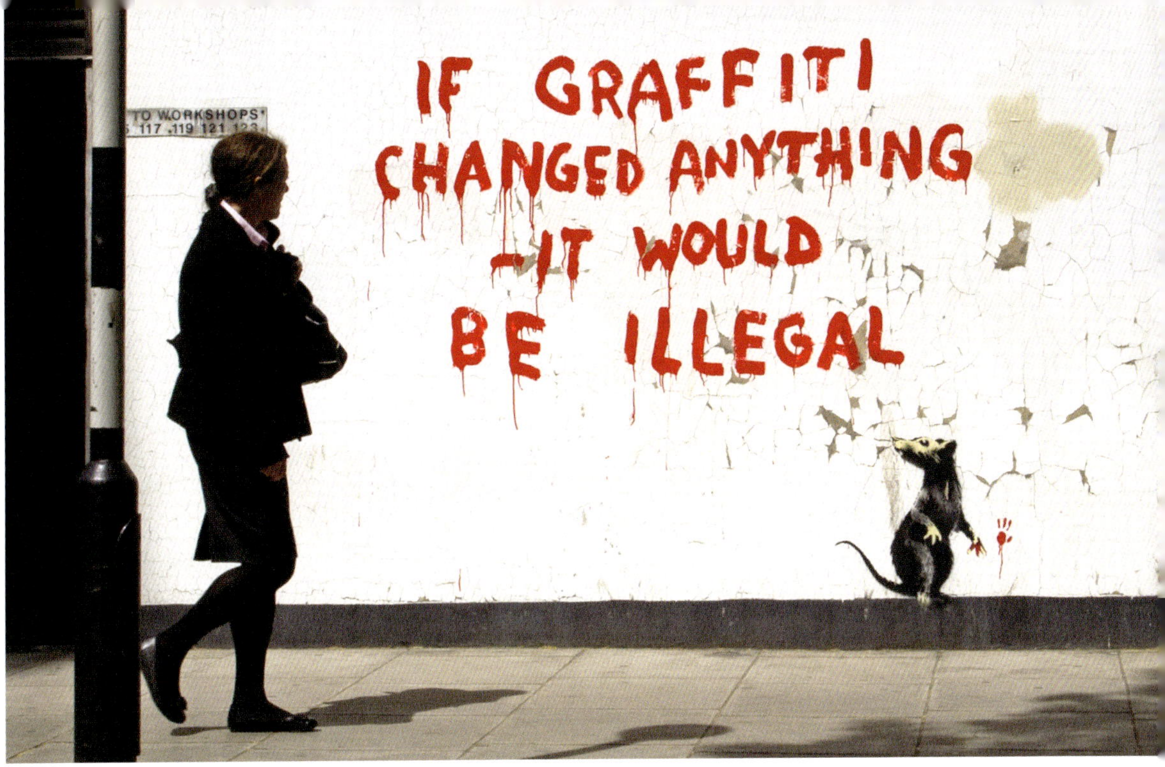

Oben: Banksy, London, England, 2010.
Rechts: Banksy, London, England, 2007.

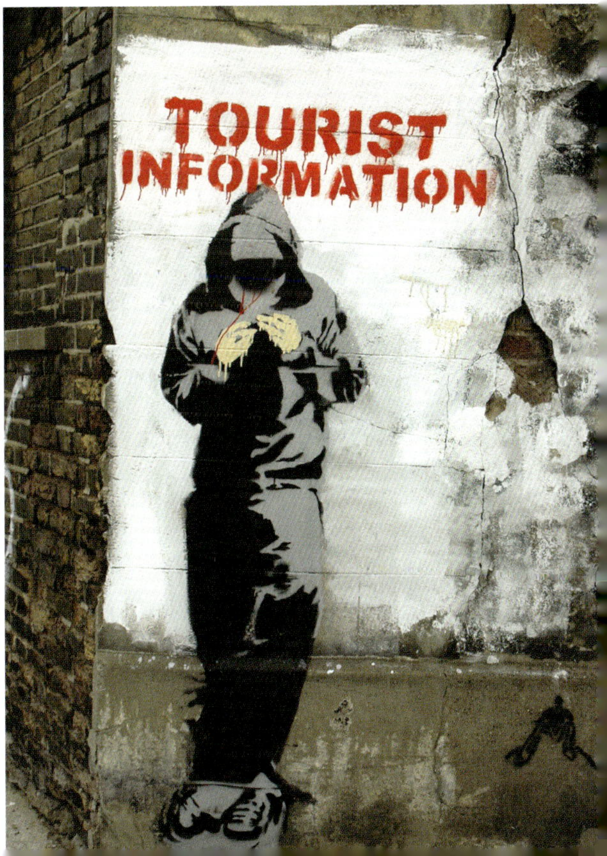

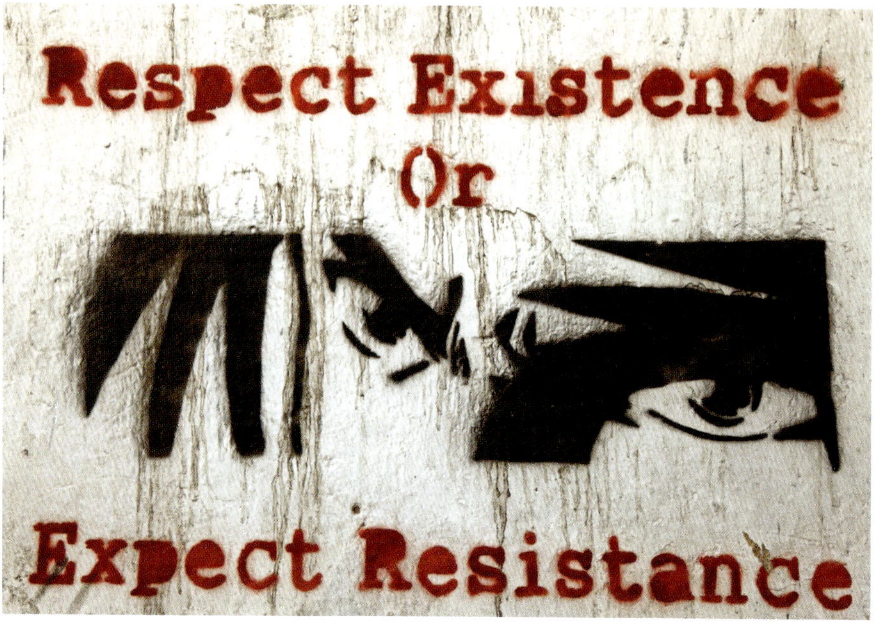

Oben: Unbekannter Künstler, Kairo, Ägypten, 2011.
Foto: Hend AbduAllah
Unten: P183, Moskau, Russland, 2012.

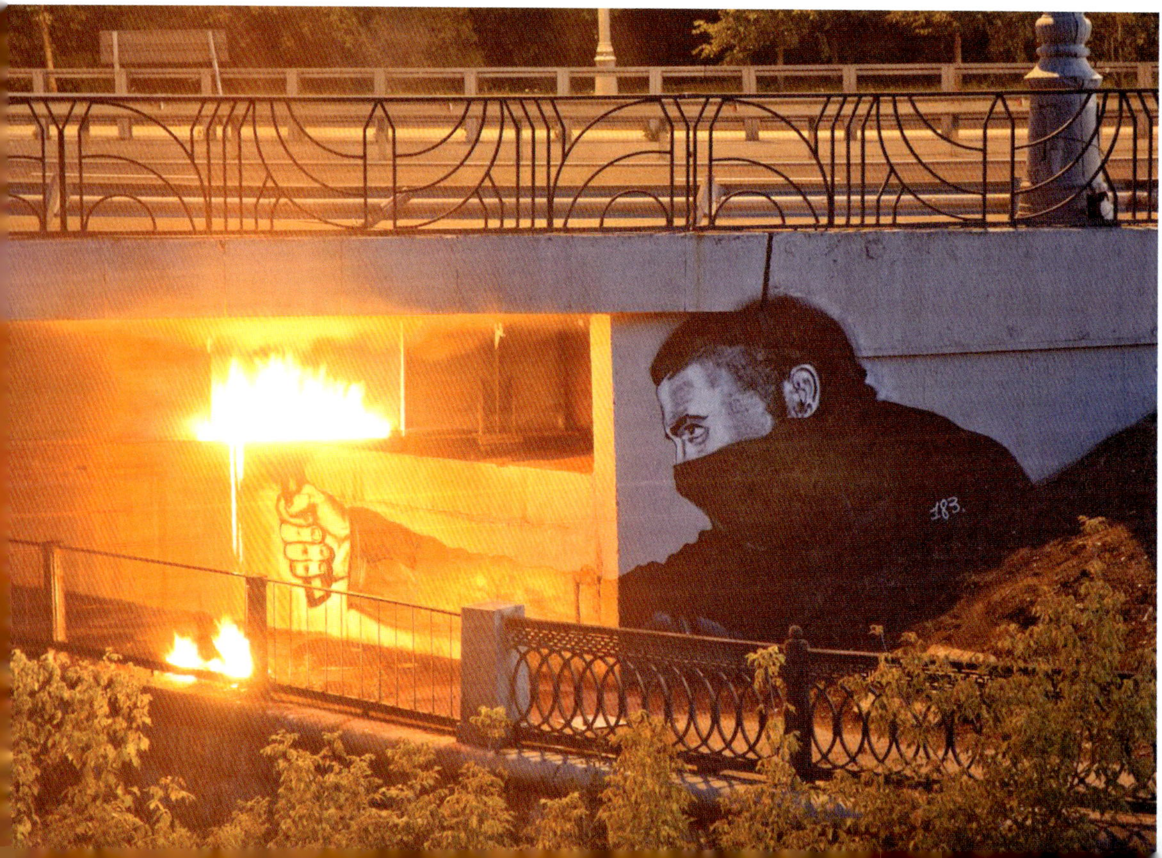

»Kaum einer, der heute nach Erfolg, Beziehungen, Geld und Ruhm strebt, ist in der Lage, all das aufzugeben. Brennt die Brücken ab und reißt all eure Errungenschaften nieder, um ein neues, unlogisches, unbekanntes, rücksichtsloses Leben oder den Tod zu finden. Diese Installation ist denjenigen gewidmet, die über ihre eigenen staubigen Ecken hinausgegangen sind und im Alleingang eine neue Welt schaffen. Diejenigen, die in der Lage sind, sich selbst zu verleugnen, um einen Schritt nach vorne zu machen.«

P183

Unten links: Camo, Alexandria, NSW, Australien 2012.
Unten rechts: Toxicómano Callejero, Bogotá, Kolumbien, 2011.

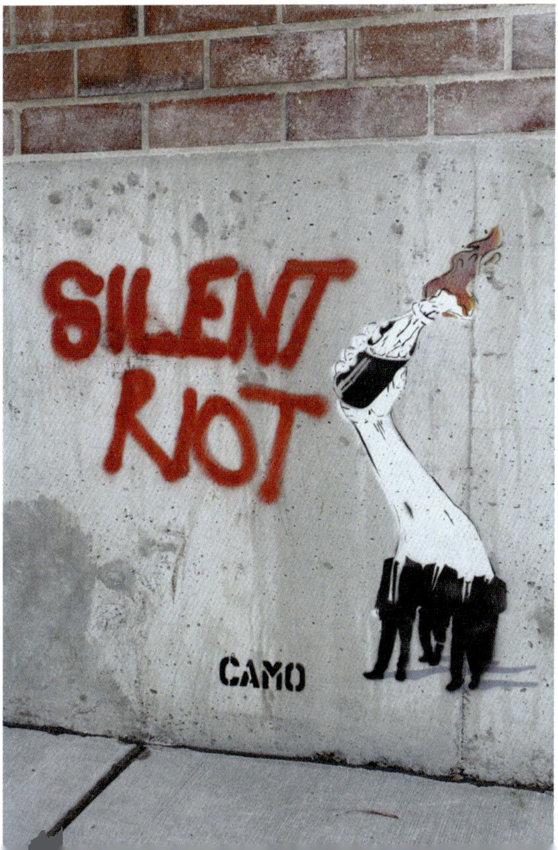

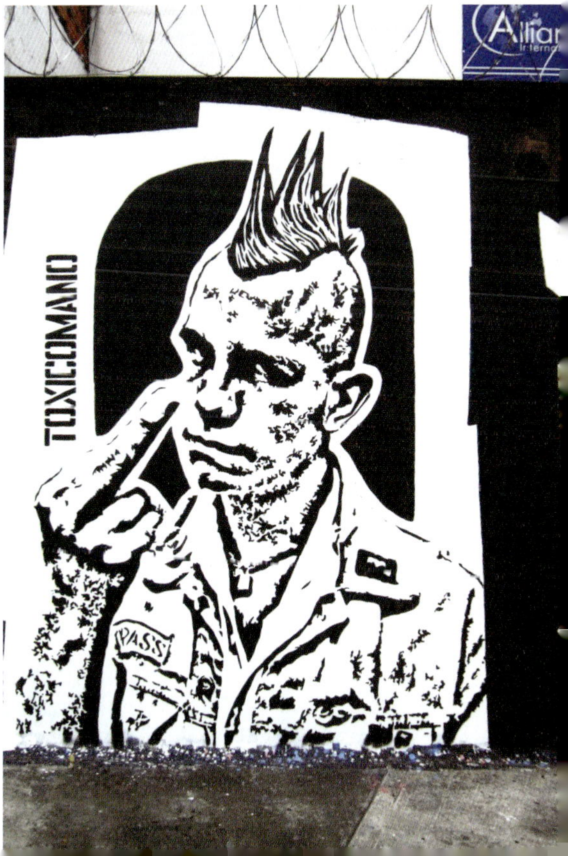

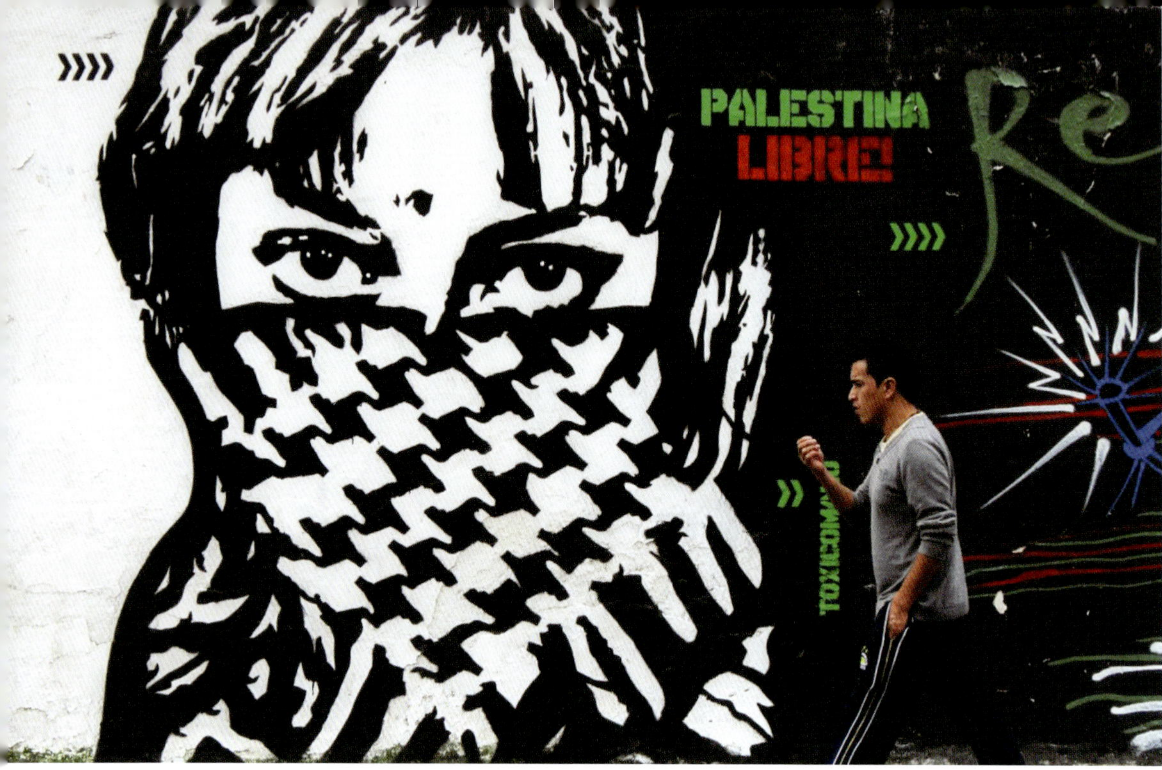

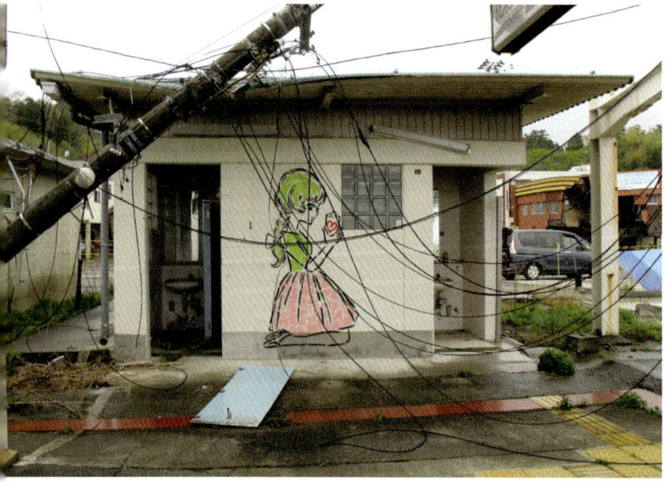

»Viele meiner Projekte beziehen sich auf gesellschaftspolitische Situationen, mit denen sich nicht viele Menschen in ihrem täglichen Leben auseinandersetzen. So spreche ich bestimmte Themen an, die andere Künstler nicht angehen.«

#CODEFC

Oben: Toxicómano Callejero, Bogotá, Kolumbien, 2011.
Oben: Aiko, Tomioka Station, Fukushima, Japan, 2013.
Rechts: #codefc, Südvietnam, 2010.

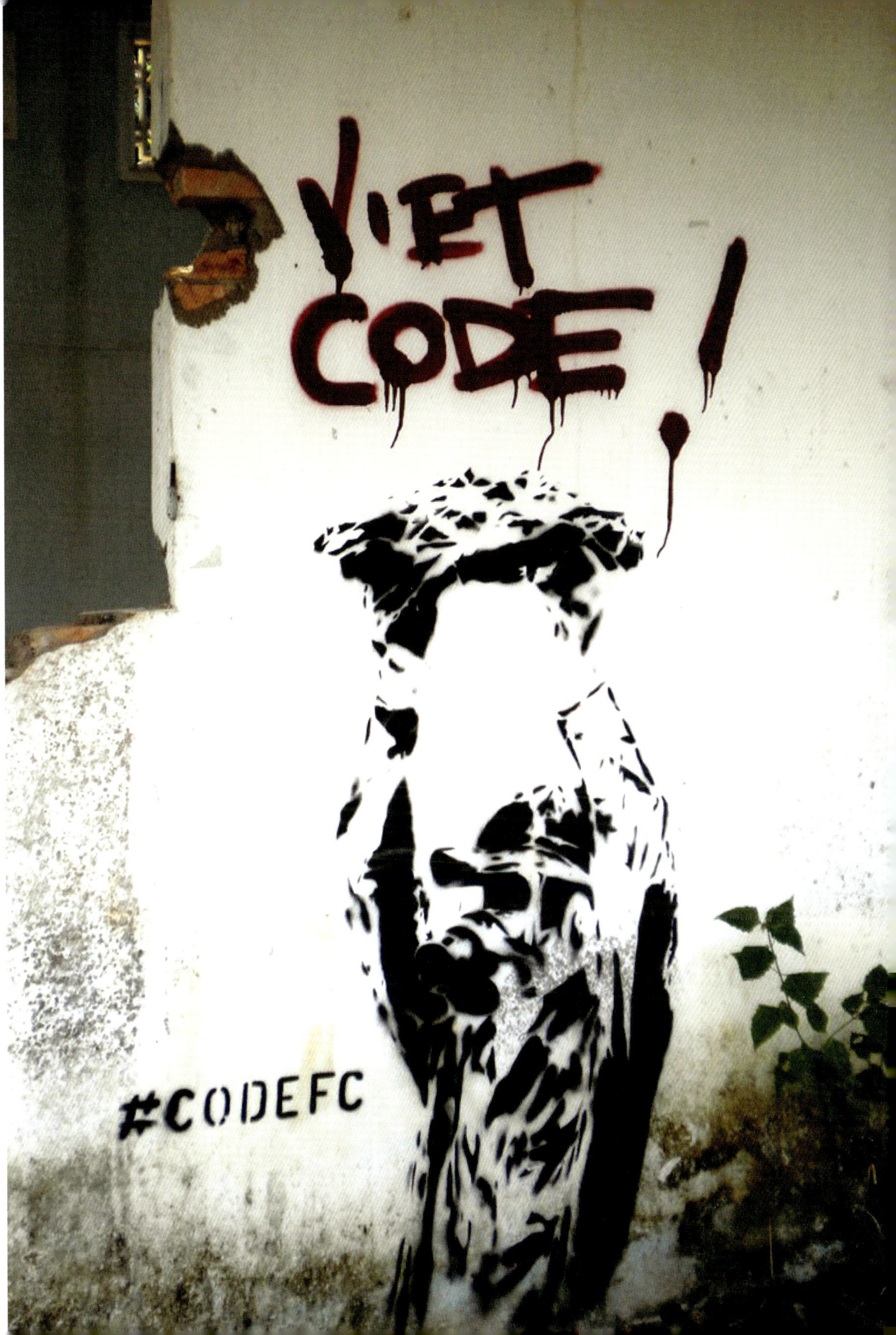
VIET CODE !
#CODEFC

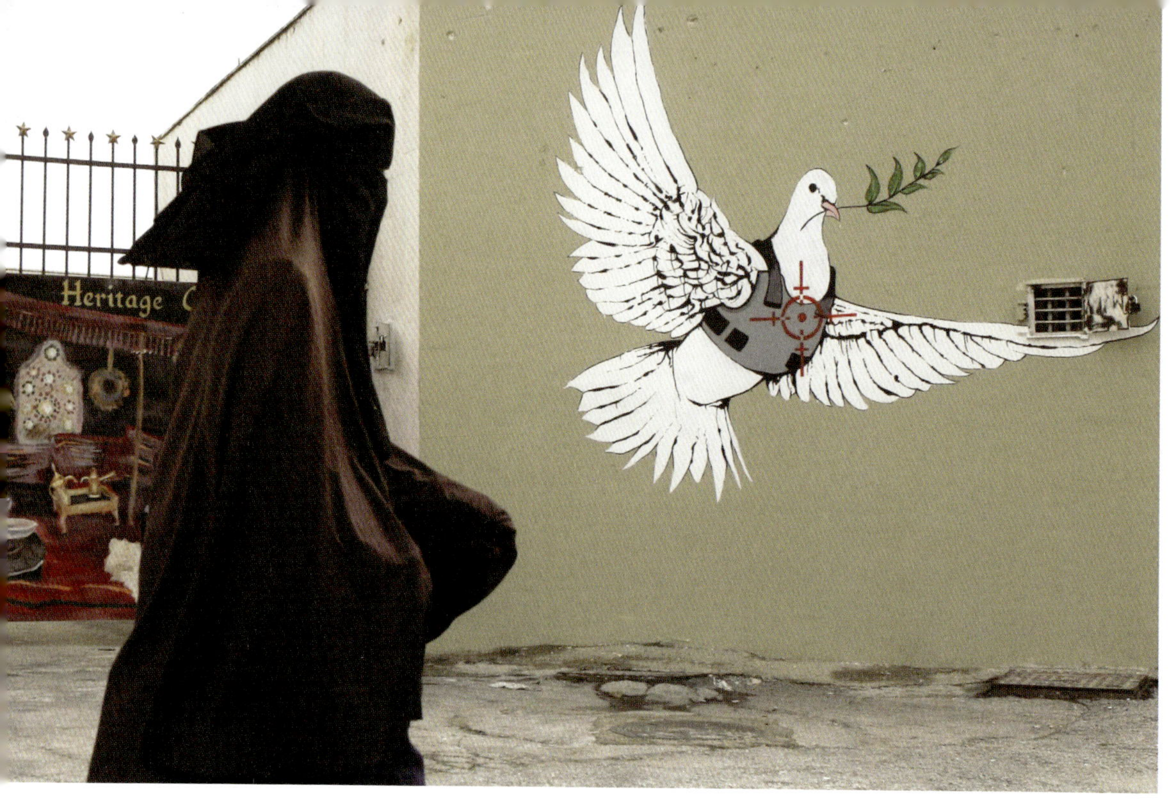

Oben: Banksy, Bethlehem, 2007. © *REX / Sipa Press*
Rechts: ADW, Perched on Peace, Dublin, Irland, 2011.

»Es geht mir darum, die Aufmerksamkeit der Menschen auf eine Wand oder einen Ort zu lenken, den sie sonst nie wahrnehmen würden. Street Art macht den Alltag und das urbane Umfeld ein bisschen lustiger und interessanter, und dafür setze ich mich ein.«

ZABOU

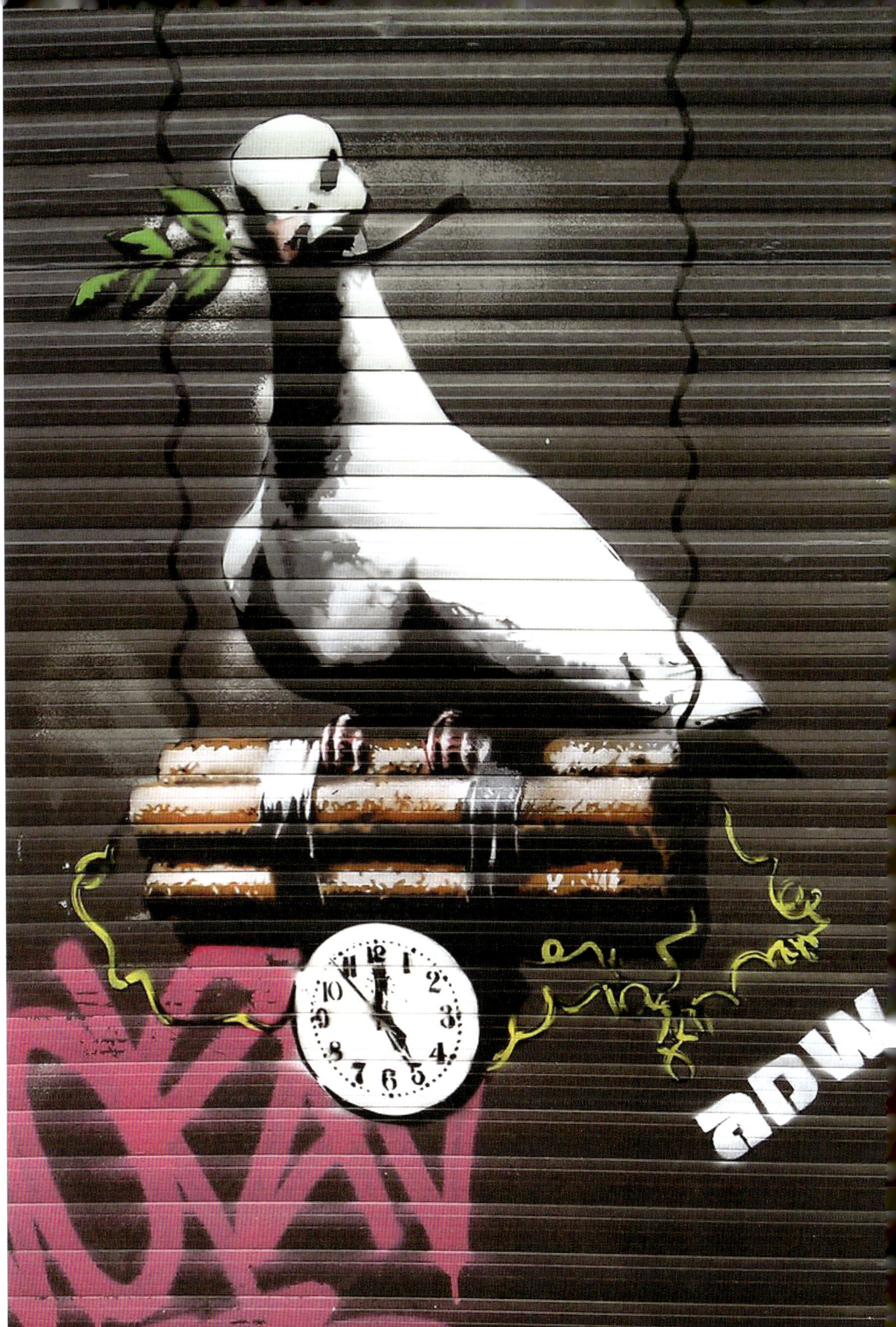
ADW

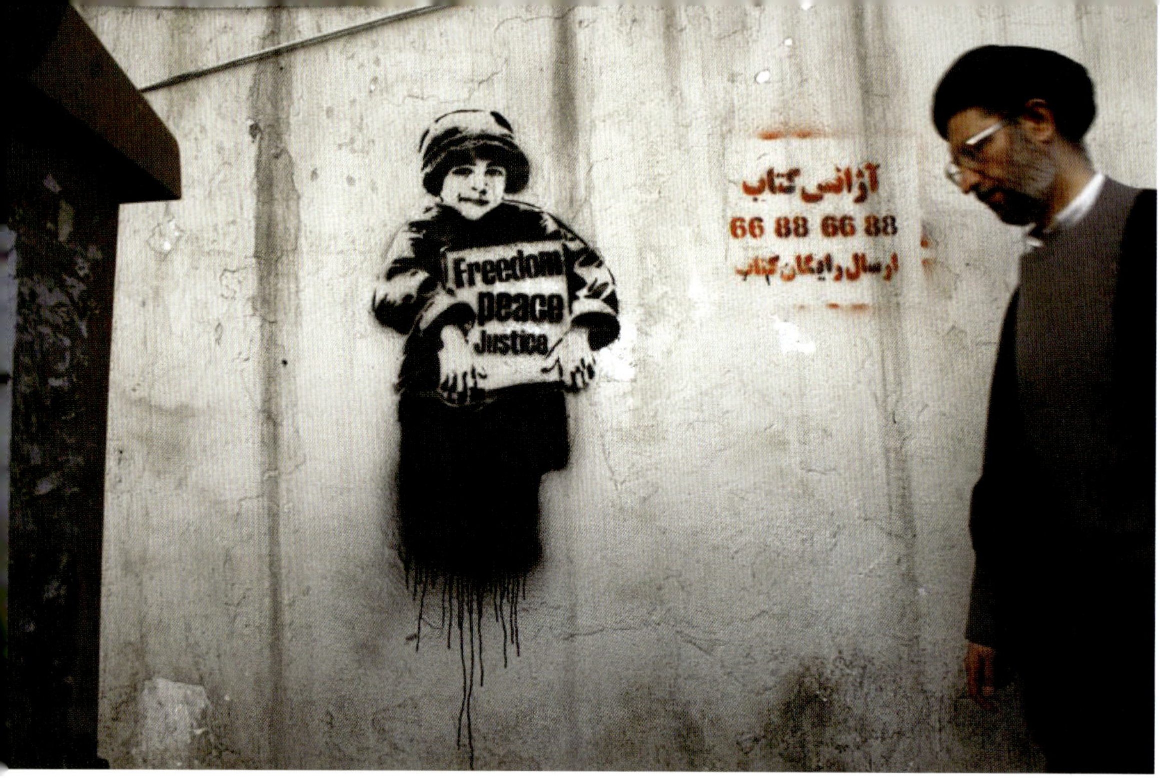

Oben: Icy and Sot, Teheran, Iran, 2010.
Rechts: Sajjad Abbas, Bagdad, Irak, 2011.

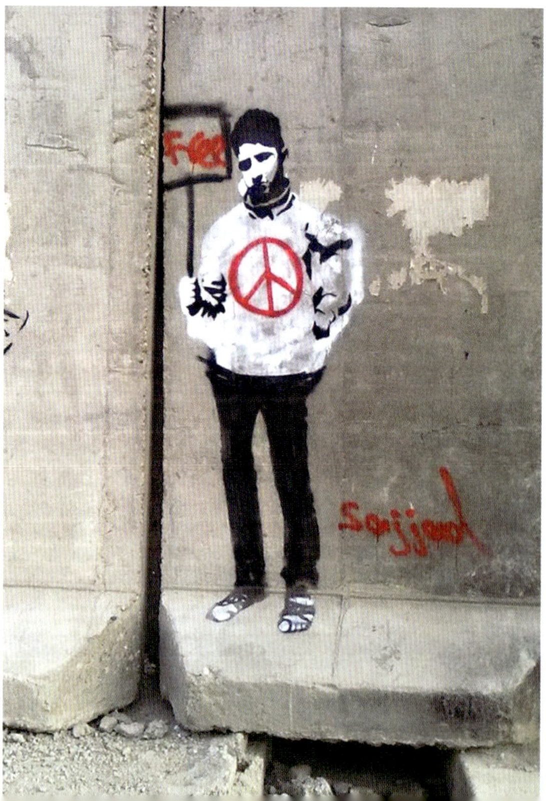

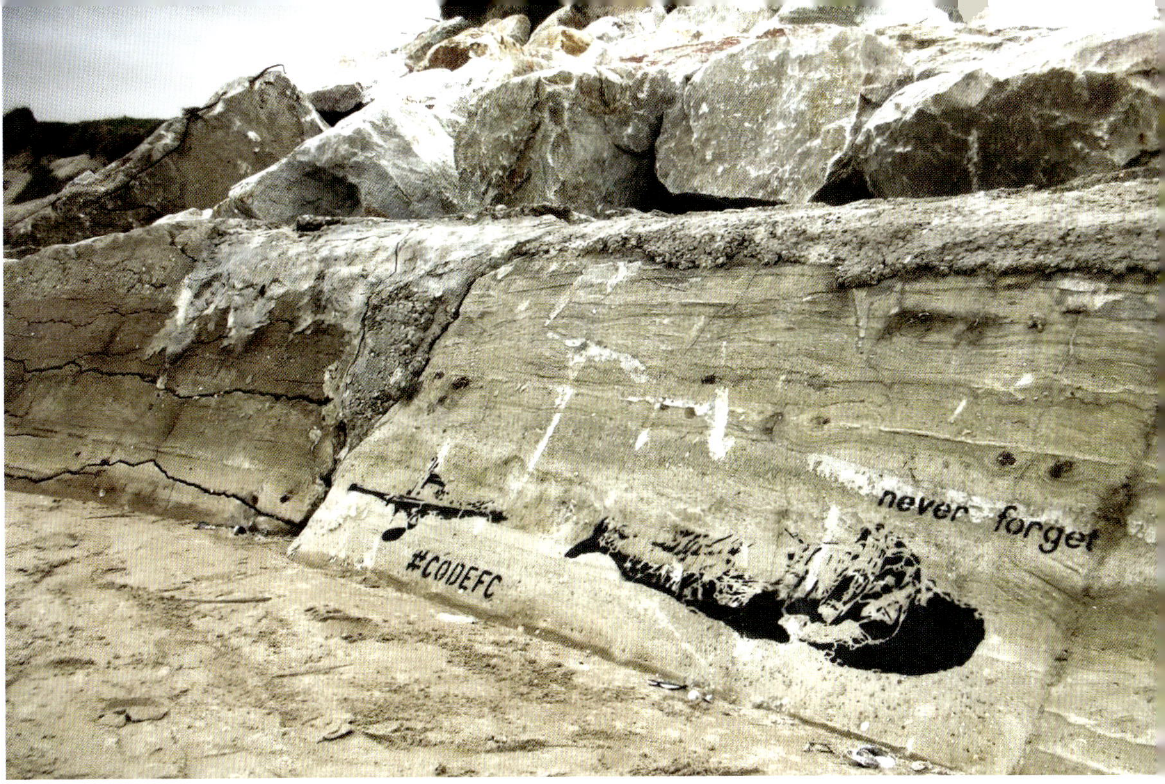

Oben: #codefc, Utah Beach, Normandie, Frankreich, 2009.
Unten: Verschiedene Künstler, u. a. Robbie Conal, Free Humanity und LA vs. War, Los Angeles, Kalifornien, USA, 2011. Foto: KET

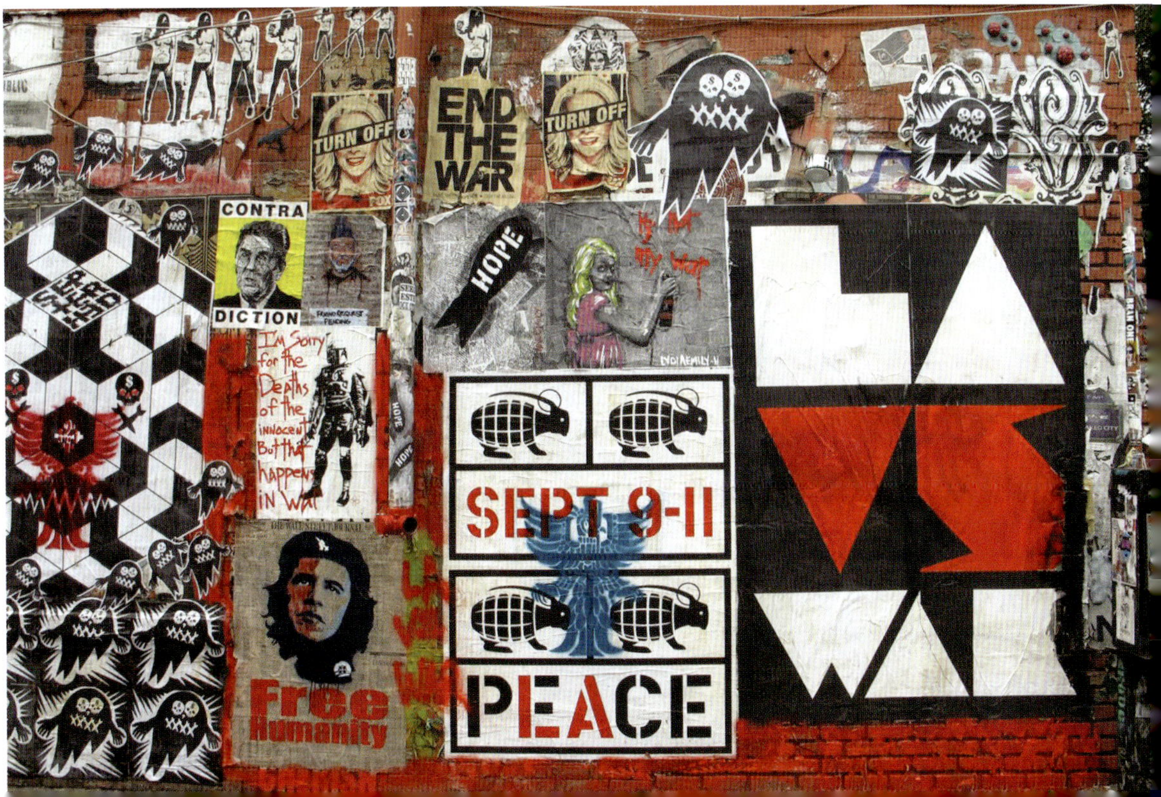

street artists in diesem buch

Above (USA/Frankreich)
www.goabove.com
-
ADW (Irland)
www.adwart.com
-
Aiko (Japan/USA)
-
Alec Monopoly (USA)
www.alecmonopoly.com
-
Alias (Deutschland)
-
Aryz (Spanien)
www.aryz.es
-
Banksy (England)
-
Bbrother (Taiwan)
-
Be Free (Australien)
-
Ben Eine (England)
www.einesigns.co.uk
-
BS.AS Stencil (Argentinien)
-
Camo (Australien)
-
Canvaz (Irland)
-
#codefc (England)
-
Common Cents (USA)
-
Cryptik (USA)
www.cryptik.com
-
Decycle (Deutschland)
-
Dede (Israel)
-
Destroy All Design (USA)
-
Dr D (England)
www.drd.nu
-
E.L.K (Australien)
www.elkstencils.com
-
Eelus (England)
www.eelus.com
-
Ender (Frankreich)
-
EPS (Libanon)
-
Free Humanity (USA)
-
FRZ (Iran)
-
Hanksy (USA)
www.hanksy.com
-
Hogre (Italien)
-
Icy and Sot (Iran)
www.icyandsot.com
-
Jay Jasso (Mexiko/USA)
-
Jerm IX (Kanada)
www.jerm-ix.ca
-

Keizer (Ägypten)
www.keizerstreetart.wix.com
-
Matias Espacial Picón (Brasilien)
-
Mogul (Schweden)
www.thinkmogul.com
-
Mr Brainwash (USA)
www.mrbrainwash.com

Noir (Deutschland)
-
Orticanoodles (Italien)
www.orticanoodles.com
-
Ozi (Brasilien)
-
Pasha 183 (Russland)
-
Pegasus (England)
www.pegasusstreetart.com
-
Run Dont Walk (Argentinien)
-
Sajjad Abbas (Irak)
-
Skullphone (USA)
www.skullphone.com
-
Solus (Irland)
www.solusstreetart.com
-
Soon (Deutschland)
-
Stewy (England)
-
T.Wat (England)
-
The Dotmasters (England)
www.dotmaster.co.uk
-
The Dude Company (Frankreich)
-
Tona (Deutschland)
tonastreetart.blogspot.co.uk
-
Toxicománo Callejero (Kolumbien)
-
Wild Drawing (Griechenland)
www.wdstreetart.com
-
Zabou (England)
www.zabou.me
-
Zilda (Italien)
www.zildastreetart.com
-
Zuk Club Art Group (Russland)
www.zukclub.com
-

danke

Ich möchte mich bei allen Künstlern bedanken, die illegal und geheim auf der Straße arbeiten. Mein besonderer Dank gilt allen Künstlern aus der ganzen Welt, die Bilder ihrer Arbeit zu diesem Buch beigesteuert haben. Die Resonanz auf meine Anfragen nach Bildern war enorm und viele Künstler haben es nicht in das Buch geschafft oder sich dagegen entschieden. Ich möchte einige dieser großartigen Künstler würdigen, weil ihre Arbeit auf der Straße wichtig ist – Aiko, A1 One, Basco Vazco, Bleeps, Escif, Free Humanity, Pøbel, Poch, Piores Nada, Tona und Stinkfish – vielen Dank.

An alle Fotografen, die Fans sind: Hend AbduAllah, Becki Fuller, Luna Park, Ray Mock, Julia Tulke, Hanna Lindgren, Erik Nehring, Tomas Olsson, Genia Zub4ik und Lucky Cat – vielen Dank für euren Beitrag.

An meine Familie, die immer an mich geglaubt hat: Andi, Talia, Xolo und Aya. Ich liebe euch und danke euch.